Myrna Grant

REISE IM GEGENWIND

Reise im Gegenwind

Die Geschichte der Rose Warmer
Aufgezeichnet von Myrna Grant

FRANCKE
Verlag der Francke-Buchhandlung GmbH

Die Deutsche Bibliothek – CIP-Einheitsaufnahme

Grant, Myrna:
Reise im Gegenwind : die Geschichte der Rose Warmer /
aufgezeichnet von Myrna Grant. – Marburg an der Lahn : Francke, 1998
(TELOS-Bücher ; Nr. 7781 : TELOS-Taschenbuch)
Einheitssacht.: The journey <dt.>
ISBN 3-86122-357-0

Originaltitel: The Journey

Deutsch von Elisabeth Köppl
Umschlaggestaltung: Reproservice Jung, Wetzlar
Satz: Druckerei Schröder, 35083 Wetter/Hessen
Druck: Schönbach-Druck GmbH, 64390 Erzhausen

TELOS-Taschenbuch Nr. 7781

Inhaltsverzeichnis

1. Das verlorene Paradies

Ich war fünf Jahre alt, als ich im Jahre 1914 zum ersten Mal das Wort „Krieg“ hörte. Erst schien es mir, als habe sich etwas Wunderbares zugetragen. Trotz der Julihitze rannten die Menschen über die Rasenanlagen des Kurortes, sprangen von den Stühlen unter den Bäumen auf, bildeten kleine erregte Gruppen und zerstreuten sich dann in alle Richtungen. Die Tennisplätze leerten sich. In lange Gewänder gehüllte Gäste, die gerade aus dem Bad kamen, liefen barfuß aus den Kliniken und mischten sich unter die Menge der Gäste in Sommerkleidern und weißen Hosen, die frohlockend durcheinanderwirbelten.

Von irgendwoher tauchte ein Mann mit einer Zeitung auf. Er sprang auf die Veranda einer Villa, hielt das Blatt mit beiden Händen über seinen Kopf und schrie in einem Freudentaumel die Schlagzeilen hinaus: „Österreich-Ungarn erklärt Serbien den Krieg!

Alle brachen in Freudenrufe aus und umarmten sich. Ich rannte voller Begeisterung zu meiner Mutter. Sie stand ruhig mit einigen anderen Angehörigen der Belegschaft von Piestany zusammen und hielt meinen kleinen Bruder an der Hand. Ich konnte sehen, wie sie die Menge absuchte, und wußte, daß sie nach meinem Vater Ausschau hielt, der in die Stadt gegangen war, um elektrische Teile zu besorgen. Schließlich sahen wir Vater, umringt von seinen Arbeitern und Lehrlingen, auf uns zustürzen. Schweißperlen säumten seine dichten Augenbrauen und den kurzen Schnurrbart.

„In der Stadt ist der Teufel los“, keuchte er atemlos. „In den Straßen jubeln und tanzen sie, und überall wehen Fahnen.“ Er warf Mutter einen grüßenden Blick zu und zog beim Sprechen sein riesiges weißes Taschentuch heraus, um sich die Stirn abzuwischen. „Die Leute sagen, Belgrad werde in einer Woche eingenommen, es sei ein neuer Tag für das österreichisch-ungarische Kaiserreich!"

Ein stattlicher Gast, in elegantem Jackett, der sich unserer Gruppe zugesellt hatte, brach in Jubel aus. Einst hatte ich diesen Mann für den Kaiser Franz Joseph selbst gehalten, weil er in einer prächtigen Kutsche nach Piestany gekommen war. Meine Mutter hatte mich ausgelacht, aber tatsächlich hatten wir häufig Angehörige des Adels als Gäste. Die Pracht der Anlagen, die gesundheitspendenden Mineralbäder, die Klinik mit ihrem Stab von liebenswürdigen Ärzten und Therapeuten zogen viele der reichsten und berühmtesten Leute der Welt an.

Personal und Gäste standen schon immer auf vertrautem Fuße miteinander, aber heute schienen alle Unterschiede weggewischt. Alle und alles hatte sich zusammengefunden.

Früh in diesem Sommer hatte es einen anderen aufregenden Tag in Piestany gegeben, der dennoch völlig verschieden war vom heutigen Tag. Erzherzog Ferdinand von Österreich war erschossen worden, und ich sah, wie meine Mutter die Hand auf ihre Brust preßte, als sei sie selbst verletzt worden. An jenem Junitag war Piestany ruhig gewesen. Die Gäste, die schon früh in der Saison gekommen waren, blieben in den Hotels oder den kleineren Villen; ich hörte Weinen und Flüstern, und Zorn lag in der Luft.

Nun aber herrschte ein einziger Jubel. Auf irgendeine Anweisung hin begannen die Kellner, Silbertabletts mit zierlichen Champagnergläsern zu den Tischen unter den Bäumen zu bringen. Das Knallen der Korken erfüllte die Luft. Die Menschen begannen zu singen.

Auf, Ungarn! Euer Land ist's, das euch ruft!
Jetzt ist der Augenblick, jetzt oder nie!
Sollen wir Sklaven oder Freie sein?
Das ist die Frage – was ist eure Antwort?
In Gottes Namen schwören wir – wir schwören,
wir werden niemals, niemals wieder Sklaven sein!

Jeder wurde in einer Woge leidenschaftlicher Vaterlandsliebe emporgetragen. Ich habe keine Ahnung, wie lange dies alles andauerte, doch schließlich kehrten die Ärzte, Zimmermädchen, Küchenhilfen, Therapeuten und Haushälterinnen, als die Begeisterung abgeklungen war, an ihre Arbeitsplätze zurück; sie waren in Hochstimmung und schmiedeten Pläne.

Vater verschwand mit seinen Lehrlingen. Mutter nahm mich an die eine und meinen kleinen Bruder Joseph an die andere Hand und kehrte in unsere Wohnung in der Stadt zurück. Die Kuranlage, in der mein Vater Chefelektriker war, befand sich auf einer Flußinsel und in einem großen Park auf dem Festland. Eine hohe alte Brücke verband beide Teile miteinander. Um heimzukommen, mußten wir von der Insel über die Brücke und den ganzen Weg durch den Park gehen. Ich liebte diesen Weg, und meine Mutter ließ mich oft herumtrödeln, beobachtete geduldig, wie ich Schmetterlinge jagte, oder sah den Schwimmern in dem lebhaften Fluß unter der Brücke zu.

Heute schwamm niemand im Fluß, und Mutter wollte uns nicht spielen lassen. Wir setzten unseren Weg so zielbewußt fort, daß ich fragte, ob wir zur Synagoge gingen. Vater hatte seit langem aufgehört, zur Synagoge zu gehen, aber in jenen frühen Jahren ging Mutter noch immer hin. Häufig nahm sie mehrere von uns Kindern mit, und dann gab es unterwegs kein Spiel im Park.

Ich vermutete, daß Mutters Besuche in der Synagoge etwas mit ihrer großen Familie zu tun hatten, die im nahe gelegenen Budapest lebte. Sie schienen sehr viel mehr Wert darauf zu legen, jüdisch zu sein, als wir.

Welches Theater veranstaltete meine Großmutter Julia, wenn sie mit Großvater zu Besuch nach Piestany kam! „Ich kann nicht in einem Haus essen, das nicht koscher ist!“ pflegte sie festzustellen und scheuchte meine Mutter aus der Küche. Ich glaube, sie brachte in einem großen Korb ihr eigenes Geschirr mit. Es gab dann ein großes Geklapper von Porzellan und Töpfen, und während ihres ganzen Aufenthaltes erledigte Großmutter das Kochen und Abwaschen.

Wenn unsere Großeltern zu Besuch waren, liebten wir Kinder alle das uns auferlegte Ritual, bei dem wir um den Eßtisch standen, während Großvater den Segen über das Brot sprach. Nachdem die Mahlzeit vorüber war, beteten wir wieder ein längeres Gebet.

Zu dieser Zeit war unsere Familie komplett – vier Jungen und zwei Mädchen. Joseph, der mir im Alter am nächsten war, war das Nesthäkchen der Familie und mein ständiger Spielkamerad. Meine elfjährige Schwester Felice war so, wie Mütter sich eine Tochter wünschen. Wenn Großmutter Julia das Küchenzepter schwang, verbrachte Felice viele Stunden damit, ihr zu helfen. „Der Magen trägt die Füße“, sagte Großmutter gern mit einem weisen Lächeln zu Felice. Die drei älteren Jungen schienen mir ferne und in einer fast erwachsenen Welt des Studiums aufgegangen.

„Natürlich gehen wir heute nicht in die Synagoge!“ Mutters Antwort wurde von einem ausbrechenden Freudengeschrei unterbrochen, als sie mit Joseph und mir dahineilte. Wir kamen durch das Zentrum des Parks mit seinen vielen kleinen Cafés, von denen jedes ein eigenes kleines, gemütliches Orchester besaß.

Für gewöhnlich saßen die Leute stundenlang draußen an den kleinen Cafétischen unter gestreiften Sonnenschirmen, nippten ihren Kaffee, aßen Backwerk und unterhielten sich. Die Musiker spielten vom späten Vormittag bis in die Nacht hinein.

An diesem Tag tönte die Musik schneidig und laut, und ich sah die Straße hinab, ob eine Parade im Anmarsch sei. Männer drängten sich stehend und rufend in den Cafés. Niemand bemerkte uns im Vorbeigehen, und Mama sah sich nicht um, ob Bekannte in der Nähe wären, denen sie zuwinken konnte.

Nach der Aufregung dieses Tages war das Nachtessen an diesem Abend eine Enttäuschung. Papa war wie üblich darauf bedacht, dem Mädchen, das bei uns lebte und Mutter half, die erste Scheibe Fleisch zu geben. „Es ist ein Teil ihres Lohnes“, pflegte er zu erklären, wenn ein Gast die Augenbrauen hochzog. Vater bestand auch darauf, daß unser Mädchen allezeit mit unbedingter Höflichkeit behandelt wurde. Er war ein genauer Mann, ein Perfektionist in seiner Arbeit als Chefelektriker in Piestany ebenso wie bei seiner Familie. Wir bemühten uns alle sehr, es ihm recht zu machen. Doch wenn er in die Stadt ging, um wie heute geschäftliche Dinge zu erledigen, brachte er fast immer für uns Kinder eine Kleinigkeit mit.

Die meisten Verwandten von Vater lebten in Wien, Mutters Verwandte in Budapest. Das gedämpfte Gespräch an diesem Abend rund um den Tisch befaßte sich ohne Zweifel mit der Sorge, welche Auswirkung der Krieg auf jeden in unserer großen, über Österreich und Ungarn zerstreuten jüdischen Familie haben werde. Vater hatte sechs Schwestern. Er war der einzige Sohn.

Schon im Kindesalter war er verwaist und von seinen Großeltern aufgezogen worden. Sein Großvater Felix war in Wien Lehrer und Journalist gewesen, der durch seinen Beruf freien Umgang mit Nichtjuden hatte. Er hielt sich nicht an die jüdischen Traditionen. So ging mein Vater, der das großväterliche Heim früh verließ, nach Deutschland, um den Beruf des Elektrikers zu erlernen, und schloß dort Freundschaften außerhalb der jüdischen Gemeinden. Trotz des Fehlens der Religion hörte ich meinen Vater nie im Leben gegen Gott sprechen, trotz all der Dinge, die auf uns zukommen sollten. Ich hörte harte Worte von ihm gegen jüdische Männer, die in die Synagoge gingen und dort während ihres Gebetes über triviale Dinge redeten und sogar Geschäfte abschlossen!

Meine Mutter, ihre Brüder und ihre Schwester Caroline waren in einer sehr alten ungarischen Stadt aufgewachsen, die katholischer Bischofssitz war. Ihre Brüder gingen in dieser Stadt alle zur Universität, und da sie ein akademisches Zentrum war, hatten Mutter und ihre Schwester Gelegenheit, soweit wie das damals für Mädchen möglich war, die Oberschule zu besuchen.

Ihre Mutter, meine Großmutter Julia, hatte stets ein koscheres Haus geführt, und trotz der Tatsache, daß Mutter dies nicht tat, waren unsere familiären Bindungen sehr eng. Verwandte von beiden Seiten unserer riesigen Familie besuchten uns ständig in Piestany. „Wer ist reich? Der, der seine Reichtümer genießt!“ pflegte einer meiner Onkel zusagen, wenn er sich unter den üppigen Bäumen von Piestany ausstreckte. Ob der Krieg wohl alles veränderte? Papa glaubte das nicht. Der Krieg würde bald vorbei sein, und in dem Kurort wäre unsere Familie sicher. Papa versicherte Mutter, daß er nicht zur Armee eingezogen würde. Er war der Chefelektriker von Piestany mit vielen Lehrlingen und der vollständigen Verantwortung für die Beleuchtung all der Villen, Hotels und Bäder. Papa meinte, er wäre überrascht, wenn der Krieg länger als einige Wochen dauerte. Wie konnten Serbien und das rückständige Rußland und das kleine Frankreich und England es lange mit der vereinten Macht von Deutschland, Österreich-Ungarn und dem gesamten Osmanischen Reich aufnehmen?

Mama hatte ein Gesicht wie eine Liebste und trug ihr dichtes dunkles Haar hoch und aus ihrer breiten Stirn zurückgekämmt. Ich war froh, daß sie durch Vaters Antwort beruhigt schien. Mit einem Seufzer der Erleichterung reichte sie ihm seine Kaffeetasse. Ihre Söhne in der Oberschule würden nicht heranwachsen, um in den Krieg zu ziehen.

Doch die Kämpfe endeten nicht nach wenigen Wochen, und als die Monate ins Land gingen, änderten sich die Dinge in Piestany. Es gab neue, billige Gebäude in dem Kurort, hastig errichtet für verwundete Soldaten, die zur Genesung unsere Thermalquellen und Physiotherapeuten brauchten. Ich fand es wundervoll, ihre Uniformen und federbesetzten Metallhelme zu sehen, die beim Gehen von Farben blitzten. Selbst die blauen Uniformen der einfachen Soldaten mit ihren roten Litzen sahen hübsch aus. Oft machten sie mit uns Kindern vom Personal Spiele. Wir jagten nach Herzenslust durch die Hotels und Cafés, spielten Krieg und taten so, als fingen wir die Engländer.

Als sich im Herbst die Blätter färbten, änderte sich auch mein junges Leben: ich kam zur Schule. Wegen der Strenge meines Vaters hatte ich Angst vor meinem Lehrer und war in der Klasse ruhig. Doch nach der Schule schloß ich rasch Freundschaften und wurde Anführerin einer Gruppe kleiner Kinder, die genauso gern im Freien waren wie ich. Allmählich verlor sich meine Furcht etwas, und die Schule wurde erträglich und sogar interessant. Die Zeit, die so langsam über jeder peinvollen Unterrichtsstunde gehangen hatte, verging bald rascher. Ich fühlte mich wie ein Vogel, der sich aus dem Käfig der Schule in die Freiheit des Parks und Flusses und der tiefen Wälder dahinter emporschwang. Der Krieg, von dem alle sprachen, schien weit, weit weg.

Für meine Eltern jedoch rückte er näher. Es war die Zeit, da mein ältester Bruder Eugene seine Abschlußprüfung an der Oberschule in Budapest ablegte. Zum Entsetzen meiner Mutter wurde er sofort zum Dienst in des Kaisers Armee verpflichtet. Jeder einzelne Junge seiner Klasse wurde eingezogen, und sie verließen zusammen die Stadt, sangen Lieder und marschierten scheu und vergnügt in ihren kratzigen Uniformen davon.

Gewöhnliche Lebensmittel wurden sehr teuer. Meine Mutter und Felice schufteten in unserem Garten und entlockten jedem Zoll Erde Kartoffeln oder Zwiebeln oder Kohl für unseren winterlichen Eßtisch. Unser Hausmädchen schien unablässig vor dem Küchenherd in einer Dampfwolke zu stehen und den riesigen Topf umzurühren, den Mama zur Herstellung von Marmelade und zum Konservieren von Obst benutzte. Nach nur einem Jahr waren die meisten von Vaters Arbeitern und Lehrlingen in den Krieg gezogen. Papas Arbeitsstunden wurden endlos; alle Erwachsenen schienen müde, unentschlossen und beunruhigt zu sein, daß der Krieg sich so lange hinzog.

Aber für uns jüngere Kinder war Sommer! Nur mit unserem Badeanzug bekleidet stürzten wir am Morgen zum Fluß, um den ganzen Tag in seinem eisigen Gebirgswasser zu schwimmen. Oft nahmen wir belegte Brote und etwas Obst mit. Wenn wir vor Kälte zitternd uns in der sinkenden Sonne des späten Nachmittags nicht mehr erwärmen konnten, eilten wir nach Piestany zurück zu den Thermalquellen und hüpften in die dampfenden Mineralbäder. Die Therapeuten mochten uns Kinder gern, wickelten uns in Badetücher und frottierten unsere blaue Haut, bis sie prickelte. Wenn uns wieder warm war, rannten wir oftmals zum Fluß zurück, um vor der Abenddämmerung noch ein letztes Mal zu schwimmen.

Mein jüngerer Bruder Joseph und ich mußten uns beim Spielen große Mühe geben, um mit den älteren Kindern mithalten zu können. Vielleicht war es dieser Wettbewerb, der mich schon in jungen Jahren zu einer guten Sportlerin machte. In Piestany sahen wir uns auch der ständigen Betonung von Sport, Fitness und Körpertraining gegenüber. Selbst zur Winterszeit hatten wir Gäste, die zu Sport, Übungen und Therapie anreisten.

Ich erinnere mich an einen bitterkalten Tag im ersten Kriegswinter. Meine Schwester Felice und ihre Freundinnen gingen Schlittschuh laufen, und ich bettelte meine Mutter, sie solle anweisen, mich mitzunehmen. Der Fluß war mit einer festen Eisdecke überzogen, und da ich noch nicht Schlittschuh laufen konnte, nahmen mich die älteren Kinder mit zur Flußmitte hinaus, schnallten mir die Schlittschuhe an und schwangen sich im Blitzen der Schlittschuhe davon. In wenigen Augenblicken waren sie nur noch wirbelnde Farbflecken vor einer weißen Landschaft, viel zu weit weg, um auch nur meine entsetzten Hilferufe zu hören.

Nach einer Weile zog ich das Taschentuch aus der Manteltasche, faltete es unbeholfen mit meinen in Fäustlingen steckenden Händen, breitete es auf das Eis und setzte mich vorsichtig nieder. Bald wurde mir sehr kalt, und ich begann zu weinen. Felice beachtete mich nicht. Ich konnte sehen, daß sie keinen Blick auf mich verschwendete, obwohl ich meine flehenden Augen keinen Moment von ihr wandte, als sie mit ihren Freundinnen anmutige Kreise zog. Es blieb mir nichts anderes übrig, als aufzustehen. Schließlich fand ich den Mut, meine wackligen Knöchel über das Eis zu schieben. Voller Erstaunen entdeckte ich, daß ich Schlittschuh fuhr! Entzücken über die fließende Bewegung und die gleitende Freiheit und die plötzliche Bewunderung von Felice und den anderen Kindern erfüllte mich. Als ich es mit anderen Sportarten versuchte, stellte ich fest, daß ich sie alle schnell beherrschte.

Mein Körper mußte ständig aktiv sein. Aber auch mein Geist sprang von einem Gegenstand zum anderen. Ständig stellte ich Fragen und quälte die Menschen meiner Umgebung um Antworten. Die Sprache meines Vaters war Deutsch, und wir Kinder sprachen es alle ohne Schwierigkeiten, ebenso wie unser einheimisches Ungarisch. Sobald ich lesen lernte, verschlang ich Kinderbücher in beiden Sprachen, fand sie aber unbefriedigend.

„Du hast Wasser zugeschüttet, gib nun auch Mehl zu", zitierte Papa einen alten Spruch, als ihn meine Fragen schließlich ärgerten. Er wollte damit sagen, daß ich außer meiner ständigen Fragerei versuchen sollte, zu meiner Konversation etwas Wesentliches beizusteuern.

Wie alle Kinder dachte ich über Gott nach. Unsere kleine Stadt nahe dem Bad war in einen alten und einen neuen Teil geteilt. Im alten Teil gab es eine „apathische" katholische Kirche. Auf der Turmspitze strahlte ein goldenes Kreuz. Tief unter dem Kreuz auf dem Kirchplatz stand ein steinerner Pfeiler, an den in alten Zeiten Sünder angebunden wurden. Christen, die am Sonntagmorgen zur Messe gingen, mußten an den an kaltem Stein angebundenen Missetätern vorübergehen. Ich war entsetzt, daß man Menschenwesen in dieser Weise behandeln konnte.

In unserem Park gab es Nischen mit religiösen Statuen und Kreuzen. Oft konnte ich Menschen sehen, die davor knieten (ein Anblick, der meine Mutter schmerzte); manchmal weinten sie, immer aber sahen sie tieftraurig aus. Immer wieder machten die Leute das Kreuzeszeichen. Ich war glücklich, nicht diesem furchterregenden Zeichen zu unterstehen. Unser jüdischer Gott half uns wenigstens, gab uns Brot und schien im allgemeinen leicht zufriedenzustellen.

Ein religiöser Vorfall jener frühen Jahre berührte mich tief. In unserer Stadt gab es eine christliche Familie, die ich sehr gern mochte. Der Vater war Millionär, aber trotzdem ein bescheidener Mann, und anstatt eine Villa auf der Insel zu mieten, blieb er mit seiner Familie in einem bescheidenen Sommerhaus in der Stadt. Sie gingen zu Fuß zur Insel, um die Wasser zu gebrauchen, und kehrten dann heim. Sie hatten eine kleine Tochter in meinem Alter, und wir spielten zusammen. Eines Tages gab mir der Vater ein Büchlein mit dem Titel „Unser täglich Brot gib uns heute". Das Buch bewegte mich tief. Eine Weile zehrte ich von der Ruhe der Heiligen Schrift, die ich nie zuvor gesehen hatte. Doch bald war das Buch wieder beiseite gelegt. Unser Heim war voll von anderen Büchern, und wir lasen alle gern. Leider war es eine andere Sache, die Erlaubnis zum Lesen zu bekommen. Mein Vater war der festen Meinung, Kinder müßten lernen, der Pflicht zu gehorchen. Nach der Schule und an den Wochenenden mußten wir Aufgaben erledigen. Es spielte keine Rolle, daß meine Mutter immer Frauen beschäftigte, die ihr bei der Arbeit halfen. Auch wir Kinder arbeiteten, und die Normen meiner Eltern waren sehr hoch. In jenen Tagen war Haushaltsarbeit eine harte Arbeit. Es gab keine Konserven, keine Supermärkte und keine Maschinen, welche die schwere Arbeit abnahmen. Als der Krieg andauerte, wurde es immer schwieriger, Lebensmittel zu sammeln, zu kochen und zu konservieren.

Selbst für das Wäschewaschen war eine Frau erforderlich, die jeden Tag kam. Früh am Morgen krempelte sie im Waschhaus hinter unserer Wohnung die Ärmel hoch und zündete unter Mutters riesigem Waschkessel das Feuer an. Ich mochte den dampfenden Geruch von feuchtem Holz und kräftiger Seife, das Geräusch knisternder Holzklötze und das Poltern des langen Stockes, als sie die kochenden Wäschestücke und Tafeltücher und die dicken Bettücher, aus denen blubbernd die Luftblasen aufstiegen, umrührte. Um die Mittagszeit wehten Leinen voller Wäsche wie wild in dem vom Fluß herüberwehenden Wind. In den Wintermonaten mußten wir die Körbe mit der vom Wasser schweren Wäsche auf den Speicher des Nebenhauses schleppen und die Stücke dort aufhängen. Selbst im Hause gefror die Wäsche oft steif. Ich haßte die Art und Weise, in der wir die starren Hemden und Kleider zusammenschlagen mußten, um sie im Wäschekorb falten zu können. Ich stellte mir vor, daß sie aufschrien.

Wenn die Tagesarbeit schließlich getan und die Schulaufgaben beendet waren, erlaubte mir Papa zu lesen. Kein Buch unserer vollen Bücherregale war verboten, und ich begann schon früh, Goethe, Schiller, Thomas Mann und Hesse zu lesen.

Als der Krieg sich hinzog, konnte ich fühlen, wie die Verzweiflung zunahm. Sie schien dick in der Luft zu schweben, man atmete sie ein und fühlte sich düster und müde. Auf den Seiten unserer Bücher sprachen Menschen über diese Verzweiflung. Ich kämpfte verwirrt mit Nietzsches seltsamen Schriften. „Bis jetzt", so behauptete er, „hat niemand im mindesten daran gezweifelt oder gezögert, dem ‚Guten' einen höheren Wert beizumessen als dem ‚Bösen'. Und wenn nun das Gegenteil zuträfe? Was wäre, wenn das ‚Gute' ein Symptom des Rückschritts, eine Gefahr, eine Versuchung, ein Gift, ein Betäubungsmittel wäre ... Kann es möglich sein, daß die höchste Gefahr Moralität sein sollte?" Nietzsche rief den Menschen auf, stärker, weniger an konventionelle Moral gebunden, frei von Beschränkungen zu sein. Was konnte das bedeuten?

Vielleicht hatten meine Eltern diese Bücher gelesen, oder der Anblick ihrer jungen Tochter, die sich mit großen Worten herumschlug, beunruhigte sie nicht. Solche Bücher würden sicherlich meinen Wortschatz und meine Lesefähigkeit verbessern. Heute weiß ich jedoch, daß die Ideen, die ich – wenn auch noch so verschwommen – Seite um Seite in mich aufsog, mich in späteren Jahren vergifteten. Selbst als Kind fühlte ich mich durch sie dazu gedrängt, Konvention und Autorität herauszufordern.

In unserer kleinen jüdischen Schule hatten wir jeden Tag ein Fach, das „Religionsstunde" genannt wurde. Wir wurden im hebräischen Alphabet unterwiesen und mußten ein wenig aus einfachen Stellen des Alten Testamentes lesen. Ich liebte das Hebräische und fühlte mich überlegen, weil ich es leicht lernte. Eines Tages mußten wir die Anfangsverse des 1. Buches Mose lesen: „Im Anfang schuf Gott Himmel und Erde." Nach dem Unterricht rief ich all die Kinder draußen vor der Schule zu mir. „Was wir in der Schule lesen, ist eine Lüge", erklärte ich. Meine Freunde starrten mich in ängstlicher Ungläubigkeit an. Es war ein dramatischer Augenblick, und ich nutzte ihn weidlich. „Es ist eine Lüge, weil – es gibt keinen Gott!" Ich war entzückt über die Sensation, die ich auslöste.

Es liegt in der Natur der Kindheit, vergeßlich bis zur Widersprüchlichkeit zu sein. Zu gleicher Zeit, als ich die Bücher meiner Eltern las und mich vor meinen Klassenkameraden produzierte, trat ich bei einem Besuch bei meiner Tante Caroline in Budapest voll in das religiöse Leben der Juden ein. Ihr Mann war ein wohlhabender Ladenbesitzer, und da sie keine Kinder hatten, baten sie meine Eltern häufig, das eine oder andere von uns Kindern auf Besuch zu ihnen zu schicken.

Das Heim meiner Tante und meines Onkels war streng orthodox; es gab viel an der Ordnung und dem Ritual ihres Haushaltes, was ich unerklärlicherweise mochte. Besonders liebte ich den Sabbat, wenn von mir erwartet wurde, daß ich zu unserem Sabbatmahl in meinem besten Kleid zum Segen über Licht und Wein erschien. Meine Tante deckte den Tisch mit ihrem feinsten Leinen. Das Porzellan glänzte im Schein der goldenen Sabbatkerzen. Es gab die traditionellen gedrehten Laibe, gefüllten Fisch und Leckereien, die selbst auf dem reich gedeckten Tisch meiner Tante an anderen Wochentagen nicht erschienen. Ich sang die angenehm synkopischen Tischgesänge für den Sabbat, und meine Tante Caroline lächelte über meinen glücklichen Gesang und machte es sich gemütlich.

Da sie selbst keine Kinder hatte, wußte meine Tante unglücklicherweise nicht, wie man mit Kindern lebte, aber sie hatte eine Menge Ideen, wie Kinder sich verhalten sollten. Unter der Woche war es unmöglich, ihr etwas recht zu machen. Wenn ich auf meine Weise dasaß, befahl sie mir, mich anders hinzusetzen. Meine Füße waren nicht am richtigen Platz, mein Kleid hatte eine Falte, mein Ausdruck war falsch, und die Gabel hielt ich nicht im richtigen Winkel. Im Hause meiner Tante konnte man mit Ausnahme der Sabbatlaibe kein Brot essen, weil Tante Caroline behauptete, es mache dumm. Zu Hause hatte ich selbstverständlich Brot gegessen!

Mein Onkel ging jeden Abend in die Synagoge, eine Praxis, die ich für übertrieben hielt. Ich glaube, es war angenehm für meinen Onkel, der sich nach den Gebeten in einem Café entspannte und viele Stunden mit seinen Freunden Karten spielte.

Im Hause meiner Tante wurde viel gebetet. Vor dem Frühstück am Morgen mußte ich eine halbe Stunde lang Gebete hersagen. Wenn ich spät begann und zur Schule mußte, sobald sie aufgesagt waren, dann ging ich ohne Frühstück. Aber selbst das ärgerte mich nicht. Es schien mir richtig, daß die Gebete wichtiger waren als das Essen.

Als ich älter wurde, fing ich an zu rebellieren. Zu Hause glaubte ich an den glänzenden Nihilismus, den ich in unseren Büchern las. Den praktischen Atheismus meines Vaters fand ich bewundernswert. Ich wußte, daß er ein besserer Mensch war als mein Onkel, obwohl mein Onkel jeden Tag in die Synagoge ging. In Piestany interessierte sich niemand für Gott außer Mama. Manchmal nahm sie ihr Gebetbuch zum Ende des Parkes am Rande des Flusses mit, wo unser Wald anfing. Von der vollkommenen Natur umgeben, pflegte sie zu beten. Selbst in der Entfernung konnten meine Augen erkennen, wie die

Sonne auf dem Silber und Weiß ihres Bucheinbandes glänzte.

Ich war innerlich zerrissen. Mein Geist war unverhüllt Nietzsche und den anderen Autoren ausgesetzt, mein kindliches Herz aber sehnte sich nach Geborgenheit. Um mein Herz zu überwinden, lehnte ich mehr und mehr jede Autorität ab. Wenn man mir irgend etwas befahl, dann weigerte ich mich, gerade dies zu tun.

Bei meiner Tante Caroline kaufte ich mir einmal vom Geburtstagsgeld, das ich bekommen hatte, ein Heft, das ich für die Schule brauchte. Meine Tante war ärgerlich über den Kauf und nahm an, ich hätte mir das Heft auf irgendeine krumme Art beschafft. Die Hartnäckigkeit ihrer Stimme ging mir durch und durch.

„Rose, du wirst mir sagen, wo du das Geld für dieses Heft her hattest!“ Ich öffnete den Mund zum Protest, preßte aber dann die Lippen zusammen. „Du wirst bestraft, wenn du nicht antwortest. Wo hast du das Geld her?“

Ich preßte meine Lippen aufeinander, mein Gesicht glühte vor Zorn. Mein Onkel, der den Tumult gehört hatte, nahm bald mit beträchtlicher Verärgerung an dem Verhör teil. Enttäuscht von meinem eigensinnigen Schweigen, schrie er mich an. Ich hielt den Atem an. Ich war wütend über das Mißtrauen in ihren Gesichtern und die Hartnäckigkeit, mit der sie eine Erklärung von mir verlangten.

Die unvermeidlichen Schläge blieben nicht aus. Zuerst versuchte ich, nicht zu weinen, doch bald war ich entsetzt und schluchzte. Aber noch immer wollte ich nichts sagen. Ich wußte, daß ich recht hatte und meine Tante und mein Onkel unrecht, und ich wollte den Mund nicht aufmachen und reden.

Schließlich wurden sie ängstlich und nahmen mich mit zu einer alten Verwandten in der Nachbarschaft, von der sie wußten, daß ich sie liebte. Sie bewirtete uns mit Tee und führte mich dann in ein anderes Zimmer, wo sie sich mit mir auf die Couch setzte. Sie legte ihren Arm um mich und tätschelte meine Hand. Ich sprudelte die ganze Geschichte vom Geburtstagsgeld heraus und zeigte ihr das Wechselgeld, das ich noch immer in der Tasche hatte.

Meiner Mutter wäre es nie eingefallen, ein Kind zu schlagen. Wenn sie versuchte, etwas anzuordnen, was ich tun sollte, und ich wollte nicht, dann fand ich Mittel und Wege, sie so lange zu quälen, daß ich es nicht zu tun brauchte.

Als sich 1916 in das Jahr 1917 hinüberzog, wurde unsere Welt von Katastrophen erschüttert. In Rußland brach eine Revolution aus. Zar Nikolaus dankte ab. Die Vereinigten Staaten traten auf der Seite von Frankreich und England in den Krieg ein. Nahrungsmittel wurden immer knapper. Wir begannen alle, Gewicht zu verlieren. „Fleischlose Wochen" wurden zu „fleischlosen Monaten", und wir wußten, daß manche verhungerten. Die Läden waren leer und die Krankenhäuser voll. Die Menschen schienen das Undenkbare zu wissen: Wir verloren, und der Krieg würde bald zu Ende sein.

Er endete am 11. November 1918, doch der unterzeichnete Waffenstillstand brachte unserem verzweifelten Land keine Erleichterung. Nun wütete auch in Ungarn die Revolution, und Franz Josephs Nachfolger, Kaiser Karl, wurde abgesetzt. Unsere Habsburger waren ebenso abgetreten wie die Romanoffs in Rußland, allerdings auf weniger tragische Weise. Mit der Revolution kam der Zusammenbruch unserer historischen Union mit Österreich; Ungarn wurde eine unabhängige Republik. Das alte Kaiserreich bestand nicht mehr. Ungarn war allein und dem Zusammenbruch nahe.

Ganz Europa wurde von einem zerstörerischen Fieber geschüttelt. Mit dem Ende der Monarchien zerfielen auch die alten Lebensformen. Alte dämonische Kräfte wurden entfesselt. Für alle Juden war es eine Zeit der Furcht. Es mußte ein Grund gefunden werden, um den Sturz der deutschen Allianz zu erklären. Wie war es möglich, daß die vereinte Macht Deutschlands, Österreich-Ungarns und des Osmanischen Reiches durch die schwächlichen Westmächte besiegt worden war? Es gab eine Erklärung: Verrat von innen. Und wer waren die Verräter, wenn nicht die Juden? Schreckliche Lügen wurden verbreitet: Die Juden waren kampfunwillig gewesen; sie hatten den Krieg zur persönlichen Bereicherung benutzt; sie vermieden es, an der Front zu kämpfen; sie waren Schmarotzer, die das Herzblut jedes Landes aussaugten, in dem sie lebten.

In ganz Ungarn gab es einen verzweifelten Mangel an allem. Tausende von Menschen konnten keinerlei Arbeit finden, und Tausende wurden krank und starben an einer virulenten Grippe, die ganz Europa heimsuchte. Jeder hatte Hunger und fror. In den Straßen rottete sich der Mob zusammen. Es waren die Juden, die an all dem Leiden die Schuld trugen.

Ich war neun Jahre alt, als ich zum erstenmal von diesen Dingen erfuhr. Ich hörte, wie mein Onkel und mein Vater darüber diskutierten, vertieft in die deutschsprachigen Schriften, die mein Vater einst geliebt hatte, und wie sie dem widersprachen, was „die Judenfrage" genannt wurde. Meine Mutter hörte zu, ihr Gesicht zeigte völlige Ruhe.

Es wurde über schreckliche Dinge geflüstert, die

geschehen waren. In den Provinzen waren Pogrome ausgebrochen. Hunderte von Juden wurden in einem Dorf nach dem anderen hingemordet. In den Städten wurden Juden aus öffentlichen Ämtern vertrieben. Die Universitäten verfügten Quoten für die Zahl jüdischer Studenten, die sie aufnehmen durften. Selbst in Piestany blickten die Leute mit Haß auf unsere Familie. Ich begann nachts zu weinen.

In den bitteren Grenzstreitigkeiten, die auf den Krieg folgten, geschah es, daß ein Gebiet von Ungarn an die tschechoslowakische Republik angegliedert werden sollte. Es war ein Teil unseres Landes, zu dem Piestany gehörte. Wir waren Ungarn. Wir hatten für unser geliebtes Land gelitten. Unsere Soldaten waren für Ungarn gestorben. Und nun wurde plötzlich von uns erwartet, daß wir Tschechoslowaken seien.

Alles fiel auseinander. Meine Schule war geschlossen. Die Menschen begannen in großer Zahl wegzuziehen, neue Wellen von Menschen zogen in unsere Stadt. Die vertrauten Regierungsbeamten waren fort, in den Ämtern zeigten sich neue Gesichter. Aber das schlimmste war, daß wir Tschechoslowakisch sprechen mußten. Wie echte Ungarn rebellierte meine Familie. Der Gedanke, unsere eigene Sprache aufzugeben, war undenkbar, aber schließlich wurden wir offiziell gezwungen, es zu tun. Sogar auf der Straße war es verboten, ungarisch zu sprechen. Es wurde uns nahegelegt, zu Hause tschechisch oder slowakisch zu sprechen, um es zu lernen. Der arme Vater hatte selbst Ungarisch nie gut gelernt. Er hatte immer Deutsch mit uns gesprochen. Und nun wurde von ihm erwartet, daß er nichts anderes sprach als eine völlig neue Sprache.

Als meine Schule wieder aufmachte, begann für mich

eine schlechte Zeit. Mit meiner aufsässigen Natur kämpfte ich gegen alles Tschechische und wurde ständig bestraft. Mein Lehrer war immer verärgert über mich. Ich war zutiefst unglücklich. Es wäre mir ein leichtes gewesen, Tschechisch zu lernen. Ich kannte bereits Deutsch und Ungarisch und hatte Slowakisch von den Gästen in Piestany gelernt. Aber ich weigerte mich hartnäckig. Mit der Zeit mußte ich natürlich nachgeben.

In jenen schwierigen Nachkriegsjahren erfuhr unsere Familie viele Veränderungen, obwohl wir irgendwie weiterhin in Piestany lebten. Mein Vater hatte meine Brüder Louis und Herman als Elektriker ausgebildet.

Er hatte bei ihnen auf Perfektion bestanden mit dem Ergebnis, daß sie am Ende ihrer Ausbildung hervorragende Fachkenntnisse besaßen. Für meine Mutter war es ein Schock, als Louis, ihr dritter Sohn, sich entschloß, im Alter von einundzwanzig mit seinen Kenntnissen nach Amerika auszuwandern. Er tröstete sie, daß er in der Lage sein werde, zu einem Besuch heimzukommen, doch Mutter hatte die schreckliche Vorahnung, daß sie ihn nie wiedersehen würde, – und sie hatte recht.

Mein Bruder Herman heiratete bald nach dem Weggang von Louis und zog ebenfalls fort. Er eröffnete in einer Nachbarstadt einen Elektrowarenladen, ehe er nach Prag zog. Doch Louis in Amerika überredete Herman und seine junge Frau, zu ihm in das neue Land zu kommen, und so erlebten meine Eltern, wie ein weiterer Sohn Europa den Rücken kehrte.

Eine Zeitlang hegte auch mein Vater den Wunsch, zu emigrieren, doch meine Mutter wollte nichts davon wissen, selbst mit zwei Söhnen in den Vereinigten Staaten. Ihre ganze große Familie lebte in Budapest oder in Städten, die noch näher bei Piestany lagen, und sie konnte sich nicht von ihnen losreißen. Um diese Zeit studierte mein ältester Bruder Eugene Medizin, um Arzt zu werden, und wir waren alle schrecklich stolz auf ihn. Er wanderte nicht nach Amerika aus, und so sagte Mutter, die alle diese Dinge erwog, nein. Wären sie und Papa gegangen, dann hätte ihnen dies das Leben gerettet.

In unserer Stadt gab es keine Oberschule. So beendete ich, als ich vierzehn war, die mir zu Gebote stehende Ausbildung. Es war eine stürmische Zeit. Ich war ruhelos bockig, voll unglücklicher Sehnsüchte, die ich nicht verstand und nicht ausdrücken konnte. Ich erinnere mich daran, daß ich stundenlang durch die Wälder hinter den Kuranlagen streifte und nach etwas weit Besserem verlangte, als ich hatte. Selbst an Büchern verlor ich das Interesse. Oft, wenn ich zu lesen versuchte, fiel mir das Buch aus der Hand, und ich fand mich in der Vorstellung wieder, daß ich wie ein Schäferjunge gekleidet durch die Welt zog. Niemand würde wissen, daß ich ein Mädchen war; ich stellte mir Züge und fremde Schiffe und seltsame Orte vor.

In unserer Stadt lebte eine Frau, die in der Türkei bei sehr reichen Leuten Französischlehrerin gewesen war. Um mich zu beschäftigen, vereinbarten meine Eltern mit ihr, daß sie zu uns kommen und mir Französisch beibringen sollte. Zu dieser Zeit sprach alle Welt französisch, und ich war sehr begierig, es zu beherrschen. Ich arbeitete jeden Tag stundenlang und studierte das, was sie mich gelehrt hatte. Ich glaube, das war ein kleiner Ausgleich für den Verlust, den ich fühlte, weil ich nicht in die Oberschule gehen konnte.

Ich begann auch, Klavierstunden zu nehmen. Wir hatten zwar kein Klavier zu Hause, doch in den Villen und Hotels standen viele, und ich übte darauf, wann immer ich Lust hatte.

Mein Doktor-Bruder Eugene kam oft heim zu Besuch (eine Weile arbeitete er sogar in Piestany, aber es gefiel ihm nicht, weil niemand wirklich krank war). Während meiner Backfischjahre half er mir mit meinem Französisch und versuchte mich zu ermuntern, diszipliniert zu sein und alles zu lernen, was für mich erreichbar war. Er sorgte dafür, daß ich in einer kleinen Schule am Ort einen Handelskurs absolvieren konnte. Ich lernte Schreibmaschine und Büroarbeit.

Meistens verbrachte ich meine Tage damit, meiner Mutter zu Hause zu helfen und mehr und mehr in das gesellschaftliche Leben der Nachkriegszeit von Piestany einzutreten. Es gab viele Gesellschaften, sportliche Aktivitäten und Ausflüge für junge Leute, ich hatte also keinen Mangel an Unterhaltung. Es gab sogar ein freies Kinotheater, wo ich mir viele Filme ansah. Wir alle gingen hin, wo immer wir wollten. Ich wurde fröhlicher und dachte, daß sich die Zukunft trotz allem vielleicht erfreulich gestalten könnte. Mit der Zeit fand ich Bewunderung wegen meines athletischen Draufgängertums, wegen der Bücher, die ich gelesen hatte, und der Sprachen, die ich beherrschte, und schließlich auch wegen der unerschöpflichen Energie und des Einfallsreichtums, mit dem ich immer wieder auf ausgefallene Dinge verfiel. Als ich achtzehn war, setzte ich meine Mutter davon in Kenntnis, daß ich verlobt sei, doch bald beendete ich diesen Zustand wieder, eine Episode, die ihren Sinn für Schicklichkeit tief verletzte.

Um diese Zeit entschied Eugene, es sei an der Zeit, mich in die Hand zu nehmen. Ich glaube, er verstand, daß meine ausgelassene Aktivität ein Mittel war, die aufgestauten Träume, den Ehrgeiz und die Sehnsüchte in meinem Inneren zum Ausdruck zu bringen. Er entwikkelte für mich den Plan, nach Wien zu gehen und Leibeserziehung zu studieren. Oft hatte er gesehen, wie ich auf dem Brückengeländer in Piestany akrobatische Darbietungen gab. Hundert Meter weiter unten toste der Fluß über die Felsen, und mir machte es Spaß, wenn die Zuschauer vor Entsetzen den Atem anhielten. Wenn jemand am Ertrinken war, bedeutete es für mich eine Kleinigkeit, in den Fluß zu tauchen und ihn herauszuholen. Ich wußte nicht, daß Ertrinkende ihre Retter unter Wasser ziehen konnten, und wenn ich es gewußt hätte, dann hätte es mich nicht gekümmert.

Vielleicht glaubten meine Eltern, es sei sicherer für mich, in Wien zu studieren, als mich in Piestany zu produzieren. Auf jeden Fall wurde beschlossen, daß ich gehen sollte. Eugene würde mein Studium bezahlen. Zu jener Zeit waren die Kurse in Leibeserziehung völlig anders als heute. In meiner Jugend gehörten dazu auch Tanz, Ballett und Gymnastik. Ich würde an der berühmten Kunstakademie in Wien die Theorie lernen und dort auf der Bühne Gymnastik und Tanz üben. Für mich klang das wundervoll. Und so stürzte ich mich als junges Mädchen mitten in das Zentrum von Europas schwärmendem, intellektuellen und kulturellen Leben. Ich war in Wien. Man schrieb das Jahr 1927, und ich war achtzehn Jahre alt.

2. Der Fall

Ich war in die Stadt meines Vaters gekommen, einen Ort, von dem ich mein ganzes Leben gehört hatte.

Mit der Freude des Erkennens sah ich zum erstenmal die Kaffeehäuser, die Theater, Parks, Regierungsgebäude, manche noch mit dem Emblem K. K. für „Kaiserlich-Königlich", der kaiserlichen Herrschaft von Franz Joseph und des österreichisch-ungarischen Reiches, obwohl dies alles schon Teil der Geschichte war.

Sehr schnell liebte ich das gemütliche, sanfte Benehmen, das Wiens Gesellschaftsleben beherrschte, das weich gesprochene deutsche „Auf Wiedersehn" und das „Servus" beim Abschied. Die Leute wünschten mir „Alles Gute" oder „Alles in Butter", ein Satz, der mich entzückte und der Wohlergehen bedeutete und mit der üppigen Wiener Küche zu tun hatte, bei der alles in Butter oder Sahne anzufangen oder zu enden schien.

Es dauerte nicht lange, bis ich mein Lieblingskaffeehaus entdeckt hatte, wo ich mich mit meinen neuen Freunden von der Kunstakademie treffen konnte. Studenten arbeiteten in Wien sehr hart, doch es blieb immer Zeit, um in den Kaffeehäusern bei einem kleinen Braunen zu sitzen, der duftenden kleinen Tasse Kaffee mit Milch, und über Philosophie, Kunst und Politik zu diskutieren. Unsere Begeisterung irritierte die sorgfältig gekleideten Herrn, die ihre Zeitung lasen oder Karten spielten.

Über dem ganzen Leben lag eine liebliche Ungezwungenheit, eine Herausforderung an das „Verboten". Die düsteren und beunruhigenden Kriegsjahre meiner Kindheit waren für immer dahin. Vor mir lagen glitzernder Ruhm und Erfolg und das große Glück.

Ich befand mich nicht nur in einer neuen Stadt, ich war in einer neuen Welt. Ich kaufte mir einen Lippenstift, und mir gefiel die Art, wie ich aussah. Ich ging in jedes Stück oder Konzert, das ich mir leisten konnte, und wenn ich kein Geld für einen Sitzplatz hatte, dann kaufte ich einen „Stehplatz“ und verbrachte den Abend auf meinen Füßen, dahingetragen von der Großartigkeit und Tragödie der Musik oder des Dramas, die mir bis in die Seele drangen und sie erschütterten und emporhoben.

An der Akademie bildete der Tanz den Hauptteil unserer Ausbildung. Jeder Tag bedeutete peinvolle Stunden der Übung an der Stange. Doch das Ballett war in unserem Kurs nicht so wichtig wie die als Expressionismus bezeichnete Tanzform, die in Amerika entstanden und in Europa von der großen Tänzerin Isadora Duncan bekannt gemacht worden war. Im selben Jahr, in dem ich nach Wien kam, war sie in Paris auf tragische Weise getötet worden, als ihr Schal sich im Rad des offenen Wagens verfing, in dem sie fuhr. Sie hatte eben eine großartige Vorstellung beendet und befand sich auf dem Höhepunkt ihrer Laufbahn. An der Wiener Kunstakademie trauerte jeder um sie. Wir Studenten warfen uns mit noch mehr Leidenschaft auf ihre Tanzform, die ihre Wurzeln in der griechischen Kunst hatte.

Im Frühling und Sommer ging ich häufig ganz früh morgens zur Donau und tanzte barfuß am Ufer entlang. Ich liebte das feuchte Gras unter meinen Füßen und das Schwingen des Kleides um Körper und Füße. Tanz war für mich wie ein Gebet. Er war Ausdruck meines ganzen Wesens, ein Weg, mich selbst an die innere Sehnsucht zu verströmen, die all mein Leben lang unbefriedigt in mir gelebt hatte.

An einem Aprilabend ging ich in Wien zufällig allein in

ein Oratorium in die Konzerthalle. Ich war hundemüde und sank mehr schlafend als wach in meinen Sitz. Müßig blickte ich auf das Programm, das mir der Platzanweiser in die Hand gedrückt hatte: „Matthäuspassion von Bach". Ich schloß dankbar die Augen. Bach war es wert, daß ich gekommen war. Als der Vorhang sich vor den beiden großen Chören hob und die ersten hinreißenden Orchesterthemen die Halle erfüllten, da war ich sofort hellwach, erschüttert von der inneren Erkenntnis, daß etwas von großer Bedeutung anhob, sich zu ereignen. Die einleitenden Worte: „Kommt, ihr Töchter, helft mir klagen!" durchdrangen meine Seele wie ein Pfeil. Die Sorgen der ganzen Welt schienen in dieser Musik enthalten zu sein. Ich begann zu zittern. Ich wußte, ich war eine jener Töchter, die Aufforderung war an mich gerichtet. Mit steigender Trauer lauschte ich, wie die Passion Christi sich entfaltete. Ich hatte niemals das Neue Testament gelesen. Nie zuvor hatte ich von dieser epischen Tragödie gehört, die nun erhöht war durch die packende Musik, die alten deutschen Choräle, die tiefe Würde des Textes.

Ich verließ die Konzerthalle an diesem Abend erschüttert von einer schrecklichen Sorge, die ich nicht verstand. Mit ganzem Herzen wünschte ich etwas zu tun, doch da war nichts, was mir zu tun einfiel.

Bald genug verblaßte das Erlebnis und wurde ebenso gleichgültig beiseite gelegt wie einst das kleine Buch, das mich in meiner Kindheit so tief bewegt hatte.

An der Kunstakademie waren Studenten aus allen Lebensbereichen. Söhne und Töchter des Adels studierten mit jungen Leuten zusammen, deren Väter vielleicht Bäcker oder (wie in meinem Falle) Elektriker waren. Viele Familien aus den höheren Berufsständen schickten ihre Kinder an die Akademie, um ihnen den letzten Schliff zu geben. Wir tanzten, übten, studierten, träumten, liebten, grämten uns und stritten wie Studenten überall in der Welt. Ich wurde in Wien ebenso bekannt als Draufgängerin, wie ich es in Piestany gewesen war, und die Atmosphäre des „Alles ist möglich" paßte genau zu mir. Ich stellte fest, daß ich überall jederzeit und selbst ohne Musik meine Schuhe abwerfen und tanzen konnte, daß ich mich selbst mit meinem Körper ausdrücken konnte und daß die Menschen es verstanden und mochten.

Oft gab es Gesellschaften in reichen Häusern, und immer wurde ich gedrängt zu tanzen. Die Leute folgten mir durch die Zimmer, wenn ich so leicht sprang und herumwirbelte und dahinschwebte, als seien die Räume eine leere Bühne und ein Orchester erfülle meine Seele.

An einem zauberhaften Wochenende im Winter 1928 wurde ich mit einer Gruppe von Ärzten zu einer Konferenz in den Kurort Semmering eingeladen, einen Ort von großartiger Eleganz. An den Vormittagen gab es einige Vorträge, doch später kam der Wintersport zu seinem Recht: Schlittschuh laufen, Rodeln, Schlittenrennen, Ski fahren. Es war der Gipfel des Wintersports. Für diejenigen, die lieber drinnen bleiben wollten, gab es Kartenspiele und Schach an Tischen vor loderndem Kaminfeuer. Am Abend wurde Unterhaltung mit kleinen Konzerten oder Tanz geboten. Die Mahlzeiten waren üppige Angelegenheiten. Fische aus den Seen, Wild, Pilze, Würste aller Art und Größe, Geflügel, Suppen mit vielen kleinen Einlagen, in saurer Sahne gedünsteter geschnittener Kohl wurden serviert. Kuchen aller Art gab es in Hülle und Fülle, und Kleingebäck wurde mit Schalen voll dikker Schlagsahne gereicht.

An einem Nachmittag jenes Wochenendes begann es zu schneien. Plötzlich fühlte ich den Impuls, aus dem Schnee etwas zu schaffen. Ich zog Stiefel und Handschuhe an, schnappte meinen Mantel aus der Garderobe und rannte hinaus. Den ganzen Nachmittag arbeitete ich, formte Gestalten im Schnee und vergaß völlig den aufkommenden kalten Wind. Welch plötzliche Macht fühlte ich in meinen Händen! Welch Freude, den Schnee zu formen, ihn in menschliche Züge, Arme, Körper, Augenlider zu pressen, zu schmeicheln, zu glätten. Schließlich waren meine Finger so steif, daß ich sie nicht mehr bewegen konnte, und so mußte ich hineingehen. Doch die Erregung über das, was ich vollbracht hatte, hielt an, und sofort begann ich mich in Wien in ein neues Studium zu stürzen, der Bildhauerei.

Ich fing an, hart zu arbeiten, und entdeckte, daß ich meiner Seele mit meinen Fingerspitzen ebenso Ausdruck verleihen konnte wie mit meinem tanzenden Körper. Der feuchte Ton wurde unter meinen Händen zu Flügelspitzen, Klauen, Hufen, der Flanke eines Löwen, einer Kinderhand, einem menschlichen Antlitz. Er konnte zu Traurigkeit und Zorn, zu Verlangen und Gelächter werden. Er wurde Musik.

Mein Abschluß an der Kunstakademie im Sommer 1929 kam für mich wie ein Schock. Es war fast, als werde ein wunderschönes Konzert mittendrin abgebrochen. Ich war noch nicht fertig, wurde von der Konzertbühne, dem Ballettsaal, den Cafés, Gesellschaften und Konzerten weggerissen. Ich konnte nicht länger die lieblichen Straßen entlangschlendern, die herrlichen Skulpturen im Freien studieren oder über den Franz-Josephs-Platz gehen. Ich hatte das Gefühl, als hätte ich in Wien kaum begonnen, und doch hatte ich mein Diplom, und keine

Ausrede der Welt konnte mich davon abhalten, den Zug zu besteigen, der mich in die üppige Abgeschlossenheit von Piestany und meine ruhige Familie zurückbringen würde.

Meine Schwester Felice war in Piestany geblieben und gehörte nun zum Personal. Sie setzte ihre wunderbar praktische Natur mit gutem Erfolg in der Leitung des Sanatoriums ein. Sie war bald unersetzlich und wurde wegen ihrer Tüchtigkeit bewundert. Mein neuerworbenes Wiener Diplom schaute sie mit skeptischen Blicken an.

„Dein Tanzen ist wunderbar, Rose“, pflegte sie zu sagen, „aber du mußt irgend etwas Praktisches zur Hand haben. Du kannst deinen Lebensunterhalt nicht damit bestreiten, an Flußufern herumzuhüpfen!“

Felice wollte, daß ich im Sanatorium einen Kurs in Physiotherapie ablegen sollte. Als sie davon sprach, zog ich schreckliche Gesichter und rannte weg, um zu schwimmen. Dann schlug sie vor, ich solle nach Schweden gehen und Massage lernen. Noch schlimmer! Schließlich erklärte ich mich bereit, im Sanatorium zu arbeiten, den Ärzten zu helfen und den Gästen Gymnastik beizubringen. Tatsächlich wuchs in jenem Sommer eine aufstrebende kleine Schule, und ich verdiente eine Menge Geld. Ich arbeitete hart, als mir schließlich klar wurde, warum Felice so darum besorgt war, daß ich selbst meinen Unterhalt bestreiten konnte.

Obwohl meine Eltern den ärmeren Zweig unserer wohlhabenden Familie repräsentierten, hatten wir immer in angenehmen Verhältnissen gelebt, mit Ausnahme der letzten Kriegsjahre, als auch die reichsten Leute litten. Doch während ich auf Kosten meines Bruders in Wien studierte, hatte mein Vater seine Ersparnisse und einen Teil von meines Bruders Geld in das Gebäude eines neuen Sanatoriums in Piestany investiert. Noch ehe es fertiggestellt war, meldete der Eigentümer Konkurs an, und mein Vater verlor alles. Er und meine Mutter und Felice zogen aus dem Kurviertel, wo sie seit dem Krieg gewohnt hatten, zurück in eine Wohnung in der Stadt, wo mein Vater nun als selbständiger Elektriker arbeitete.

Ich teilte ein recht gemütliches Zimmer mit Felice, aber natürlich brauchte ich ein Atelier. Der einzige Platz befand sich auf dem Speicher unserer Wohnung. Es war heiß dort, und zwischen den Wänden hausten die Ratten. Wenn ich den Raum verlassen hatte, tauchten sie auf. Ich empfand Entsetzen vor ihnen, und ehe ich die Türe öffnete, klopfte ich heftig dagegen, um die Ratten zwischen die Wände zurückzuscheuchen.

Es war kein sehr angenehmer Aufenthaltsort, aber er war mein eigen. Ich konnte völlig allein sein und tun, was ich wollte; und was ich wollte, war Bildhauerei. Trotz der Tatsache, daß ich nur die einfachste Grundausbildung gehabt hatte, beschloß ich, eine Lebensarbeit daraus zu machen. Ich wußte, es wäre zwecklos, irgend jemand zu überreden, mir Modell zu sitzen. So zog ich Tisch und Arbeitsmaterial direkt vor den Spiegel und saß mir selbst Modell.

Wenn ich arbeitete, vergaß ich Zeit und Hitze und den Schweiß, der meine Haut tränkte. Ich schien nur aus Augen und Fingern und einer ungeheuren Kraft zu bestehen, die gewillt war, aus dem Ton das Mädchen hervorzubringen, das ich im Spiegel sah. Oft vergaß ich, daß das Modell ich selbst war.

Im Sanatorium, wo ich Gymnastik unterrichtete, traf ich eine Ärztin, die mit einem berühmten Maler verheiratet war. Im späteren Leben wurde er Leiter der Kunstakademie in Budapest. Er wollte ein Ölgemälde einer jungen Frau malen und bat mich, für ihn zu sitzen. Später sollte er das Gemälde für eine enorme Summe verkaufen, doch während der Arbeit daran scherzte er gern und nannte uns beide Dilettanten, mich mit meiner Bildhauerei und sich selbst mit seiner Malerei.

Eines Tages beschloß er, sich meine Bildhauereiarbeiten selbst anzusehen. So kam er in unsere Wohnung in der Stadt und folgte mir die Speichertreppen empor in meinen Verschlag, lachte, als ich gegen die Tür trommelte, um die Ratten zu vertreiben, und verbeugte sich großartig, als er sich bückte, um den Raum zu betreten. Ich befand mich in einer Hochflut der Aufregung. Ich konnte fühlen, wie mein Herz gegen die Rippen pochte. Meine Hände waren eiskalt. Mein Künstlerfreund ging langsam um die Skulptur herum. Plötzlich schämte ich mich. Ich wollte ein Tuch über das Abbild meiner selbst werfen, wie ich da so fest und so einfältig am Tisch saß. Ich starrte in sein Gesicht. Er schien, als wolle er nie sprechen. Er schob die Sonnenblende am Fenster hoch und schritt noch einmal um die Skulptur. Ich stand in der Tür und wünschte, ich könnte die Treppe hinabfliehen, aus der Wohnung fort, durch die Straßen unserer Stadt und bis zurück nach Wien. Schließlich stand er still und blickte mich rasch an, als habe er sich eben erst daran erinnert, daß ich da war. Er zog mich in den Raum und lachte über mein angespanntes Gesicht.

„Du hast ein wunderbares Talent, kleine Rose!“

Ich starrte ihn an. Machte er sich lustig? Ich wandte mich der Skulptur auf dem Tisch zu, die mich mit solcher Selbstverachtung erfüllt hatte. Sie sah verletzlich und klein aus.

„Ich meine das wirklich! Du hast eine Begabung! Rose, Rose!" Er schüttelte mich ein wenig, bis ich lächelte. Ich begann mich ein wenig erhitzt zu fühlen. Ich setzte mich auf mein Bett. Er sprach weiter und fuhr beim Sprechen mit seinen Händen sanft über die Skulptur.

„Du kannst nicht hierbleiben und für dich selbst arbeiten. Wenn du Bildhauerin werden willst, mußt du einen Lehrer haben. Du mußt mit anderen Künstlern arbeiten und von Grund auf lernen."

Eine große Freude quoll in mir hoch. „Es gefällt Ihnen?" Lachend zog er mich vom Bett hoch und die Treppe hinab. Er sprach aufgeregt, als wir in den kühlen Schatten der Straße hinabpolterten.

„Wenn du mit der Bildhauerei weitermachen willst, nun, ich habe einen Freund in Budapest, einen berühmten Bildhauer. Er hat sein eigenes Atelier, und er wird dich als Schülerin aufnehmen, wenn ich ihn darum bitte. Du wirst dein ganzes Leben dafür hingeben müssen, Rose, an das Kunststudium, an die Disziplin des Lernenden. Es kann Jahre dauern, aber du wirst nicht allein sein. Du bist bei einem Meister der Bildhauerei, und du wirst selbst eine große Künstlerin werden."

Ich fühlte mich wie in einem Traum. Ich konnte erkennen, daß wir nun den weiten Park betraten, der Piestany von der Stadt trennte. Bald würden wir die Brücke überqueren. Wir kamen an den kleinen Cafés mit ihren Orchestern vorbei. Sie schienen alle Tanzweisen zu spielen. Ich wollte mich in Ekstase in die Luft schwingen. Was er sagte, war zu schön, um wahr zu sein. Ihm gefiel, was ich geschaffen hatte! Ich konnte eine berühmte Bildhauerin werden! Doch etwas, was er gesagt hatte, traf mich mit schrecklicher Pein. Ich hielt mitten auf dem Weg bestürzt inne.

„Natürlich mußt du deinen Tanz aufgeben!“ wiederholte er. „Kunst erfordert alles. All deine Energie, all dein Talent muß in sie eingebracht werden. Du kannst dich nicht teilen und dabei groß werden. Das ist die einzige Bedingung.“

Tagelang war ich hin- und hergerissen. Ich starrte meine Hände an. Sie fühlten sich an wie von der Versicherung der Kraft erfüllt und schienen sich aus sich selbst zu bewegen, wie sie berührten, streichelten, eine Tasse anfaßten, die Weichheit der Seite eines Stuhles, die knotigen Muskeln hinten an meinem Hals, die Krümmung eines Löffels erspürten. Der Drang, ihnen Freiheit zu geben, sie frei zu machen, aus dem Nichts die Schönheit der tausenderlei Dinge der Schöpfung zu klopfen, herauszuarbeiten, zu schnitzen, schmerzte mich innerlich. Aber den Tanz aufzugeben! Das war Verleugnung meines ganzen Körpers, alles dessen, was ich in Wien gelernt und geliebt hatte, Musik und Freiheit und meine ureigene Seele.

Meine Familie beriet mich mit der Ruhe des gesunden Menschenverstandes. Bildhauerei war ganz einfach ein vernünftigeres Ziel als der Tanz. Schließlich überdauert das, was durch Bildhauerei geschaffen wird, und kann sogar verkauft werden; es erstirbt nicht mit den letzten Tönen der Musik oder mit dem Herannahen des Alters.

Felice wies darauf hin, daß ich in Budapest nicht weit von zu Hause weg wäre und mir mit Hilfe eines Onkels, der Arzt im Gesundheitsministerium war, sogar meinen Lebensunterhalt verschaffen könnte. Er könnte seinen Arztkollegen nahelegen, mir Patienten zu schicken, die Physiotherapie brauchten. Ich könnte meine gymnastische Ausbildung und das, was ich in jenem Sommer im Sanatorium in Piestany gelernt hatte, nutzbringend anwenden.

Und so geschah es, daß ich beschloß, Bildhauerin zu werden. Als die Saison zu Ende ging, reiste ich nach Budapest, um dort ein neues Leben zu beginnen. Es sollte auch der Beginn meiner Sorgen werden.

3. Die Flut

In meiner Kindheit war ich während der schwierigen Kriegsjahre viele Male in Budapest gewesen. Doch nun war Budapest eine Stadt in Friedenszeiten, und ich war eine junge Frau geworden. Wir hatten beide neue Kraft und Freiheit gewonnen. Ich fühlte es, als ich die hügeligen Straßen von Budapest hinabschritt und die Augen vor der heißen Herbstsonne zusammenpreßte, um auf den grasigen Hügeln des Schloßberges mein Lieblingsfort zu sehen.

Ein anderer Geist hatte die Stadt erfaßt. Die alten Lebensweisen schienen dahingeschwunden zu sein. Alles Neue und Gegenteilige, Paradoxe wurde verehrt. Es bestand das Gefühl, als sei irgend etwas in Bewegung gesetzt worden. Die Menschen sprachen über neue Kunst – einen neuen Mann – neue Denkweisen. Zerstörung und Erschaffung verblaßten und blitzten auf wie die entgegengesetzten Seiten eines hin- und herbaumelnden Mondes. Die Menschen waren hypnotisiert und fasziniert und erregt und verwirrt. Jeder machte mit seinem Leben, was ihm gutdünkte.

Mir winkten alle Möglichkeiten. Gelegenheiten spulten sich ab wie ein Garnknäuel. Es gab nichts, was ich nicht tun konnte. Ich hatte mir erwählt, Kunst zu studieren und eine berühmte Bildhauerin zu werden. Ich war jung, ich hatte Talent, und meine Freunde hielten mich für schön.

Ich fand Unterkunft bei einem älteren jüdischen Ehepaar der Mittelklasse, das ich bald liebgewann. Ihre Tochter Helen und deren Mann waren beide Journalisten, und durch sie fand ich leicht Zugang zu den inneren

Kreisen des künstlerischen und geistigen Lebens von Budapest.

Doch zu Anfang war es Herr Patzay, der berühmte Bildhauer – der sich bereit erklärt hatte, mein Lehrer zu werden –, der jeden Gedanken bei meiner Arbeit mit Furcht und einer entsetzlichen Entschlossenheit, sein Lob zu erlangen, erfüllte. Er war ein Mann, der lange schwieg, mit durchdringendem Blick, der selbst den Marmor, an dem er arbeitete, zu durchschneiden schien. Manchmal, wenn ich zusah, wie er klopfte, abschlug und meißelte, ertappte ich mich bei dem Gedanken, daß es seine Augen und nicht die scharfen Spitzen seines Werkzeugs waren, die den Stein so meisterhaft zerschnitten.

Seine Unterrichtsmethode bestand darin, einen Haufen nassen Ton auf meinen Modelliertisch zu klatschen und dann wegzugehen. Wenn ich den Ton drückte und schob und quetschte, spottete er über meine Unbeholfenheit, meine Langsamkeit, behauptete, es seien Luftblasen im Ton, wenn keine da waren, und fragte mit ausgesuchter Höflichkeit, ob ich glaube, ich backe Brot. Was ich auch tat, erregte seinen Sarkasmus. Oft enthielten seine beißenden Kommentare belehrende Elemente; auf diese Weise konnte ich Anhaltspunkte finden. Stunden konnten in Schweigen dahingehen. Die einzigen Geräusche im Atelier waren dann das Hin- und Herschieben des Meißels auf dem Marmor oder das Raspeln eines Werkzeugs, das er auf dem Schleifstein schärfte, und das Klatschen, Ziehen und Klopfen meiner Hände, wenn ich den Ton frei modellierte. Oft tauchte Herr Patzay am Ende des Tages, wenn mein Ton lederig und nach meiner Vorstellung schön geformt war, plötzlich auf und verhöhnte alles, was ich gemacht hatte, es habe weder Plan, Rhythmus, Proportion noch irgendein Kunstelement aufzuweisen.

Für Herrn Patzay war das Zeichnen von großer Wichtigkeit. Es war, so meinte er, das Mittel, um die fließende Schönheit der Bewegung und Haltung für die spätere Verwendung beim Bildhauern einzufangen. Wenn meine Arbeit mit dem Ton schon unbedeutend war, dann spottete meine Zeichenkunst jeder Beschreibung, und er entschied, daß ich mich an einer Kunstschule einschreiben und zeichnen lernen müßte. Ich war im Zeichnen nie besonders gut gewesen, und ich wußte selbst, daß meine Hände die Kraft hatten, Ton oder Gips oder Stein zu formen, nicht aber Pinsel oder Bleistift zu benutzen, um meinen inneren Geist auszudrücken. Aber ich hatte viel zuviel Angst vor meinem Lehrer, um mich zu weigern.

Bald entdeckte ich, daß am Kunststudium sehr viel dran war. Es gab Klassen in Theorie, wo wir lernten, was ich für ermüdende Begriffe hielt, Funktion der Linie, die Wechselbeziehung der Linie mit Licht, Farbe, Raum, Umriß, Masse, Schatten. Stundenlang beugte ich mich über meinen Zeichenblock und schattierte, radierte aus, übte kubische und zylindrische Grundformen. Doch zum Glück wurde von uns Studenten auch erwartet, daß wir mit den großen Malern vertraut wurden, deren Werke in den Galerien von Budapest hingen. Wieder einmal fühlte ich mich frei, von der Schönheit der alten Stadt und der Großartigkeit der Werke von Botticelli, Leonardo, Raphael, Tizian, Dürer, Rembrandt, Vermeer dahingetragen. Oft war ich seltsam bewegt von den religiösen Themen so vieler der größten Gemälde. Wir studierten moderne ungarische Maler, Pogany, Glatz, Csok –, zum erstenmal erfüllte der Glanz der Vision eines Künstlers von Farbe, Bewegung, Drama und Bedeutung meine Seele.

In diesem gesteigerten Bewußtsein fühlte ich mich

schrecklich lebendig, offen für neue Ideen, Erfahrungen, Erkenntnisse. Es schien, als flössen alle, die ich traf, meine Journalisten, meine Künstler, meine Lehrer, meine Studienfreunde, über von allem, was anders, was seltsam, wunderbar und zutiefst wichtig war.

Die Menschen sprachen über den Scharfsinn Nietzsches und von seiner Philosophie vom Menschen, der durch überlegene Integrität, Mut und schöpferischen Willen in die Macht der Vergeistigung aufgestiegen ist. Schwach begann von ferne eine Glocke zu erklingen. Nietzsche nannte diesen außerordentlichen Menschen den Übermenschen, den jeder Lebenszyklus als Hoffnung auf seine Erfüllung sucht. Es würde zu einem totalen Umsturz kommen, bei dem alles zerstört würde, was sich der möglichen Verwirklichung dessen, was Sieg sein könnte, in den Weg stellt. Dies faßte er als „freudige Tragödie“ auf.

Helen, die Tochter meiner Hauswirtin, arbeitete an einer Budapester Zeitung. Sie nahm mich unter ihre Fittiche. Sie besaß liebliche, ausdrucksvolle Augen, die beim Sprechen aufleuchteten, wenn sie die Gedanken, die ich ihr vorgetragen hatte, erklärte, erschloß, sie diskutierte Vorstellungen, Denksysteme, Schlagworte, Doktrinen, die in den frühen dreißiger Jahren fast ebenso greifbar Budapest durchströmten wie die träge Donau, die ihren Wasserweg durch das Zentrum der Stadt schnitt.

Ich befragte sie über Nietzsches Erklärung, es sei ein Zeichen von Schwäche bei einem Künstler, wenn er sich mit dem moralischen Aspekt seiner Kunst befasse, und über die Strenge, mit der er gegen die Unterscheidung von Gut und Böse zu Felde zog, die er nicht als Konstanten, sondern als funktionelle Werte ansah.

Aus Gründen, die ich bald verstehen sollte, war Helen

keine Anhängerin Nietzsches, doch sie war über das, was er schrieb, keineswegs verwirrt. Ihre Ansicht ging dahin, daß Unwissenheit die Ursache des Bösen sei und eine gewisse Erkenntnis das Böse überwinde; dann werde es zu einem Triumph der Befreiung kommen.

Manchmal diskutierten wir über die giftigen Strömungen des Antisemitismus, der dem politischen Durcheinander in Deutschland entströmte und entzündende, schwärende, ansteckende Höhlen des Fanatismus in das geistige Leben Europas fraß. Als Journalistin verfolgte Helen die Politik aus nächster Nähe. Sie preßte die Hände zusammen und schüttelte verzweifelt den Kopf, als sie über die neue deutsche Bewegung, den Nationalsozialismus, sprach, der von einem fanatischen Nationalisten, Adolf Hitler, geführt wurde. Helen war eine der wenigen Menschen in Ungarn, die sich die Mühe genommen hatten, Hitlers Buch „Mein Kampf" zu lesen, und auch sie hatte nur einen Teil davon gelesen. Hin und wieder zitierte sie antisemitische Zitate aus dem Buch, um ihrer Feststellung (die von jedem, den wir in Budapest kannten, geteilt wurde), daß Hitler ein Wahnsinniger sei, Nachdruck zu verleihen.

„Die Nationalsozialistische Bewegung muß den ewigen Zorn auf den Kopf des faulen Feindes der Menschen, des unerbittlichen Juden, herabrufen."

„Daher glaube ich heute, daß ich im Einklang mit dem Willen des allmächtigen Schöpfers handle: indem ich mich selbst gegen den Juden verteidige, kämpfe ich für das Werk des Herrn."

„Die Ehe muß vom Niveau der dauernden Rassenschande emporgehoben werden und die Weihe einer Institution erhalten, welche dazu berufen ist, Ebenbilder Gottes hervorzubringen und nicht Ungeheuer, die zwischen Mensch und Affe stehen (Nichtjuden und Juden)."

Helen war davon überzeugt, daß jeder aufgeklärte Mensch die Ideen Hitlers schnell als das erkennen werde, was sie waren – verdreht und absurd. Wenn seine Behauptungen stärker bekannt würden, dann würden sie in das Licht des Tages und die reine Luft der Vernunft geschleudert. Der Schwulst dieses Verrückten würde bald nur noch ein hirnloses Geraune in den Hintergäßchen und Wegen in Deutschland sein, wo Unzufriedene sich zusammenrotteten und ihren nagenden Größenwahn hegten.

Einsteins Relativitätstheorie war eben bekannt geworden; in Budapest verbrachten wir Stunden in den Cafés damit, über ihre Möglichkeiten zu diskutieren. Wir stimmten darin überein, daß die Grundlage eines Kunstwerkes die eigene Ansicht über Leben und Universum sei, doch nun, da Raum und Zeit neue Dimensionen erhalten hatten, – welche Wirkung würde diese Erkenntnis auf die Kreativität haben?

Helen und ihr Gatte gehörten zu einer ausgewählten Gruppe von Intellektuellen und Künstlern, die „Gnostiker" genannt wurden. Einige waren in meinen Augen exzentrisch. Sie untersuchten auf ihren Zusammenkünften die Relativität, und Helen lud mich ein, daran teilzunehmen.

Zuerst verstand ich überhaupt nichts. Eklektische Diskussionen schienen schon seit Stunden in Gang zu sein, als wir ankamen. Der erste Abend verlief in Gesprächen, Rauchen, Gesprächen, die bis spät nach Mitternacht andauerten. Eine Zeitlang war ich erregt darüber, in solch einen inneren Kreis aufgenommen zu sein, und ich beobachtete die intensive Konversation mit einem

Gesicht, von dem ich hoffte, daß ich ihm einen scharfsinnigen und gelehrigen Ausdruck verliehen hatte.

Nach und nach begann ich zu verstehen, daß es der „Geist" war, den alle für wichtig hielten. Ich lernte, daß das menschliche Wesen nicht nur aus Körper und Seele, sondern auch aus Geist bestand. Ich war wie elektrisiert. Nie zuvor hatte ich über den Geist nachgedacht.

Ein junger Journalistenfreund von Helen, Louis, nahm an den Zusammenkünften teil. Ich hielt ihn für wenig attraktiv und etwas unangenehm, doch es machte ihm Spaß, mir Wörter zu erklären, die ich nicht verstand.

Viele in der Gruppe besaßen das Neue Testament und konnten daraus zitieren. Louis sagte, die Lehre des Gnostizismus sei eine alte Weisheit aus der Heiligen Schrift, und es sei nur wenigen gegeben, sie zu verstehen. Es wäre eine Geheimwissenschaft.

Oft dauerten die Diskussionen bis spät in die Nacht an, so daß ich entsetzlich schläfrig wurde. Dann kauerte ich mich irgendwo auf eine Couch und machte ein Nickerchen. Wenn ich mich aufsetzte und streckte, wartete Louis, bereit sich neben mich zu setzen und mit meinen Weihen fortzufahren.

„Diese Welt wird von bösen ‚Archons' regiert", sagte er. „Jehova in der Bibel ist einer von ihnen." Da Louis Jude war und die Schrift gut kannte, nahm ich an, daß er wußte, wovon er redete, obwohl ich sicher war, daß meine Mutter in ihren ruhigen Stunden am Fluß mit ihrem Gebetbuch niemals zu einem bösen ‚Archon' gebetet hatte. „Diese ‚Archons' hielten den Geist des Menschen gefangen. Jesus Christus war ein Wesen, das ‚Äon' genannt und vom himmlischen ‚Pleroma' gesandt wurde, um die verlorene Erkenntnis vom göttlichen Ursprung des Menschen wiederherzustellen."

Wenn ich gähnte oder verwirrt schien, sprang Louis auf und brachte mir Kaffee mit Sahne oder kleine Kuchen mit Tee. Bald erkannte ich, daß Louis nicht nur von religiösem Eifer angetrieben wurde. Sein Interesse an mir ging über das eines menschlichen Geistes hinaus, und ich fing an, ihn lästig zu finden, obwohl mir seine Aufmerksamkeit schmeichelte.

Ich bemerkte, daß es in unserem modernen ungarischen Gnostizismus einen Aspekt gab, der mit dem „überragenden Menschen" zu tun hatte, daß in unserer geheimen Erkenntnis das Potential für einen höheren, bevorzugten Menschen mit überlegenen Kräften lag.

Einer unserer wichtigsten Lehrer war ein Mann, der keinerlei gekochte Nahrung zu essen pflegte. Alles mußte roh sein, und er behauptete, er werde 10000 Jahre auf Erden leben. (Tatsächlich starb er im Alter von siebzig Jahren.)

„Die Menschheit ist in Fleisch, Seele und Geist geteilt", lehrte dieser Mann, während er mit den knochigen Fingern einer Hand die Unterteilung der Menschheit auf der anderen Hand abzählte. „Die Menschheit ist auch in Klassen getrennt, die jedes dieser Elemente repräsentieren. Eine Person, die nur aus Körper besteht, hat keinen Geist und kann niemals gerettet werden." Mich schauderte bei diesem Gedanken. Wenn ich nun eine solche Person wäre? Ich glaubte das nicht. In den tiefsten Tiefen meiner Seele war eine Traurigkeit, ein Verlangen wie eine Melodie oder eine Erinnerung, auf die man sich nicht besinnen kann, die ich nicht definieren konnte, ein Heimweh, aber nach keinem Ort, an dem ich je gewesen war. Im Deutschen gibt es für diesen Zustand das Wort ‚Sehnsucht'. Gewiß hatte ich zumindest eine Seele!

„Wir Gnostiker tragen die Erkenntnis des göttlichen

Funkens oder Geistes in uns, unsere Erlösung ist sicher.“ Aber war ich wirklich eine Gnostikerin?

„Es ist möglich, daß fromme Christen und einige andere eine geringere Art von Erlösung erreichen können durch den Glauben, selbst in ihrer Unwissenheit.“

Ich überlegte, daß ich als Jüdin die „sichere Erlösung“, die unser Lehrer beschrieb, durch die geheime Erkenntnis des Gnostizismus erreichen müßte. Ich wollte auf keinen Fall eine „geringere“ Erlösung, und mir gefiel die Lehre, daß unser Körper in der Frage der Erlösung eine ganz gleichgültige Einheit war. Was wir mit ihm anfingen oder nicht, war von untergeordneter Bedeutung. Die geheime, höhere Weisheit war es, die von höchster Bedeutung war. Wie nutzlos war es, den Körper zu kasteien, ihn mit Hunger oder Mangel an Schlaf zu foltern, wie ich es bei einigen Katholiken in Piestany gesehen hatte. Wie unwissend und schrecklich war der alte Block zur Geißelung unter dem Kreuz! Von ganzem Herzen bemitleidete ich Menschen, die solche Qualen erduldeten.

Ein anderer unserer Lehrer war eine Frau vom Lande aus der Nähe von Budapest, die ebenfalls Vegetarierin war und lehrte, daß wir unserem Körper nichts versagen dürften außer dem Ausdruck der Gewalt. Sie unterstrich, wie wichtig es sei, Jesus nachzueifern, der in die Welt gekommen war, um Liebe zu bringen. Jesus schlug niemals zurück; der Pazifismus, so meinte sie, sollte das lebenslange Ziel eines aufgeklärten Menschen sein. Louis las mir oft Stellen aus dem Neuen Testament vor, die Worte Jesu enthielten, und drängte mich, noch tiefer in diese Lehren einzudringen.

Louis begann bald eine größere Rolle in meinem Leben zu spielen. Ich war überrascht, als er zuerst mein Atelier zu besuchen anfing und auf mich wartete, bis ich fertig war. Oft brachte er mich nach einem langen harten Tag zum Lachen, pries meine Schönheit und mein Talent und forderte mich auf, für ihn zu tanzen.

Nach der Spannung und Frustration der Stunden bei Herrn Patzay heiterte Louis mich auf. Schließlich schrieb er sich an der Schule ein, an der ich Abendunterricht in Kunst hatte. Als Grund gab er seinen Wunsch an, ebenso gut zu malen, wie er sich in seiner Arbeit als Journalist auszudrücken verstand, eine Beschäftigung, von der er behauptete, sie schränke seine Kreativität ein.

Sehr bald wurde klar, daß er als Künstler hoffnungslos war, doch er ignorierte sein Versagen und setzte seine Lektionen fort mit dem Hinweis, er müsse bei mir sein. Spät abends begleitete er mich durch die verlassenen Straßen von Budapest heim, wobei er noch auf eine Tasse Kaffee in meine Pension mitkam. Da er ein Freund von Helen und ihren Eltern war und zu unserer gnostischen Gruppe gehörte, konnte ich ihn nicht von seinen nächtlichen Besuchen in dem Haus abhalten.

Doch Louis hatte etwas an sich, was mich abstieß, obwohl er eine tiefe Kenntnis um mystische Dinge zu haben schien. Ich dachte, er müsse einer der hohen Geister sein, über die wir sprachen, höher als die meisten Menschen, und paradoxerweise war ich geschmeichelt, daß er sich so sehr zu mir hingezogen fühlte. Wo immer ich war, schien Louis dazusein, verschlang mich mit seinen riesigen dunklen Augen, bemerkte, was mir Spaß machte, besänftigte meine stürmischen Launen und feierte meine Freuden und kleinen Triumphe.

So begann er mir allen Ernstes den Hof zu machen. Als der Sommer kam, erklärte ich mich einverstanden, daß er mich in Piestany besuchen könnte. Ich hätte durch die erschrockene Enttäuschung meiner Familie gewarnt sein sollen, doch in meiner Dickköpfigkeit verteidigte ich Louis gegen ihre Mißbilligung. Wenn sie ihn für arrogant hielten, erklärte ich, er sei brillant. Wenn sie auf seine Verantwortungslosigkeit und Extravaganz hinwiesen, führte ich als Verteidigung sein Interesse an höheren Dingen des Geistes an, die über materialistischen Belangen standen. Meine Schwester Felice, nun selbst eine strahlende junge Frau, versuchte Louis um meinetwillen gern zu haben, doch ich konnte ihre Besorgnis an der Art erkennen, wie sie Louis und mich zusammen beobachtete.

Als wir nach Budapest zurückkehrten, war Louis entschlossen, daß wir heiraten sollten, obwohl er die Zurückhaltung meiner Familie deutlich fühlte. Zu dieser Zeit beschäftigte ich mich bereits zutiefst mit ihm, und er war von unermüdlicher Ausdauer. So gab ich schließlich nach, und wir wurden getraut.

Oft hatte ich zu meinen Freunden gesagt, wenn ich nicht vor meinem vierzigsten Lebensjahr berühmt sei, würde ich mich umbringen; und als ich das sagte, war es mir zweifellos ernst damit. Die Vorstellung, daß die Ehe in irgendeiner Weise mein Streben nach einer Zukunft als große Bildhauerin berühren könnte, war für mich unfaßbar. Ich würde meine Studien bei Herrn Patzay fortsetzen und durch die Annahme von Patienten für Physiotherapie zu unserem Lebensunterhalt beitragen. Louis würde mit seiner ziemlich gleichgültigen Zeitungsarbeit unseren Unterhalt bestreiten, der selbst so für die Bedürfnisse eines jungen Paares angemessen war.

In den allerersten Tagen schien mir die Welt trotz des politischen Chaos um uns zu Füßen zu liegen. Louis erklärte sich zum glücklichsten Mann der Welt. Ich überzeugte mich, daß ich überschäumend glücklich sei, und warf mich mit erneuter Hingabe auf meine Bildhauerei. Hin und wieder spendete mir Herr Patzay ein Wort brummigen Lobes. Ich wußte, daß nun nicht nur Rose, trotz meines starken Willens eine berühmte Bildhauerin werden würde, sondern gleichzeitig auch die Frau von Louis! Louis übte eine seltsame und ungeheure Macht über mich aus. Bald sollte ich die Quelle seines zwingenden Einflusses kennenlernen.

Eines Abends, als Louis von seiner Arbeit bei der Zeitung heimkam, überbrachte er mir eine Einladung zu einem Besuch bei seinem Vetter Max, der auf dem Lande lebte. Ich hatte diesen Vetter nie getroffen. In jenen Tagen verließ jeder in Budapest gern an den Wochenenden die Stadt, um in die Wälder und auf die Hügel zu ziehen und mit der Natur eins zu sein. Eifrig stimmte ich zu. Louis meinte, ich würde seinen Vetter gern haben. Er sei eine sehr tief veranlagte Person, der psychische Phänomene studiere und mit vielen Gaben der Weisheit beschenkt worden sei. Ich war fasziniert.

Es war herrlich, aus Budapest und der politischen Spannung zu entfliehen, die wie eine drückende Hitzewelle über der Stadt hing. In Budapest schienen die Menschen zunehmend verrückt zu sein – sie arbeiteten zu hart, sie tranken zu viel, sie lachten zu laut und stritten heftig. Schreckliche Gerüchte kursierten, an die die Menschen nicht glauben wollten, aber die Gerüchte wurden mit einer Faszination ausgesucht, die Teil der Krankheit jener Zeit war. Es hieß, in Deutschland seien die Gefängnisse so überfüllt, daß die Nationalsozialisten Gefängnislager für politische Gefangene und Juden anlegten. Wir hatten Fotografien von zugenagelten deutschjüdischen Läden gesehen und gehört, daß es für Juden in Deutschland unmöglich war, Lehrer zu sein oder wichtige Positionen in selbständigen Berufen und im öffentlichen Dienst zu bekleiden. Für Louis und mich schien das Geschehen in Deutschland fern und unwirklich. Unser Leben hatte eben begonnen, wir mußten unser Geschick erfüllen. Wie viele junge Leute unseres Landes versuchten wir, die Augen zu verschließen und an andere Dinge zu denken. Vielleicht war das der Grund, warum das Okkulte solche Verbreitung fand. Es war ein Weg, die Verwirrung der Zeit auszusperren und Macht in einer Welt zu gewinnen, die ich erobern und beherrschen wollte, einer Welt, die mich durch ihre eigene Auflösung und Verzweiflung verriet.

An jenem Wochenende waren eine Menge Leute im Hause von Max. Vielleicht spielten wir alle Rollen, an die wir nicht glaubten. Ich zum Beispiel war die strahlende Braut, furchtlos, unabhängig, die demnächst berühmte Bildhauerin. Zwar nicht gerade intellektuell, aber sicherlich ein Pseudogenius, produzierte ich mich mit meiner Gewandtheit in mehreren Sprachen, meinen spontanen Ausbrüchen in Tanz. Wenn ich sprach, gebrauchte ich Hände und Arme möglichst ausdrucksvoll, um die Leute ständig daran zu erinnern, daß dies die Hände einer großartigen Bildhauerin seien. Louis war stolz auf mich und prahlte mit meinen Errungenschaften ebenso wie mit seinen eigenen. Wir alle prahlten und lachten und versuchten, unsere eigene Welt zu schaffen, so wie wir sie haben wollten. Wir wollten uns selbst vormachen, daß wir die wirklichen und wichtigen Menschen waren, die darin lebten.

Als aber die Zeit für die Séance von Max herankam, befiel die Gruppe eine Fremdartigkeit. Wir fühlten uns anders, ruhiger, tiefer, als könnten wir nun unser leichtfertiges Ich verlassen und eine Welt betreten, die von unserer eigenen so weit entfernt war, daß wir nicht länger Vorwände und Stolz nötig hatten. Wir näherten uns bescheiden den Geistern, bereit, von ihnen zu lernen. Wir drängten uns danach, unser Ich vollständig preiszugeben an diese Welt, die wir nicht sehen oder berühren konnten, abhängig von der Bereitschaft der Geister, sich zu offenbaren.

Ich konnte in der Atmosphäre des Raumes etwas Seltsames fühlen. Max zog die schweren Vorhänge zu und verdunkelte damit den Raum bis auf das Flackern kleiner Kerzen auf dem Kaminsims. Unsere Stühle wurden in einen Kreis gestellt, und wir saßen ehrfürchtig in der Gegenwart der Geister, mit denen wir Kontakt aufzunehmen hofften. Max setzte mich durch eine unmittelbare Trance in Erstaunen; er sprach mit zittriger Stimme von „der anderen Seite" und den Dingen, die dort waren. Ich war erregt über seine Beschreibung von Frieden und Schönheit, Klängen und Gesichtern, die dem Schönsten, was es auf Erden gab, glichen und es widerspiegelten, doch immer in irgendeiner Weise überlegen waren. Doch bald schien die Stimme von Max in ein schwaches Weinen auszuklingen, das sich wieder verstärkte. Viele Stimmen, die auf herzzerbrechende Weise schluchzten und stöhnten, erfüllten den Raum. Ich war von dem Klang so tiefen Kummers entsetzt.

Die Geister schienen sich um meinen Kopf zu sammeln, und mein Herz verkrampfte sich vor Mitleid mit ihnen. „Warum weint ihr?" Diese Frage schien so natürlich, wie wenn man ein Kind fragt.

Sie nannten sich „Luftgeister" und baten um Hilfe. Sie sagten, sie wüßten nicht, wer oder wo sie seien; sie seien schrecklich unglücklich. Ich versuchte ihnen zu erklären, daß sie Geister seien, tot, und daß sie in die wunderbare Welt gehörten, die Max uns beschrieben hatte. Sie schienen getröstet. Sie fragten, ob sie dort hingehen könnten. Ich versicherte ihnen dies und schien sie einen nach dem anderen an jenen Ort des Friedens zu entlassen. Als ich zu Ende war, herrschte Stille im Zimmer.

Max ging auf Zehenspitzen zum Fenster und zog die Vorhänge auf. Zwielicht fiel ein, der Raum blieb düster. Max und Louis und die anderen in der Gruppe blickten mich bewundernd an. Was hatte ich getan? Ich starrte bestürzt zurück. Schließlich stand Louis auf und kam zu meinem Stuhl herüber. Er beugte sich nieder und küßte mich sanft. „Rose, Liebste, du bist ein Medium!" Seine Stimme war zärtlich vor Scheu. Ich freute mich, ein weiteres Talent an mir entdeckt zu haben.

Als Louis und ich nach unserem Wochenende auf dem Land nach Budapest zurückkehrten, fühlte ich mich ruhelos und seltsam ängstlich über meine Bildhauerarbeit. Ich war entschlossen, eine große Bildhauerin zu werden, doch Erfolg und Anerkennung schienen zu lange auf sich warten zu lassen. Ich fing an, ein Gefühl des Drängens zu empfinden. Die Zustände in Europa erfuhren eine zunehmende Spannung. Eine Nation um die andere rüstete trotz aller Bündnisse, Friedensabkommen, Verträge. Europa war wie eine Trommel, deren Fell bis zum Zerreißen gespannt ist. Ein unerbittlicher, gedämpfter Schlachtruf durchbebte die Luft.

In dem von der Depression heimgesuchten Deutschland hatte der Fanatiker, über den wir in Budapest gelacht hatten, eine hysterische Popularität erlangt. Am 30. Januar 1933 nahm Paul von Hindenburg, der Präsident der zerbrochenen deutschen Republik, Adolf Hitler den Amtseid ab; einen Tag zuvor hatte er beschlossen, ihn zum Kanzler zu berufen. Unsere ungarischen Zeitungen waren voll von der Geschichte. Hitler hatte geschworen: „Ich werde meine Kraft zum Wohle des deutschen Volkes einsetzen, die Verfassung und die Gesetze des deutschen Volkes schützen, die mir auferlegten Pflichten verantwortungsbewußt erfüllen und mein Amt unparteiisch und in Gerechtigkeit gegen jedermann ausüben."

Doch selbst während Hitler den Eid ablegte, drängten sich fanatisierte Massen in den Straßen Deutschlands und feierten das Ereignis mit dem Nazi-Schlagwort „Deutschland erwache, Juda verrecke".

Es war ein deutsches Dogma, daß Juden die Republik kontrollierten und über das deutsche Volk die Leiden und Verluste des Krieges und der großen Wirtschaftskrise gebracht hatten. Hitler predigte, daß die freien Berufe und der Handel sich unter der Kontrolle von Juden befänden. Am schlimmsten war das, was er die „Judenpresse" nannte. Juden, so behauptete er, seien die Herren der deutschen Presse; sie müßten entfernt werden. (Louis entgegnete hitzig, daß von den 100 wichtigsten Zeitungen Deutschlands nur zehn von Juden herausgegeben wurden.) Juden, so sagte Hitler, kontrollierten die Banken und brachten sich selbst zu Reichtum auf Kosten der Armut und Arbeitslosigkeit des deutschen Volkes. In Deutschland war die Enttäuschung tief eingewurzelt. Die Menschen warteten auf einen Messias, der sie aus ihrem Unglück rettete. Mit Hitler kam die Massenideologie von „Blut" und „Rasse", und mit diesem neuen Gott wurde ein neuer Teufel geschaffen, der Jude, die Quelle allen deutschen Übels, der zwar unter den Ariern lebte, aber von anderer Rasse und anderem Blut war.

Der rasende Antisemitismus fand in ganz Europa seinen Widerhall, er betäubte die Vernunft und weckte altes Mißtrauen, Eifersüchte, Ängste. In unserem eigenen Budapest lebte die Hälfte aller Juden Ungarns. Wir machten 20 Prozent der Bevölkerung aus, vor allem in den kultivierten Schichten der Selbständigen in der Stadt. Viele Juden waren tatsächlich getaufte Christen – in ganz Ungarn waren es vielleicht bis zu 35000. Von der Mitte der zwanziger Jahre bis zu Hitler waren die Zeiten für die Juden in Ungarn unter der unparteiischen Führung unseres Ministerpräsidenten Stephan Graf von Bethlen gut gewesen.

Aber als die dreißiger Jahre vorrückten, wurde der seltsame Geist, den ich gefühlt hatte, als ich zum erstenmal nach Budapest kam – die Veränderung, die Erregung des Widerspruches, Absurdität, neue Denkweisen – zu einem dunklen Wirbel der Zerrissenheit, einem Vorboten des Ruins. Die Musik schien lauter, das mißtönende Gelächter rauh, der Ehrgeiz von Besessenheit geprägt.

Oder war meine wachsende Furcht einfach ein Symptom einer Fremdheit bei Louis, einer Ungleichheit in unserer Beziehung, die ich zu ignorieren und herunterzuspielen versuchte? Es begann mit dem, was ich zuerst für einen süßen Groll auf die Zeit hielt, die ich im Atelier oder in meinen Kunstklassen verbrachte. Louis hatte das Interesse am Besuch der Kunstschule verloren und beklagte sich, daß ich die Abende mit ihm verbringen und nicht arbeiten solle. Er erklärte, wenn ich ihn liebte, würde ich die Kunst aufgeben, da die Kunst nicht wirklich ein Teil seiner Welt sei und er sie nicht mit mir teilen könne. Wenn ich ihn liebte, würde ich ihn nicht von einem so großen Teil meiner Existenz ausschließen. Wenn ich ihn wirklich liebte, würde ich mein Leben für ihn hinwerfen, wenn er darum bat. Und alles, worum er bat, war, ich möge ihm ein wenig von meiner Zeit geben.

Zuerst neckte ich ihn, er sei töricht, doch als sein Drängen zunahm, wuchs meine Entschlossenheit, dem zu widerstehen. Mein ganzes Leben lang hatte ich einen starken Willen gehabt, und seine Versuche, mich zu zwingen, alles für ihn aufzugeben, ließ den wilden Starrsinn meiner Natur durchbrechen. Die Bildhauerei war mein Herzblut, meine Seele und mein Geist. Vielleicht gelang mir die bildhauerische Arbeit besser, weil Louis dagegen Einspruch erhob.

Ich träumte davon, daß er nachgeben werde, wenn ich erst berühmt war. Wie stolz würde er auf seine Frau sein und auf das Vermögen, das ich verdienen würde! Schon schenkte man mir in Künstlerkreisen von Budapest Beachtung. Aber wenn es erst soweit war! Louis würde dann kommen und einsehen, daß er unrecht gehabt hatte, als er mich zum Aufhören nötigen wollte.

Manchmal, wenn ich vom Atelier oder von einem meiner gut zahlenden Physiotherapie-Patienten nach Hause kam, war Louis betrunken und behauptete, er wisse mit seiner Zeit nichts Besseres anzufangen. Ich war tief bestürzt, denn in der jüdischen Gemeinschaft ist Trunkenheit unüblich. Aber es sollten noch schlimmere Schocks kommen!

Eines Tages war ich zu Hause und schrubbte den Boden unserer kleinen Wohnung; dann hängte ich einige neue Drucke auf, die ich von einem Freund gekauft hatte, der in der Nachbarschaft in einem Café malte. Louis war zu Hause, schlürfte Kaffee und bewunderte die „häusliche" Rose. Beiläufig fragte ich Louis, wo er am Abend zuvor gewesen wäre, als ich arbeitete. Ein seltsames Lächeln huschte über sein Gesicht. Er zuckte die

Schultern: „Ich habe mich mit irgendwelchen Frauen amüsiert. Was denkst du denn, wie Männer ihre Freizeit zubringen?"

Gelegentliche sexuelle Abenteuer waren in unseren Kreisen üblich. Meine eigene philosophische Lektüre hatte die konventionelle Moral für mich zu einer Frage von theoretischer Gleichgültigkeit gemacht. Mein eigenes junges Erwachsenenleben war ein Beispiel für ungezügelte Selbstgefälligkeit. Ich hatte für die Kunst gelebt, getan, was mir paßte, und niemand gerichtet. Aber ich war im Herzen kein wirklicher Bohemien. Meine Vorstellungen von ehelicher Treue hatten sich im lieblichen Paradies von Piestany gefestigt und in der gegenseitigen Hingabe meiner Eltern. Promiskuität war ein erschrekkender Verrat.

Louis lachte erstaunt über meine Reaktion. Plötzlich schien es ihm Vergnügen zu bereiten, mich zu verhöhnen. Seit den ersten Tagen unserer Ehe war er mir untreu gewesen. Sicherlich wußte ich das und kümmerte mich nicht darum! Warum also plötzlich so tun, als sei ich gekränkt? Er begann Namen zu nennen, Szenen zu beschreiben. Es war unerträglich.

Ich rannte weinend aus der Wohnung. Die Gebäude und Menschen auf der Straße schienen verschwommen und weit entfernt. Entsetzen und Scham würgten mich. Ich weiß nicht mehr, wie viele Stunden ich durch die Straßen wanderte. Als ich zurückkehrte, taumelte ich vor Müdigkeit und verbrauchter Erregung. Louis war alarmiert. Er versuchte, mich zu trösten. Er versprach, er werde die anderen Frauen aufgeben; sie bedeuteten ihm nichts. Ich wäre die einzige, die er liebte. Er streichelte mir übers Haar und wusch mein Gesicht, als sei ich ein kleines Kind. Aber seine Worte bedeuteten nichts.

Ich wurde verzweifelt unglücklich. Bald begann ich wieder zu spiritistischen Sitzungen zu gehen in der Hoffnung, irgendeine Bedeutung für das Gefühlschaos in mir zu finden. Meine Abscheu und meine Niedergeschlagenheit über das Benehmen von Louis schienen ihn nur zu veranlassen, noch kühner hinter Frauen her zu sein und sich an meiner Verzweiflung zu weiden. Nacht um Nacht gestand er mir dann alles ein und versprach, nicht weiterzumachen. Ich flehte ihn an, mir nichts zu erzählen und mich mit meiner Bildhauerei weitermachen zu lassen. Unser Leben zusammen wurde grotesk. Finstere, zerstörende Bilder füllten meinen Geist.

Als der Sommer kam, kehrte ich ohne Louis nach Piestany heim. Den ganzen Frühling über hatte ich an Fieber gelitten. Ich fand keinen Schlaf und weinte manchmal stundenlang hoffnungslos vor mich hin. Louis wurde wütend über meine Depression und warf unser Geld mit vollen Händen hinaus, manchmal alles an einem Tag. An manchen Nächten kam er heim und beschrieb, mit welchen Mädchen er zusammengewesen sei. Ich rannte blindlings aus der Wohnung fort, unfähig, die Demütigung zu ertragen.

Manchmal bat er mich um Verzeihung und versprach, mich niemals wieder zu kränken; dann sagte er, ich sei zu gut für ihn, zu begabt, zu schön, und wenn ich ihn wieder liebte, würde er sich vollständig wandeln.

Wenn ich ihn nicht lieben könne, so erklärte er, würde er mich niemals weggehen lassen, weil er mich zum Leben brauche.

Selbst in jenen schrecklichen Tagen gingen wir ziemlich oft zu den gnostischen Versammlungen und zu spiritistischen Sitzungen, doch ich fand in keinem von beiden Erleichterung. Louis hielt häufig Vorträge, und zuzeiten lehrte er so, daß ich dachte, er stehe weit über mir, sein Denken bewege sich auf einer so viel höheren Ebene als das meine, daß ich glaubte, ich sei es, die unrecht habe und seinen Genius und die Lebensweise eines solchen Menschen nicht verstand. Ich war es, die sein Leben elend machte. Ich war es, die für die Misere unseres Daseins zu tadeln sei.

Als ich im Sommer in Piestany eintraf, litt ich entsetzlich. Meine Familie konnte erkennen, daß ich zutiefst unglücklich war. Felice war nun stolze Mutter von Zwillingsbuben; obwohl sie Hausmädchen und eine Kinderschwester für die Babys hatte, blieb ich bei ihr und ihrem Gatten, um ihr mit den Kindern zu „helfen" und in dem Hotel auszuruhen, wo ihr Gatte Geschäftsführer war. Nach einer Weile brachten mir der Frieden und die Schönheit von Piestany ein wenig Erholung, ich begann wieder zu schlafen und konnte ohne zu weinen Spaziergänge unternehmen und sprechen. Felice bat mich, die Scheidung von Louis einzureichen, aber ich fühlte mich an ihn gebunden. Oft telephonierte er und überredete mich, es werde alles anders sein, wenn ich am Ende des Sommers zu ihm nach Budapest zurückkehren würde.

Nach meiner Rückkehr entdeckte ich, daß Louis tief verschuldet war. Er machte sich keine Gedanken darüber und meinte, wir könnten leicht bezahlen, was wir schuldeten, sobald ich wieder als Physiotherapeutin zu arbeiten begänne. Es war nur eine Frage von Tagen, bis ich erkannte, daß die Rückkehr zu ihm eine Torheit gewesen war. Louis hatte nie die Absicht gehabt, treu zu sein; es machte ihm weiterhin ein krankhaftes Vergnügen, mir seine sexuellen Affären in allen Einzelheiten zu bekennen. So nahm ein zerstörerischer Kreislauf seinen Anfang: Ich verließ Louis, und er überredete mich, zurückzukommen; doch jede Wiedervereinigung wurde durch noch grausameres und sadistischeres Verhalten zerstört. Manchmal verfaßte er Gedichte über unser Leben und wie er ein Inferno schuf, das uns in einer kosmischen Katastrophe verschlingen sollte. Die Bildhauerei war für mich unmöglich geworden.

Schließlich erkannte ich, daß ich irgendwohin gehen müßte, wo er mir nicht nachkommen konnte. Mir kam die lächerliche Idee, als Hausgehilfin in ein anderes Land zu entfliehen. Durch eine Agentur in Budapest wurde ich tatsächlich von einer adligen Familie in England angeheuert, die mir die Reise nach Großbritannien bezahlte und mir als Entgelt für die für sie geleistete Arbeit ein Taschengeld gewähren würde. Ich war so verzweifelt, daß es mir gleichgültig war, was ich tat oder wohin ich ging. Ich wollte nur aus Budapest weg und soweit wie möglich von Louis fort. Ich hatte angenommen, daß ich in London sein und in einem Haushalt mit nur drei Personen arbeiten würde, doch statt dessen wurde ich aufs Land zu einem Landsitz einer Adelsfamilie geschickt, wo eine große Zahl von Leuten oft zur Jagd und zum Dinner kam. Ich wurde als erstes Hausmädchen eingesetzt. Das zweite Hausmädchen war ein ungarisches Mädchen, das ebenfalls Rose hieß. Um die Verwirrung zu vermindern, erhielt ich den englischen Namen Mary.

Es war eine Zeit von großem Patriotismus und Optimismus in England, und alles Englische wurde geschätzt und geliebt. Der schüchterne König George VI. war soeben nach der Abdankung seines Bruders Edward VIII. gekrönt worden. Obwohl die Familie, für die ich arbeitete, ebenso wie ich selbst, fließend französisch sprechen konnte, gaben sie sich große Mühe, mit mir nur englisch zu sprechen und mir ihre Sprache und die Sitten ihres großen Landes beizubringen. Auf einem Ehrenplatz an den Wänden des Herrenhauses hingen wundervoll gerahmte Gemälde des Königs und der Königin von England und ihrer beiden kleinen Töchter Elizabeth und Margaret Rose.

Im Ungarischen haben wir den Ausdruck „Vom Kübel in den Eimer fallen". Wenn ich elend war, als ich in England ankam, so sollte ich bald erfahren, daß mein Elend noch zunahm. Am ersten Morgen, den ich in dem Haushalt zubrachte, erhielt ich eine gedruckte Liste, auf der alles verzeichnet war, was ich jede fünf Minuten von 6 Uhr 30 bis 23 Uhr zu tun hatte. Jede Woche erhielt ich einen halben Tag frei und einmal im Monat einen ganzen Tag.

Sechzehneinhalb Stunden am Tag Arbeit, sechseinhalb Tage in der Woche, und ich hatte gedacht, ich würde in der Lage sein, England zu sehen! Ich wollte in meiner Freizeit die englische Sprache lernen und vielleicht an den freien Tagen nach Paris reisen, vielleicht auch genügend Geld sparen, um meine Brüder im fernen Amerika zu besuchen! Es überstieg selbst meine wilde ungarische Einbildungskraft, mir ein so eingesperrtes Dasein wie das eines englischen Hausmädchens vorzustellen. Im ersten Augenblick schien es empörend, daß der Tag in fünf Minuten unterteilt wurde, über deren jede man Rechenschaft geben mußte. Aber noch unerträglicher war für mich die kalte, unpersönliche Art, mit der die Dienerschaft behandelt wurde. In England gab es keine „erste Fleischscheibe für das Hausmädchen"! Es war dem Personal nicht einmal erlaubt, „Guten Morgen" zu sagen, wenn der Herr oder die Dame zum erstenmal am Tag erschien. Man mußte warten, bis man zuerst angesprochen wurde, oder schweigen. Jede Einzelheit des Lebens war so genau festgelegt und so umschränkt, daß ich das Gefühl hatte, selbst meine Seele sei mir entrissen und so steif gestärkt wie die raschelnde weiße Schürze, die ich trug.

Im Haushalt konnte die Dienerschaft kein Geräusch machen, kein Gefühl zeigen, keine Unterhaltung führen, die nicht zu den Pflichten des langen Arbeitstages gehörten. Die Ausnahmen bestanden in den Mahlzeiten und Teepausen. Bei dieser Gelegenheit äußerten sich die englischen Bediensteten geringschätzig über die „ausländische Hilfe" und korrigierten unsere Sprechweise. Ich wurde still, kämpfte mit meinen Gefühlen und dem faden englischen Essen, von dem mir übel wurde, dem zähen Haferbrei, dem zerkochten Gemüse und dem süßen, glitschigen Pudding, die in meinem Munde zu Brei wurden.

Oft schluchzte ich hoffnungslos in meinem Bett in den finsteren Nächten draußen auf dem Lande. Mein Leben hatte Form und Bestimmung eingebüßt. Es war, wie wenn Wasserfarbe feucht wurde und die Farben ineinanderliefen und das Bild ruinierten. Ich war Tänzerin, Bildhauerin, an Anerkennung, Aufregung, künstlerische Leistung, Ausdruck gewöhnt. Ich war eine verheiratete Frau aus einer großen liebenden Familie.

Und doch hatte ich mich selbst in diesem einsamen, kalten Land eingesperrt, wo die Menschen ihre schwierige Sprache in tödlicher Ruhe sprachen und weder Lachen noch Musik, noch Wärme erlaubten. Was hatte es für einen Sinn, mein Leben und meine Kraft mit dem Schleppen von Tabletts, dem Reinigen von Zimmern und dem Servieren von Mahlzeiten zu vergeuden? Hatte ich nicht behauptet, ich würde berühmt sein, ehe ich die Vierzig erreicht hatte, andernfalls wolle ich sterben? War ich nicht die Rose von Wien und Budapest, sprühend von Leben, Talent und Verheißung? War ich die verachtete Frau von Louis, gedemütigt und entwürdigt? War ich zu nichts weiter geworden als zur englischen „Mary", die für nichts anderes mehr gut war, als in Wohnzimmer und Salon „Jawohl, gnädige Frau" zu murmeln?

Vielleicht machte sich die gnädige Frau Gedanken über meine Verzweiflung. Eines Tages nahm sie mich in die in der Nähe liegende Stadt mit – ein noch nie dagewesener Vorgang. Sie hatte einige Einkäufe zu erledigen, und während sie damit beschäftigt war, wies sie mich an, währenddessen im Lokal der YWCA, Young Womens' Christian Association, der Stadt mit jungen Leuten bekannt zu werden. Ich bin sicher, daß die Widersinnigkeit des Besuches einer ungarischen Jüdin – Künstlerin und Zimmermädchen – bei einem englischen YWCA-Treffen der gnädigen Frau überhaupt nicht zum Bewußtsein kam. Sie ließ mich mit einem zufriedenen Lächeln zurück und versicherte mir, daß mir ein wenig Abwechslung sicher Spaß machen werde.

Ich stand schüchtern in dem einfachen Vorraum des kleinen Gebäudes. In der Mitte des Raumes bedeckte ein dünner Teppich den Boden, in einer Ecke stand eine hoch gewachsene Aspidistra. An den Wänden reihten sich durchgesessene Stühle.

Zufällig waren an jenem Nachmittag zwei englische Sekretärinnen dort, die ein wenig deutsch sprachen; wir schlossen miteinander Bekanntschaft. Die Mädchen waren reizend und einfach in einer höflichen englischen Art. Ich glaube, sie hielten es für ihre Pflicht, einer Fremden gegenüber freundlich zu sein, die noch dazu das Unglück hatte, keine Engländerin zu sein.

Sie warteten, um an einer religiösen Versammlung teilzunehmen, zu der sie mich einluden. Ich hatte in Budapest genügend Versammlungen bei den Gnostikern und den Spiritisten mitgemacht, doch ich hatte nichts anderes zu tun. Wir betraten einen kleinen Seitenraum und gesellten uns zu einigen Personen, die auf geraden Holzstühlen saßen. Ein paar Augenblicke schwieg jeder. Dann begann eine weißhaarige Frau einen Choral zu singen. Die anderen fielen ein, weitere Choräle folgten. Sie sangen nicht sehr schön, diese paar Engländerinnen, die da um mich herum saßen, doch als die Choräle im Raum ertönten und an Klangfülle zunahmen, erfüllte eine Sehnsucht meine Seele, bis ich vor Kummer und Verzweiflung zu ersticken glaubte. Plötzlich wurde es wieder still. Die Menschen schienen zu meditieren. Ich fragte mich, ob sie wohl Geister anriefen, doch niemand sprach. Nach einer langen Weile erhob sich ein Mann und las einige Verse aus dem Neuen Testament vor. Danach saßen die Leute wieder längere Zeit da; schließlich erhob sich einer nach dem anderen und ging. Manche warfen mir einen Blick diskreter Neugierde zu. Meine beiden neuen Freundinnen stellten mich dem Mann vor, der aus dem Neuen Testament vorgelesen hatte. Später erfuhr ich, daß es bei den Engländern nicht üblich war, mit Fremden schnell Freundschaft zu schließen, doch der Mann war sehr freundlich zu mir und lud mich und die beiden Sekretärinnen für die kommende Woche an meinem freien halben Tag zu sich zum Tee ein.

Als die gnädige Frau mich nach ihren Einkäufen wieder abholte, war sie sehr angetan von meinem gesellschaftlichen Erfolg. Sie lächelte zerstreut, als ich ihr berichtete, ich sei in das Heim des religiösen Predigers zum Tee eingeladen worden.

Es war ein echter englischer Tee, der den Tisch des

freundlichen Paares zierte, das uns Mädchen in ihr kleines Heim eingeladen hatte. Ich entdeckte, daß der Mann Ingenieur war, ein höflicher Engländer der Mittelklasse, der zum Tee Anzug mit Weste und Krawatte trug. Er und seine Frau begrüßten uns mit der zurückhaltenden Höflichkeit der Engländer und baten uns an einen Tisch, auf dem verschiedene Marmeladen, Butterbrote und Fleischpasteten standen. Aus einer großen braunen Teekanne wurde dampfender Tee eingeschenkt. Wir ließen uns die köstlichen Dinge schmecken, während wir uns unterhielten. Zum Nachtisch gab es Pudding und zwei verschiedene Kuchen. Die gemütliche Atmosphäre stand in einem solchen Gegensatz zu dem Museumsglanz an meinem Arbeitsplatz, daß ich mich zum erstenmal seit meiner Ankunft in England entspannte.

Es schien nur natürlich, daß ich mich nach der Versammlung erkundigte, an der ich in der vergangenen Woche teilgenommen hatte. Für mich war es sehr schwierig, die Erläuterungen des Mannes über seine religiösen Übungen zu verstehen. Er sprach vom „inneren Licht“ des Menschen und gab mir ein Büchlein, das besser zum Ausdruck brächte, was er meinte, als er mit seinen eigenen Worten sagen konnte. Ich wollte das alles verstehen, doch als ich in meinem winzigen Zimmer im obersten Stock bei Kerzenlicht das Büchlein studierte, konnte ich den Sinn nicht erkennen. Mein Geist wandte sich zurück zu dem Verlangen der Gnostiker in Budapest nach der höheren geheimen Erkenntnis.

War dies eine höhere Erkenntnis? Wie aber konnte sie dann im Menschen sein? Eine solche Erkenntnis war von außerhalb des Menschen gekommen, von den Äonen. Und was war mit der Geisterwelt? Vielleicht kam das innere Licht tatsächlich von Geistern von der Art, mit denen ich in Budapest im Hause von Max Verbindung gehabt hatte. Als ich diese Überlegung über das innere Licht anstellte, erinnerte ich mich an die Sabbate im Hause von Tante Caroline in meiner Kinderzeit, an das Flackern der Kerzen und die Gebete über das Licht:

> *Gesegnet bist du, Herr unser Gott, König des Universums, der du mit deinem Wort das Abenddämmern herbeiführst, mit Weisheit die Tore des Himmels öffnest und voll Verständnis die Zeitalter und die Jahreszeiten änderst und nach deinem Willen die Sterne am Himmel in ihrer Wacht anordnest. Du schaffst Tag und Nacht. Du rollst das Licht hinweg vor der Finsternis; du rollst das Licht hinweg vor der Finsternis ...*

Die Worte brannten in meiner Seele. Ich konnte spüren, wie meine eigene Finsternis in mir immer dichter wurde, eine schwarze, tote Stimmung, die mich erfaßte, als ich mich durch die langen Stunden dieses kalten englischen Sommers hindurcharbeitete. Stunde um Stunde lockerte mein Wille seinen Halt am Leben; ich sehnte mich nach einer Erlösung von dem Herzeleid, das jeden Atemzug beschwerte. Ich wußte, daß all meine Träume zu Ende waren. Ich würde nie eine große Tänzerin sein. Nie wieder würden meine Hände ein Bildwerk schaffen. Niemals würde ich den Ruhm und das Vermögen erlangen, die mir einst als unabdingbares Schicksal erschienen. Das Scheitern meiner Ehe erfüllte mich mit Scham und Abscheu. Ich konnte nicht nach Europa, nach Budapest, zu Louis zurückkehren. Ich konnte meiner Familie in

Piestany nicht unter die Augen treten. Aber in englischer Dienstbarkeit zu bleiben, jeden Augenblick des Lebens in unterwürfiger Arbeit zu verbringen, unbeachtet, ungeliebt, ohne Musik, Kunst oder Freiheit, – das war unerträglich.

Eines Tages überkam mich das Gefühl, ich könne es nicht länger ertragen; ich begann in der Küche zu weinen, erzählte der Köchin, ich wolle weglaufen, die Familie und den Dienst verlassen. Die Köchin eilte schnurstracks zur gnädigen Frau und berichtete ihr, was ich gesagt hatte. Von diesem Augenblick an hörte jegliche menschliche Höflichkeit mir gegenüber auf. Die gnädige Frau war zornig und erklärte mir, daß ich nach englischem Gesetz verpflichtet sei, in ihrem Haushalt zu arbeiten, weil sie die Kosten für meine Anreise aus Ungarn bezahlt habe; ich selbst hätte eine Vereinbarung unterzeichnet.

Von dieser Zeit an wurde ich von allen Mitgliedern des Haushalts wie eine Aussätzige behandelt. Meine wenigen Vergünstigungen wurden gestrichen. Ich versuchte, meine Freunde beim YWCA zu erreichen, doch die gnädige Frau verbot mir die Benutzung des Telefons. Meine Briefe nach Hause wurden aus dem Postsack entfernt, der jeden Tag zum Dorfpostamt geschickt wurde. Jeder hatte an jeder Arbeit, die ich verrichtete, etwas auszusetzen, – wenn nicht durch sarkastische Kritik, dann durch kaltes Schweigen.

Louis hatte meine freundliche Mutter überredet, ihm meine Adresse zu geben. Seine Briefe flehten mich voll Leidenschaft an, zurückzukehren. Er behauptete, er werde mich nie wieder gehen lassen, gleichzeitig schrieb er jedoch von dieser und jener Frau, mit der er gerade zusammen war.

Ich fing an, meinen Tod zu planen. Ich besaß Schmuckstücke von einigem Wert, und eines Tages gelang es mir, in die Stadt zu gehen und sie einem der englischen Mädchen zu geben, die ich kannte. Sie erschrak sehr, und nachdem ich in den Haushalt zurückgekehrt war, sandte sie mir eine Botschaft, in der sie mich bat, in dem Haus des Direktors für Arbeitsaustausch in der Stadt vorzusprechen.

Ich hatte bereits die Verbindungen zum Leben zerschnitten und fühlte, wie ich mich langsam in das Vergessen treiben ließ. Nichts hatte mehr Bedeutung; es war ohne Konsequenzen, ob ich diesen Mann nun sah oder nicht. Doch die Nachricht meiner Freundin war so dringlich, und etwas in ihrem Inhalt berührte mich, so daß ich mitten am Tag das Haus verließ und querfeldein auf die Stadt zu marschierte, wo der Arbeitsdirektor wohnte.

Wie in Trance ging ich über das üppige Grün der englischen Felder; schließlich kam ich an eine Straße. Als ich auf ihr entlangschritt, fühlte ich mich zutiefst losgelöst von dem blauen Himmel über mir, den Klängen der Vögel und der Geschäftigkeit der kleinen Geschöpfe am Straßenrand. Die Sonnenstrahlen auf meinem Rücken erwärmten mich nicht. Langsam bremste ein Autobus neben mir. „Steigen Sie ein, meine Liebe“, forderte mich der Fahrer auf, und so wie ich der Botschaft meiner Freundin Folge geleistet hatte, gehorchte ich nun auch der Aufforderung des Busfahrers. Der Bus fuhr in die Stadt, wo der Arbeitsdirektor wohnte.

Nach einiger Zeit befand ich mich vor seinem Haus. Gleichgültig betätigte ich den Türklopfer, der über dem Briefschlitz in der Mitte der vorderen Türe angebracht war. Einen Augenblick später flog die Tür auf, und in dieser Bewegung lag meine Rettung.

Nie hatten einfache Freundlichkeit und Verständnis so viel für mich bedeutet. Die Frau des Direktors erkannte sofort meine Verzweiflung und nahm mich in die Arme wie eine Tochter. Es war keine Rede mehr von einer Rückkehr zur gnädigen Frau. Ich sollte bei ihnen bleiben und erst einmal ausruhen. Ich sollte alles dem Arbeitsdirektor überlassen, er würde sich darum kümmern. Verschwommene Tage wurden zu Wochen; langsam nahm ich den Sonnenschein wieder wahr und beschloß, noch ein wenig länger zu leben.

Immer stärker wurde mein Wunsch, meine Mutter zu sehen. Ich erkundigte mich, was ich unternehmen müßte, um heimzukehren. Der Direktor verstand mein Heimweh, doch er und seine Frau entschieden, daß ich nicht auf den Kontinent zurückkehren sollte. Seine Bemühungen, mich in England zu halten, überraschten mich. Er arbeitete mit einer Verbissenheit, die ich mir nicht erklären konnte. Wenn er für mich die Erlaubnis bekommen hätte, daß ich in England bleiben konnte, dann hätte ich zugestimmt, so groß war meine Furcht vor Louis und vor der Rückkehr in ein Leben der ehelichen Angst in Budapest. Doch schließlich kam der Direktor bekümmert zu mir und sagte, ich müsse nach Hause zurück.

Seltsam, daß ich in jenen Tagen, wo ich wußte, daß viele Juden aus Europa flüchteten, wo jüdische Organisationen in Palästina gegen die britischen Einwanderungsquoten wie gegen die Araber kämpften, um Juden ins Land zu helfen, so wenig Gedanken an eine Gefahr verschwendete. Ich empfand mehr Angst vor Louis als vor Hitler. Ich war besessen von meiner ruinierten Karriere und der Schande meiner gescheiterten Ehe.

Der Direktor beschrieb mir die Situation in Europa,

um mich darauf vorzubereiten. Es sah sehr schlimm aus. Alle Länder stellten im Namen des Friedens riesige Armeen auf. Entsetzliche Berichte über die gegenwärtige Judenverfolgung in Deutschland hatten sich bestätigt. Die offene antijüdische Gesetzgebung des Dritten Reiches hatte solche Ausmaße angenommen, daß Juden brutal gedemütigt, aus ihren Ämtern und Berufen entfernt und ihre Geschäfte und Häuser beschlagnahmt wurden.

Hitler war im Jahre 1933 an die Macht gekommen. Nun lediglich fünf Jahre später – gab es in ganz Deutschland nur zwei Grundsätze: die Regierung durch den Führer und die Herrschaft der Rasse.

Ich glaube, ich reagierte auf das Unausweichliche, indem ich dem Direktor und seiner Frau versicherte, daß die Dinge in Ungarn völlig anders lagen. In Budapest hatten wir das Gefühl, daß die deutsche Politik in keinerlei Beziehung zu uns stand, daß wir mit den Deutschen nicht nur Verbündete seien und durch unsere Regierung gut geschützt würden. Ich wäre der Wahrheit nähergekommen, hätte ich diesem freundlichen englischen Paar gesagt, daß ich mir in Wirklichkeit nichts daraus machte, was mit mir geschah. Wie hätten sie wissen können, wie sehr ich mein Leben schon für beendet hielt?

Ich erinnere mich, daß die Frau des Direktors am Tage meiner Abreise immer wieder meine Fahrkarte nach Wien ansah, als wolle sie sich vergewissern, daß ich nicht direkt nach Deutschland gebracht würde. „Wenn Sie nur hierbleiben könnten!“ Mein Verbindungszug fuhr langsam in die große Victoria Station in London ein und stieß dabei riesige Rauchwolken aus. Die Frau des Direktors drückte mich plötzlich unter Tränen an sich und versuchte tapfer zu lächeln. Der Direktor schob mir hastig ein paar englische Pfund in die Hand „für einen Notfall in Dover“. Ich fühlte plötzlich einen heftigen Schmerz. Alles im Bahnhof lief ab, als ob ein großes Spiel über eine Theaterbühne gehe. Blumenwagen, Kioske mit Zeitungen und Süßigkeiten, Gepäckträger mit ihren Gepäckwagen, Menschen, die höchst vornehm ihren Zug bestiegen, – jeder schien seine Rolle zu kennen und zu beherrschen, außer mir. Ich allein schien verwirrt zu sein.

Der Direktor lotste mich langsam zu den Stufen des Eisenbahnwaggons, wünschte mir alles Gute, meinte, ich solle den Kopf oben behalten und wir sollten alle das Beste erhoffen. „Es werden bessere Tage kommen, Rose!“ sagte er, doch als mich die Räder auf die englische Südküste zutrugen, überwältigte mich ein Gefühl großer Müdigkeit. Mein Herz fühlte sich an wie ein fester Klumpen in meiner Brust, ohne Verbindung von Venen und Arterien zum übrigen Körper, unbeweglich und unfähig zu pumpen. Auch mein Geist war zum Stillstand gekommen; ich hatte aufgehört zu denken. Selbst der Schmerz, den ich in London auf dem Bahnhof empfunden hatte, war fort; meine Augen waren trocken. Ich glaubte, auch sie hätten keine Wahrnehmung mehr, obwohl ich die liebliche englische Landschaft aufnahm, die Kilometer für Kilometer an meinem Fenster vorbeiglitt.

Alle meine Träume waren ausgeträumt. Selbst meine Hoffnung auf Flucht war dahin. Ein Gefühl der Unwirklichkeit überkam mich. Ich war eine Tänzerin, die nicht mehr tanzen konnte. Ich war eine Bildhauerin mit leeren Händen. Ich war verheiratet ohne einen Gatten. Ich war eine Jüdin ohne Religion. Ich war ein Mensch ohne Identität, Beruf oder Heim. Als die Bremsen meines Zuges beim Einfahren nach Dover zu kreischen begannen, war ich überrascht, daß ich im Gang des Wagens aufrecht stehen konnte. Ich hatte gedacht, ich würde vielleicht für immer auf dem Plüschsitz des Zuges sitzen bleiben.

Die kalte Seeluft prickelte auf meinen Wangen, und die schäumenden Wasser des Ärmelkanals weckten meinen Geist auf. Ich zog die Luft ein. Ich konnte wieder europäische Dialekte und Sprachen hören, die ich weit besser verstand als Englisch. In einigen Stunden wäre ich im unvergleichlichen Wien bei der Familie meines Vaters. Wien würde herrlich sein.

Louis würde mich in dieser Stadt, die ihm nicht vertraut war, niemals finden, und ich wäre unter meinesgleichen. Als das Schiff in die stürmischen Gewässer des Kanals hinausstampfte, dachte ich, ich könnte vielleicht die Verzweiflung abschütteln, die mich umfangen hielt.

Doch Wien war nicht länger schön. In den Straßen drängte sich eine unruhige Menge, in der Luft lag bedrückende Fremdheit, welche die herbstliche Lieblichkeit der Paläste, Kirchen und Parks unheilvoll erscheinen ließ. Juden flohen in beängstigender Zahl aus der Stadt, Naziflaggen wehten an den Gebäuden, und alle Musik, die erklang, war deutsch. Ich horchte nach den österreichischen Komponisten, welche die Stadt zur Legende werden ließen: Mozart, Haydn, Schubert. Doch sie schwiegen.

Ich war zutiefst entsetzt über das, was ich sah und hörte. Es wurde davon geredet, daß ein deutscher Gestapo-Offizier, Adolf Eichmann, sich in Wien aufhielt und ein Büro eingerichtet hatte, die „Zentralstelle für Jüdische Auswanderung". Dieses Büro sollte schon bald dazu benutzt werden, um jeden Juden aus Österreich zu vertreiben. Führende jüdische Persönlichkeiten, die festgenommen worden waren, wurden nun von den Nazis freigelassen, um die Juden zum Verlassen des Landes zu überreden. Unter Eichmanns Befehl wurde sogar die verbotene Jüdische Kultusgemeinde wieder eingesetzt. Man ging davon aus, daß durch die erzwungene Zusammenarbeit dieser Organisation mit der Zentralstelle für Jüdische Auswanderung alle Juden vertrieben würden. Aber wohin?

Es war nicht zu fassen. In Österreich gab es 200000 Juden, gute österreichische Staatsbürger, denen man nicht einreden konnte, daß erzwungene Auswanderung je zur Politik erhoben werden könnte. Obwohl viele Tausende Juden nach und nach Österreich verließen (nur um später in anderen Ländern gefangen zu werden), weigerte sich mindestens ein Drittel der jüdischen Österreicher, an ein Verlassen ihrer Heimat zu denken. Zu ihnen gehörten auch die Verwandten meines Vaters. Sie harrten aus und hofften, daß die Panik, von der die Juden in Österreich erfaßt waren, sich legen und die zwangsweise Auswanderung niemals eintreten würde.

Jedermann befand sich in einem Zustand ängstlicher Unsicherheit; Familien reisten über schwierige Entfernungen, um zusammen zu sein und einen Entschluß zu treffen, was zu tun sei. Meine eigene plötzliche Rückkehr vermehrte Vaters Probleme nur noch. Was sollte er mit einer solch großen Familie anfangen? Man mußte an die ganz Alten und an die Kinder denken, und nun tauchte da noch Rose auf, völlig gleichgültig gegenüber Leben und Tod, und das in dem Augenblick, da man wenigstens mich in England in Sicherheit geglaubt hatte!

Einige entfernte Verwandte von uns waren vom Landgebiet hinter Wien in die Stadt gekommen, um sich mit unseren Familien zu beraten. Sie hatten einen riesigen Landbesitz, der einst einem ungarischen Grafen gehört hatte. Sie waren eng mit einer anderen jüdischen Familie befreundet, der auf einem angrenzenden Besitztum eine Teppichfabrik gehörte. Diese Familie hatte zwei Söhne, von denen der ältere in England studierte. Sie suchten verzweifelt nach jemand, der ihnen Englisch beibringen würde. Zu diesem Zeitpunkt wußte ich noch nicht, daß sie nach England emigrieren und daher dringend englisch lernen wollten.

Für Vater schien es eine ideale Gelegenheit, mich aus Wien in die Geborgenheit auf dem Land wegzulotsen. Ich wäre sicher und würde gleichzeitig glänzend verdienen. Aber ich wollte überhaupt fort aus Österreich mit seinen Hakenkreuzen und überfüllten Straßen, dem Geschrei von Schlagworten und der erdrückenden Wagnermusik allenthalben.

Mit meiner üblichen Dickköpfigkeit kehrte ich zu einem traurigen Zusammentreffen nach Piestany zurück. Man war zutiefst bestürzt, wie sehr ich mich verändert hatte, wie mürrisch ich war und wie gleichgültig meiner Zukunft gegenüber. Unsere ganze Familie war voller Sorge über das künftige Schicksal der Juden in der Tschechoslowakei. (Piestany war nun seit zwanzig Jahren tschechisches Territorium.)

Einige Familie wanderten bereits aus, obwohl die Lage nicht so schlimm war wie in Österreich. Die meisten Juden hofften, die Schwierigkeiten standhaft zu überstehen, bis alles vorüber war.

Der wohlhabende Teppichfabrikant in Österreich wußte, daß ich mich einmal ernsthaft mit Bildhauerei beschäftigt, den Sport und Aufenthalt im Freien geliebt hatte. In der Korrespondenz flehte er mich an, nach Österreich zurückzukommen. Er bot mir ein Atelier in ihrem großen Haus und Pferde zum Reiten. Er sagte zu, daß ich alles tun könne, was mir gefiel.

Ich weiß, wenn meine Eltern verstanden hätten, wie es für Juden in ganz Österreich war, hätten sie mich niemals zur Rückkehr ermuntert, um die mir angebotene Stellung auf dem Lande anzunehmen. Schließlich willigte ich ein, um ihnen einen Gefallen zu tun. Ich war noch immer tief bedrückt und überzeugt, daß mein Leben vorüber sei und das, was mir zustieß, keine Bedeutung habe.

So ging ich für einige Zeit nach Österreich und lehrte Englisch. Die Familie nahm mich wie eine der Ihren auf und behandelte mich wie eine geliebte Tochter. Es war ein durchaus angenehmes Leben, und vielleicht übten der Sport und die Tiere, die ich liebte, das gute Essen, selbst die Bildhauerei, die ich ohne Lust versuchte, eine heilende Wirkung auf mich aus, denn ich begann zu hoffen, daß ich mitgehen könnte, wenn die Familie nach England emigrierte.

Wieder einmal begannen Verhandlungen über mich. Ich hielt England für das gelobte Land: sicher vor Hitler, sicher vor Louis, sicher vor dem Chaos, das sich rings um mich ausbreitete. Meine Eltern drängten mich zu gehen. Sie glaubten, daß ich als einzige der Familie niemand hatte, der sich in Zeiten der Not um mich kümmerte und mich unterstützte. Felice hatte ihren Alexander, und meine Eltern hatten einander. Aber die arme Rose, so überlegten sie, war allein und hatte niemand, der sie in Europa hielt. Von England aus könnte ich vielleicht zu meinen beiden Brüdern nach Amerika weiterreisen.

Ich begann wieder einmal, englische Luftschlösser zu bauen. Doch trotz aller Bemühungen wurde mir ein Einreisevisum verweigert, und so mußte ich am Ende diese liebe Familie ziehen lassen. Ich blieb zurück mit meinem Kummer über das, was ich erneut als Überbleibsel und als zerstörtes Leben empfand.

Ich wollte nicht wieder nach Piestany zurückkehren und in den Sorgenkreis meiner Familie eintreten, und so beschloß ich, lieber nach Budapest zu gehen, auch auf die Gefahr hin, Louis zu begegnen. Seit langem hatte ich nichts mehr von ihm gehört. Noch immer hatte ich das Gefühl, ihn nicht sehen zu können; auch fühlte ich mich nicht in der Lage, mit ihm in Verhandlungen über eine Scheidung einzutreten. Ich wollte einfach weiterleben, als habe jener Teil meines Lebens nie existiert.

In Budapest fand ich ein Zimmer. Da ich nichts Besseres zu tun hatte, besuchte ich wieder die Kunstschule. Dazwischen verdiente ich mit Physiotherapie als Teilzeitarbeit Geld. Mir lag nichts daran, zu Herrn Patzay und seinem Atelier zurückzukehren. Ich wußte nicht einmal genau, ob er noch da war; die vergangenen Monate hatten in Budapest so viele Veränderungen mit sich gebracht. Ich hatte nicht mehr das Bedürfnis nach dem Kampf um sein Lob.

In Wirklichkeit war meine Liebe zur Kunst erloschen. Die Atmosphäre an der Schule hatte sich dramatisch verändert. Die Studenten bewegten sich wie Marionetten; sie konzentrierten sich auf den Vorwand, die Komposition eines Gemäldes oder die Verwendung der Farbe bei Matisse sei die wichtigste Existenzfrage. Doch wir alle fühlten das Beben des Vulkans, den Beginn einer kosmischen Katastrophe. Das Pochen lag in unserem Blut und ließ selbst die diszipliniertesten Künstler ruhelos und unkonzentriert werden.

Manchmal machte ich mir nicht die Mühe, zum Unterricht zu gehen, sondern wanderte durch die Straßen von Budapest. Hin und wieder suchte ich alte Freunde auf, und oft war ich enttäuscht, wenn ich sie gefunden hatte. Die Menschen mochten mich nicht mehr. Ich war nicht mehr die draufgängerische Rose, die barfuß an der Donau entlanghüpfte, entschlossen, berühmt zu werden, die in meiner Dachstube jeden zum Lachen brachte und Bewunderung für die glänzende Zukunft einheimste, die vor mir zu liegen schien.

Ich fing an, wieder in die spiritistischen Kreise zurückzutreiben. Die Spiritisten waren lebenden Menschen gegenüber gleichgültig. Sie erkannten mich kaum wieder oder kümmerten sich nicht darum, daß ich weg gewesen und wiedergekommen war. Mit solchen Dingen befaßten sie sich überhaupt nicht. Sie erinnerten sich nur daran, daß ich die Kraft hatte, mit den Geistern in Verbindung zu treten, deshalb war ich in ihrer Mitte willkommen.

Als die Wochen dahingingen, wurde ich allmählich gewahr, daß die Geister, mit denen ich auf den Séancen verkehrte, nicht auf mein Geheiß kamen und gingen, wie ich angenommen hatte. Sie blieben bei mir und hießen mich bestimmte Dinge tun. Gehorchte ich nicht, dann machten sie mich völlig ruhelos. Ich pflegte dann in schrecklichem Konflikt in meinem Zimmer auf und ab zu gehen. Manchmal befahlen mir die Geister plötzlich mit solcher Macht, Selbstmord zu begehen, daß ich große Willenskraft hätte aufbringen müssen, mich nicht unter die Räder zu werfen, wenn ich in diesem Augenblick an einem Zug vorbeigegangen wäre. Ich begann mich zu fragen, ob mein Plan, mir in England das Leben zu nehmen, von diesen Geistern gekommen war, obwohl ich ihrer damals nicht gewahr wurde.

Bei Séancen übermittelte ich oftmals Botschaften der Geister oder verkehrte mit Toten. Heute weiß ich, daß nicht die Toten sprachen, sondern die Dämonen selbst. Doch zu jener Zeit glaubte ich, es seien die Geister Verstorbener. Selbst hohe Regierungsbeamte kamen zu meinen Séancen, um die Zukunft zu erfahren. Manchmal trugen die Geister entsetzliche Botschaften an sie auf, Botschaften, deren Entsetzen damals niemand von uns verstehen konnte.

Meine Schwester Felice, Alexander und ihre beiden Zwillingsjungen waren von Piestany nach Nitra in der Slowakei, einer Stadt nahe der Nordgrenze der Tschechoslowakei, gezogen. Es war die gleiche Stadt, aus der die Eltern meiner Mutter stammten. Felices Gatten war in den Sudeten, einem Gebiet herrlicher Gebirgszüge, ein Regierungsposten angeboten worden, und so waren sie glücklich, daß er selbst in solch stürmischen Zeiten beruflich vorankam.

Aber im September 1938, nur wenige Monate, nachdem Felice und ihr Mann umgezogen waren, trafen sich die Führer der gegnerischen Weltmächte – Hitler, Mussolini, Chamberlain aus Großbritannien und Daladier aus Frankreich – in München zu einer „Friedens"-Konferenz. Diese Konferenz sollte den drohenden weltweiten Krieg abwenden. Ein Friedensvertrag wurde unterzeichnet. Eine der Konzessionen, die Hitler im Bemühen um Beschwichtigung gemacht wurden, war die Vereinbarung, daß das Sudetengebiet der Tschechoslowakei sofort durch Deutschland besetzt würde.

Für Felice und ihren Mann in Nitra und für alle Juden, die im Sudetengebiet lebten, bedeutete dies das unmittelbare Ende ihrer Welt. Alexander verlor über Nacht seine Arbeit wie fast alle Juden im Sudetenland. Hunderte von Juden zogen über die Straßen und sahen sich nach Arbeit jeder Art um; sie waren furchtbaren Kränkungen und Schmähungen durch die arische Bevölkerung ausgesetzt. Bald waren Nahrung und Geld fort. Unsere Familie tat sich zusammen und hielt Felice und ihre Familie am Leben.

Mein ältester Bruder, Eugene, der Arzt geworden war, hatte sich in Mähren niedergelassen. Er hatte eine Krankenschwester geheiratet, die Tochter eines wohlhabenden Arztes; sie lebten in dem stattlichen Haus, das seit Generationen der Familie seiner Frau gehörte. Auch Eugene ließ Felice und Alexander alle Hilfe zukommen, die ihm möglich war, und konnte einige Monate lang dafür sorgen, daß sie nicht verhungerten. Für Felice war es unmöglich, aus dem Sudetenland herauszugelangen, obwohl Eugene sich verzweifelt bemühte, sie nach Mähren zu bringen.

Dann erhielten wir im März 1939 schreckliche Nachrichten über Eugene. Mähren war zum deutschen Protektorat erklärt worden, und sofort besetzte die SS die Stadt, in der Eugene lebte. An einem einzigen Tag vertrieben sie alle Juden. Eugene und seine Frau wurden aus ihrem Haus hinausgeworfen; sie durften nur einige medizinische Instrumente und etwas Besitztum mitnehmen. Mein geliebter Bruder und seine vornehme Frau wurden mit anderen zusammen die Straßen der Stadt hinabgetrieben, lächerlich beladen mit den wenigen baumelnden Dingen, die sie beim Laufen tragen konnten. Sie wurden in ein Armenviertel der Stadt getrieben, einen Slum, der zuvor evakuiert worden war, um nun jüdisches Ghetto zu werden. Mein Bruder berichtete, was geschehen war. Als er die entsetzliche Umgebung und die unhygienischen Zustände beschrieb, bemerkte er humorvoll, daß kein Arzt an einem solchen Ort arbeitslos werde.

In Budapest versuchte ich, das Entsetzen über die Vorgänge auszutilgen. In den Séancen fiel ich in immer tiefere Trance, ließ die Geister von meiner Stimme Besitz ergreifen und ihre eigenen Botschaften laut verkünden. Unsere Gruppe begann, vor den Séancen in der Bibel zu lesen in dem Glauben, daß dann nur gute Geister erschienen. Die Botschaften aus der Geisterwelt waren für uns so erschreckend, daß wir anfingen zu glauben, sie seien von bösen Geistern, die uns mißbrauchen oder verstören wollten. Wir wollten mit guten Geistern in Verbindung treten. Die Geister versicherten uns, sie seien vom Licht und gut, wir sollten keine Furcht vor ihnen haben, sondern ihnen gehorchen und auf das hören, was sie uns zu sagen hätten.

Es war ein zutiefst seltsames Erlebnis, bei Bewußtsein zu sein, hören und sehen zu können und doch das Gefühl zu haben, vollständig von einer anderen Persönlichkeit gesteuert zu werden. So wie unsere Gruppe auf die Geister horchte, horchte auch ich, als wären es nicht meine eigenen Lippen, welche die Worte formten, und meine eigenen Stimmbänder, die durch ihre Vibrationen die Sprache hervorbrachten. Sicher waren diese guten Geister in der Lage, in unseren schrecklichen Zeiten innere Erkenntnis und Führung zu vermitteln.

Eines Tages wurde ich in das Haus eines Freundes eingeladen, um dort mit einem Mann zusammenzutreffen, der selbst ein Medium war. Die Leute dachten, da wir beide so große „Kräfte" besaßen (obwohl ich zu diesem Zeitpunkt wußte, daß die Kräfte mich besaßen), sollten wir miteinander bekannt gemacht werden.

Kaum waren wir einander vorgestellt worden, da geschah etwas Erschreckendes. Die Dämonen in seinem Inneren begannen heftig mit den Dämonen in mir zu streiten. Ich war völlig außerstande, zu verstehen oder zu steuern, was vorging. Seine Geister wußten alles über mich. Oft wiesen mich meine Geister an, zur Kunstschule zu gehen, meine Hand auf das Papier zu legen und sie zeichnen zu lassen. Ich hatte Angst davor, das zu tun, obwohl ich zu Hause oft ganze Notizbücher mit dem vollschrieb, was sie mir angaben. Nun begannen die Geister dieses Mannes die meinen zu verfluchen und zu verspotten, daß ich ihnen in der Kunstschule nicht gehorche, und sie zu beschimpfen. Die Geister verspotteten auch mich, sagten, ich hätte in meinem Herzen Sehnsucht nach Gott und wollte von ihm hören. Sie begannen in beißendem Zorn Verse der Heiligen Schrift auszustoßen. Schließlich schrien meine Geister, daß sie Langeweile hätten und Unterhaltung in menschlichen Weisen finden müßten und daß ich mit ihnen zu vulgären Plätzen gehen müsse, um sie zu unterhalten.

Voller Abscheu schrie ich auf: „Ich will nichts mehr wissen! Ich will nicht länger Medium sein!“

Kaum hatte ich das gesagt, da setzte eine furchtbare Bestrafung ein. Die Geister hoben mich von dem Teppich hoch, auf dem ich stand, und warfen mich zu Boden. Ich rang verzweifelt, um mich von ihren Flüchen und Stößen freizumachen. Ich weiß nicht, wie ich aus dem Zimmer und auf die Straße flüchtete und in das Haus einer Freundin gelangte. Vielleicht waren dazwischen Stunden vergangen, doch die Erinnerung daran ist weggewischt.

Meine Freundin, bei der ich Zuflucht gesucht hatte, war ebenfalls Spiritistin. Nachdem sie meine Geschichte angehört hatte, rief sie sofort eine Menge Leute zusammen, die meine Séancen besuchten. Ich war entsetzlich durcheinander und ganz wund, doch ich war fest entschlossen, jedermann zu sagen, daß die Geister, die uns besuchten, keinesfalls gute Geister waren, wie wir gehofft hatten, sondern böse, verlogene, unreine Geister. Ehe ich sprechen konnte, berichteten andere von gewöhnlichen und erschreckenden Erlebnissen: obszöne Botschaften von Geistern, die sie für „dahingeschiedene Geister ihrer Lieben“ gehalten hatten, Bilder, die von der Wand fielen, Würgeanfälle, Flüche. Wir waren alle zutiefst verstört und überlegten, was zu tun sei. Viele unserer Séancen hatten wir mit einer Bibellesung begonnen; einer von unserer Gruppe kam auf den Gedanken, die Bibel zu Rate zu ziehen, ob sich vielleicht in ihr eine Formel finde, wie man mit Dingen dieser Art umzugehen habe. Durch die große Barmherzigkeit Gottes stießen wir schließlich auf die Stelle in Jesaja 8: „Wenn sie aber zu euch sagen: Ihr müßt die Totengeister und Beschwörer befragen, die da flüstern und murmeln, so sprecht: ‚Soll nicht ein Volk seinen Gott befragen? Oder soll man für Lebendige die Toten befragen?‘“

Keiner von uns glaubte wirklich an die Bibel als das Wort Gottes, doch wir achteten sie als heiliges Buch, das geistige Einsichten vermittelte. Diese Worte trafen uns voller Macht und Autorität. Als wir weiter in der Bibel forschten, fanden wir im 3. Buch Mose, Kapitel 20, Vers 27 folgende Stelle: „Wenn ein Mann oder eine Frau Geister beschwören oder Zeichen deuten kann, so sollen sie des Todes sterben; man soll sie steinigen; ihre Blutschuld komme über sie.“

Ich begann vor Angst zu zittern. Ich wußte, ich befand mich in der Gewalt von Dämonen, die in mir gekämpft hatten. Nun trat hierzu noch das mir in den jüdischen Schriften angekündigte Verdammungsurteil. Ich begann zu weinen und erklärte, ich wolle mit den Dämonen nichts mehr zu schaffen haben. Ich wollte frei sein. Ich wollte, daß sie sich entfernten.

Plötzlich begannen die Dämonen in mir entsetzlich aufzuschreien. Ich war ebenso erschrocken wie die anderen. Dann hoben mich die Geister hoch und warfen mich erneut zu Boden. Sie begannen mich zu schlagen. Ich kämpfte, um die unsichtbaren Schläge abzuwehren, aber ich konnte nur um Erbarmen schreien. Meine Freunde versuchten, mich zu halten, wurden aber von den Dämonen weggetrieben, die mich weiter in verschiedene Richtungen zu zerren versuchten. Ich glaubte, sie würden mich auseinanderreißen. Je härter ich um mich schlug und mich zu befreien versuchte, desto stärker drangen sie in mein Fleisch ein.

Die Gruppe Menschen im Zimmer wurde von Hysterie erfaßt. Keiner wußte, was er tun sollte. Meine Freundin war dem Namen nach Protestantin. Verzweifelt versuchte sie, das Vaterunser aufzusagen. Ich hatte es nie zuvor gehört, doch nun rief ich es ihr nach. Wort für Wort; Schweiß strömte mir vom Gesicht, und meine Stimme war rauh vor Schmerz. Allmählich schien sich der Griff der Geister zu lockern. Ihr Klagegeschrei wurde weniger lästerlich und mehr mitleidserregend; schließlich verstummten sie.

Doch ich wußte, daß sie mich nicht wirklich verlassen hatten. Als die Tage verstrichen, befand ich mich in ständiger Bedrängnis durch die Dämonen. Vor meinen Patienten für die Physiotherapie mußte ich so tun, als sei mit mir alles in Ordnung. Gegen Ende des Jahres 1938 war in Budapest jedermann unruhig und nervös, vor allem die Juden, und so überraschte es niemanden, daß ich unter einer starken Belastung zu stehen schien.

Wir erhielten Nachricht, daß Eugene aus dem Ghetto in ein Konzentrationslager in der Tschechoslowakei gebracht worden sei. Meine Tante Hermine und ihr

Mann sowie noch andere Tanten wurden in das gleiche Lager verschleppt. Ich wußte damals über Konzentrationslager nur, daß es schreckliche Orte waren; ich in Budapest und meine Familie in Piestany lebten Tag um Tag in der Hoffnung, daß Eugene irgendwie freigelassen würde. Im Lager durfte Eugene als Arzt arbeiten, und zu Anfang erhielten wir Erlaubnis, ihm Lebensmittelpakete und Briefe zu schicken. Wir trösteten uns auf jede nur mögliche Weise: Wenn ein Krieg ausbrach, dann würde er gebraucht. Sicher würde er freigelassen. Da er Hunderte von Menschen behandeln müßte, brauchte er Kraft. Er würde genügend zu essen und eine bessere Behandlung erhalten als andere Gefangene. Wie töricht erscheinen diese Träume heute.

Dann erfuhren wir, daß ein junger Vetter aus Wien mit Hunderten anderer nach Dachau geschickt worden war. Dies war das erste Konzentrationslager, das in Deutschland selbst errichtet wurde; es bestand damals schon fünf Jahre. Es ging das Gerücht , daß der Kommandant von Dachau ein Mann war, der bereits einmal in einer psychiatrischen Klinik behandelt worden sei, und die Geschichten, die nach Osteuropa über dieses Lager durchsickerten, waren unaussprechlich. Meine Verwandten wurden fast verrückt. Sie brachten eine riesige Geldsumme auf, die sie den Nazis als Lösegeld für meinen Vetter bezahlten. Nach einigen Monaten wurde er freigelassen, doch er war so voller Entsetzen von den Nazis erfüllt, daß er nicht bereit war, auch nur ein Wort über das zu erzählen, was er durchgemacht hatte.

Meine Mutter schrieb, daß in der Tschechoslowakei allen Juden befohlen wurde, die gelbe Armbinde mit dem Davidstern zu tragen. Jüdische Läden wurden geschlossen oder einfach an Nichtjuden übergeben. Angehörige akademischer Berufe wie Richter und Universitätsprofessoren kehrten nun die Straßen oder fuhren Kehricht ab. Jeder Bürger konnte einen Juden angreifen und ihn schlagen, ohne bestraft zu werden. Jugendliche Nazibanden zogen durch die Straßen, warfen Fenster ein, plünderten, warfen Kinder auf die Straße. Schmierereien mit Haßparolen tauchten auf.

Zu dieser Zeit war mein Vater bereits ein alter Mann und arbeitete nicht mehr. Er regte sich furchtbar auf über die Gewalttätigkeiten und war außer sich vor Sorge um Eugene im Konzentrationslager und Felice, die in Nitra hungern mußte. Die Erregungen waren sehr groß. Alte Männer wie Papa, die ihr Leben lang für große Familien gesorgt hatten, sahen sich plötzlich außerstande, ihre Lieben vor brutalen, willkürlichen Übergriffen zu schützen. Für meinen Vater war das zuviel. Eines Tages, als er sich über seine Kraft aufgeregt hatte, erlitt er einen Herzanfall und starb.

Zu dieser Zeit waren Reisen zwischen Ungarn und der Tschechoslowakei verboten. Selbst die Nachricht über Papas Tod verzögerte sich. Als ich davon erfuhr, war er bereits beerdigt. Ich saß in meinem Zimmer in Budapest, völlig betäubt über Papas Tod. Damals hatte ich damit begonnen, einige Drucke von Michelangelos Deckengemälde in der Sixtinischen Kapelle des Vatikans zu studieren. Die Schönheit seiner Bilder, die er von Gott gemalt hatte, beeindruckte mich tief. Michelangelo bildete Gott als ‚Menschen' ab. Für meinen jüdischen Geist war das unvorstellbar. Ich konnte einfach nicht erfassen, was dieser große Künstler über Gott mitzuteilen versuchte. Der Tod meines Vater trieb mich dazu, über Michelangelos Gott nachzudenken, nicht in meiner intellektuellen gnostischen Weise, auch nicht als Spiritistin. Ein roher, unerbittlicher Kummer schmerzte und pochte in allen meinen Gebeinen. Ich fand keine Hilfe, niemanden, der mir Trost gespendet hätte. In meiner Verzweiflung begann ich die Bibel zu lesen, die wir bei unseren spiritistischen Sitzungen benutzt hatten.

Ich wußte, daß Juden die Bibel lasen, und erinnerte mich an das Buch Hiob. Ich dachte daran, daß in der Synagoge, die ich als kleines Kind besuchte, die Männer auf dem Boden saßen und aus Hiob und dem Psalter lasen. Ich setzte mich ebenfalls auf den Boden meines Zimmers und versuchte, mich so hinzusetzen, wie in meiner Erinnerung die Männer damals hockten. Ich kannte weder die Überlieferungen noch die Gebete, die gesprochen werden sollten. Ich begann im Buch Hiob zu lesen, doch zu meiner tiefen Enttäuschung war ich nicht imstande, es zu verstehen.

Ich glaubte, wenn ich es studierte, wäre ich in der Lage, seine Bedeutung zu erfassen. Immer wieder las ich das ganze Buch durch, doch es erschloß sich mir nicht. Meine Verzweiflung wuchs. Ich hatte das Gefühl, die Bibel müsse mir helfen.

Ich wandte mich den Psalmen zu. Psalmen werden von den Juden an jedem Tag des Jahres gelesen, und in Zeiten der Sorge wenden wir uns noch stärker diesem Buch Davids zu. Ich fing an, die Psalmen zu lesen, doch auch sie ergaben keinen Sinn. Meine Tränen fielen auf die Buchseiten, doch sie enthielten nur aufgereihte Wörter ohne Sinn.

Eine Woche lang blieb ich in meinem Zimmer, trauerte um meinen Vater und las hoffnungslos, verzweifelt Buch um Buch der Bibel. Der jüdische Kalender rückte immer weiter auf das Versöhnungsfest zu, dem heiligsten Tag der Juden. Ein tiefes Gefühl der Sünde überfiel mich. Ich hatte mich schon durch die ganze Bibel hindurchgelesen und war beim letzten Kapitel der Offenbarung angelangt. Ich war tief betrübt. Ich las, daß diejenigen, die von Gott abgewichen waren, vor der himmlischen Stadt draußen blieben, die Zauberer und die Unmoralischen und Mörder und Götzendiener und alle, welche die Lüge lieben. Mein Gesicht glühte vor Überzeugung. Ich erkannte, daß die Worte eine genaue Beschreibung meines eigenen Ichs waren. Selbst der Hinweis auf die Mörder traf auf mich zu, denn wenn ich zu Hause bei meinem Vater gewesen wäre, hätte ich sicher seine Sorgen lindern und ihm vielleicht das Leben retten können. Als er sich in seiner größten Not befand, war ich in Budapest, hatte Konzerte und Séancen besucht und mein Leben mit keinem Gedanken an irgend jemanden außer mir selbst vergeudet.

Doch die Worte „komm, komm, komm" aus der Offenbarung peinigten mich. Am Abend des Beginns des Versöhnungsfestes fing ich an zu fasten; es war das einzige, was mir zu tun einfiel.

In Budapest hatte ich eine Freundin, die ebenfalls Rose hieß. In vieler Hinsicht war sie eine wunderliche Person. Sie war Vegetarierin und ging in vegetarische Restaurants, die von den nichtjüdischen Sieben-Tage-Adventisten geführt wurden. Ich erinnere mich, daß ich einmal mit ihr zu einem Treffen der Adventisten ging. Das erste, was sie mir sagten, war, daß ich die Kunst und die Bildhauerei aufgeben müsse, um Gott zu gefallen. Rose und ich lachten und gingen weg.

Aber Rose las im Neuen Testament. Ich schleppte meinen erschöpften Körper zu ihrer Wohnung. Vielleicht würde Rose mit mir die Bibel lesen und in der Lage sein, sie mir zu erklären. Sie war der einzige Mensch auf

Erden, von dem ich wußte, daß sie tatsächlich die Bibel las, weil sie den Wunsch dazu hatte.

Rose öffnete ihre Türe mit einem erstaunten Blick. Ich wußte, daß tiefe Schatten unter meinen Augen lagen. Ich fühlte mich nicht sicher auf den Beinen. Rasch ließ sie mich hinsitzen und brühte mir Tee auf. Während ich trank, erzählte sie mir von Veranstaltungen, die sie besucht hatte, auf denen die Bibel sehr klar erläutert wurde. Die Veranstaltungen fanden Sonntag abends statt. Ich wollte mir von Rose die Bedeutung der Bibel erklären lassen, doch sie beharrte darauf, daß sie das nicht könne. Wenn ich zu diesen Veranstaltungen ginge, könnte ich das lernen.

In fieberhafter Erwartung sah ich dem Sonntagabend entgegen. Als es schließlich so weit war und ich das Gebäude in Budapest gefunden hatte, wo die Veranstaltungen gehalten wurden, konnte ich beinahe nicht hinein. In meiner Hast war ich zu einem verschlossenen Eingang gelangt. Ich rannte mehrmals um das Gebäude, bis mich jemand zu einem Raum wies, der „Evangeliumshalle“ genannt wurde. Es war ein großer Raum im zweiten Stock des Gebäudes. Jener Sonntag trug das Datum des 24. September 1939.

4. Der Neubeginn

Schon ehe ich in den Raum kam, konnte ich Gesang vernehmen. Er floß wie eine heiße Woge über mich hin und ließ mein Herz erzittern. Ich liebte Musik und hörte gern Choräle. Sofort erinnerte ich mich an die kleinen YWCA-Treffen in England. Es waren schon einige Augenblicke vergangen, bis ich erkannte, daß hier tatsächlich Englisch gesungen wurde. Das fesselte mich so, daß ich noch neugieriger auf die Veranstaltung wurde, obwohl der Raum vollständig besetzt war.

Ein Platzanweiser führte mich zu einem freien Platz in der ersten Reihe. Ich fiel in den Gesang ein; meine Augen brannten vor Tränen. Plötzlich fühlte ich mich erschöpft und zutiefst niedergedrückt.

Nach mehreren Chorälen lehnten sich die Leute in ihre Stühle zurück, und ein amerikanischer Missionar begann zu sprechen. Damals wußte ich nicht, was ein Missionar ist, doch ich hatte schon so viele seltsame Veranstaltungen besucht, daß ich daran gewöhnt war, nicht genau zu wissen, wie die Dinge zueinander paßten. Ein Missionar und ein Medium schienen mir damals gar nicht so ferne voneinander zu sein!

Der Sprecher begann über den Messias zu reden. Ich war erstaunt; ich hatte angenommen, es sei eine Veranstaltung für Christen, und es verblüffte mich, daß hier über jüdische Fragen gesprochen wurde. Die Botschaft hieß: „Seht, welch ein Mensch.“ Der Sprecher redete über das Alte Testament und wies nach, wie die jüdischen Weissagungen im Neuen Testament in Jesus erfüllt wurden. Ich war fasziniert. Beginnend mit Jesu Geburt zeigte der Missionar nach und nach durch die ganzen

Stationen bis hin zu seiner Verwerfung und seinem Tod, daß Jesus Christus der jüdische Messias ist.

Nachdem die Veranstaltung mit Chorälen und Gebet zu Ende gegangen war, ging ich auf den Sprecher, einen Mr. Miller, zu. (Es war keine Aufforderung ergangen, Christus als Erlöser anzunehmen, da dies in Ungarn nicht Sitte war.)

„Ich bin Jüdin", begann ich, „aber ich glaube an Jesus." Der Mann blickte mich seltsam an. Einmal war ich wegen der Trauer um meinen Vater ganz in Schwarz gekleidet, und ich sprach in einer so abwehrenden Weise, daß meine Worte einen hohlen Ring um sich hatten.

Mr. Miller fing an, mich nach Gott zu fragen. Ich hatte seit dem Tod meines Vaters ständig in der Bibel gelesen – zwar ohne ein Wort zu verstehen, aber auch ein Papagei kann sprechen. Ich erinnere mich, daß ich ihm den ersten Vers des Johannesevangeliums zitierte.

In aller Ruhe fragte er mich nach dem Teufel. Ich lächelte ihn nur an, denn ich glaubte nicht, daß er es ernst meinte. Selbst nach all dem, was ich bei den Spiritisten erlebt hatte, ja selbst nach jenem Alptraum, als ich geglaubt hatte, die Geister wollten mich in Stücke reißen, war ich noch so verblendet, daß mir ein wenig nach Lachen zumute war. Als ich sah, daß er auf eine Antwort wartete, meinte ich, der Teufel sei nur ein böser Gedanke. „Nein!" Er entgegnete so heftig, daß ich ganz bestürzt war. Er forderte mich zum Sitzen auf. Dann begann er mir zu erzählen, daß der Mensch vollkommen erschaffen worden war. In meinem Gesicht habe ich einen winzigen dunklen Fleck, der kaum zu sehen ist. Doch der Missionar sagte: „Sehen Sie, Sie haben diesen winzig kleinen Fleck. Selbst Sie sind nicht vollkommen. Da Adam und Eva sündig wurden, sind nun wegen

Adam alle menschlichen Wesen mit Sünde behaftet. Es war der Teufel in Gestalt einer Schlange, der Eva in Versuchung führte und die Menschheit in die Sünde brachte. Nun sind wir alle durch die Sünde verdorben."

„Wo steht dies alles geschrieben?" forderte ich ihn heraus. Ich war höchst überrascht, als er antwortete: „In der Bibel."

Ich nahm meine Tasche und meine Bibel und schickte mich zum Gehen an. Ehe ich weggehen konnte, sagte er mir, er und seine Frau seien in einem nahe gelegenen Buchgeschäft zu erreichen. Wir vereinbarten, uns wieder zu treffen.

Kaum war ich zu Hause, da schlug ich meine Bibel auf und begann nach den Stellen zu suchen, in denen vom Teufel die Rede war. Es war spät nachts, doch ich nahm die Zeit nicht wahr. Ich schlug Seite um Seite um und hielt ohne den geringsten Erfolg nach Hinweisen auf den Teufel Ausschau. Mit aller Gewalt wollte ich Mr. Miller beweisen, daß er im Unrecht sei, oder selbst feststellen, ob die unwahrscheinlichen Dinge, die er lehrte, der Wahrheit entsprachen. Schließlich ging ich erschöpft zu Bett.

Gleich morgens eilte ich in den Buchladen. Ich wollte diesem Mann unbedingt sagen, daß er sich irrte! Ich hatte keinen Hinweis auf den Teufel gefunden. Vielleicht war Mr. Miller überrascht, mich wie eine seltsame schwarze Krähe mit durchdringenden, müden Augen auftauchen zu sehen, vielleicht auch nicht. Aber schon betete er für mich.

Als ich ihn sah, platzte ich ohne lange Vorreden los: „Nun, ich habe den Teufel in der Bibel nicht gefunden."

Er zog wieder einen Stuhl heran und lächelte mich an, als sei es die natürlichste Sache der Welt, solche Fragen zu diskutieren, ehe halb Budapest zu einem neuen angstvollen Tag erwachte.

„Nun, er ist da!“ lächelte er. Dann begann er mir das Evangelium von Anfang an zu erzählen. Dieses Mal bestand ich darauf, daß er mir jeden Vers zeigte, um zu beweisen, was er sagte. Ich legte Zettel in die Bibel, um die Seiten zu markieren, auf denen die besprochenen Verse zu finden waren. Ich wußte, ich hätte sie nie selbst wiederfinden können, und ich wollte Gelegenheit haben, sie später selbst noch einmal nachzulesen. Nach einer Weile ragte ein Wald von weißen Papierstreifen aus meiner Bibel hervor. Mr. Miller zeigte mir, daß ich verloren war, eine Sünderin, die einen Erlöser brauchte. Er sprach auch über die von Angst erfüllten Zeiten, in denen wir lebten, und wie wichtig es sei, daß wir unser Leben vor Gott in Ordnung bringen.

Tage vorher war ich in Budapest in einen Laden gegangen, um Brot zu kaufen. Eine Frau hatte mich haßerfüllt angesehen und mit schrecklicher Stimme gesagt: „Jüdin!“ Dieses Erlebnis demütigte mich, doch ich hatte keine Angst. Ich machte mir verzweifelte Sorgen um Eugene im Lager und um meine Schwester und ihre Familie, die in dem Terror ihrer Nazi-Stadt leben mußte. Doch trotz alldem schien mir meine eigene Gefährdung in Ungarn in weiter Ferne zu liegen. Die Dringlichkeit von Mr. Millers Warnung drang nicht in mein Herz. Der Gedanke, eine Sünderin zu sein, war zu neu, um einen Eindruck auf mich zu hinterlassen. Ich war mir nicht einmal völlig sicher, ob ich in der Weise, wie der Missionar von ihm sprach, an Gott glaubte.

Wir vereinbarten, am nächsten Tag wieder zusammenzutreffen. Wieder ging ich in meine Wohnung zurück, um die Bibel zu lesen. Vorsichtig blätterte ich die Seiten um, damit keiner der Papierstreifen verlorenging, mit denen ich die Seiten gekennzeichnet hatte.

In jener Nacht ging beim Lesen etwas Seltsames vor. Beim Studium der Schrift erfuhr ich eine innere Wandlung. Ich war nicht länger die Skeptikerin, die nach „Beweisen“ suchte, um Mr. Millers seltsame Ideen in Frage zu stellen. Ich glaubte nicht, daß ich es besser wußte als er. Ich wollte ganz einfach lernen. Ich wußte nicht, daß zu gleicher Zeit in der Evangeliumshalle viele Menschen ernsthaft für die junge Jüdin in Schwarz beteten, die stundenlang über der Bibel saß.

Ich las große Teile der Bibel. Vom Alten Testament rückte ich zum Neuen Testament vor und wieder zurück. Immer stärker wurde ich einer Erregung gewahr, die mich zwang, die Wahrheit zu entdecken. Wieder und wieder las ich Jesaja 53 und den 22. Psalm. Mein Herz war zutiefst aufgewühlt.

Am nächsten Tag fragte mich Mr. Miller, ob ich an die Jungfrauengeburt glauben könne. Ich hielt dies für kein Problem, denn ich überlegte, wenn Gott Adam und Eva erschaffen konnte, die ja nicht so geboren worden waren wie andere menschliche Wesen, dann konnte der Messias selbst sicherlich auf eine wundersame Weise in die Welt kommen. Wir gingen weiter zum Gegenstand Hölle. Ich hatte zahllose farbenprächtige Gemälde von der Hölle studiert und sie für groteske Abbildungen der finsteren Kräfte in der Menschheit gehalten. Da ich nicht wirklich an Gott geglaubt hatte, kam mir gar nicht der Gedanke, die Hölle könne eine Realität sein. Ich hatte keine Furcht vor ewiger Strafe empfunden. Doch am Dienstagmorgen war ich in der Lage, etwas über die Hölle zu lernen.

Als Mr. Miller darüber sprach, daß Papa in der Hölle sei, wurde ich ganz bestürzt und konnte mir das einfach nicht vorstellen. Selbst heute, wo ich glaube, daß wir von neuem geboren werden müssen, muß ich sagen, daß mein Vater nie das Evangelium gehört hatte. Ich lege es einfach in Gottes Hände. Er ist ein gerechter Richter, ich lasse es in seiner Hand. Aber an jenem Morgen verursachte es mir große Pein, mir Papa an einem so schrecklichen Ort vorzustellen. Mr. Miller flehte gütig mit mir, niemals an einen solchen Ort zu kommen. Sogar als ich Papierstreifen in meine Bibel einlegte, dachte ich: „Ich will niemals an einen solchen Ort gehen." Ich sagte Mr. Miller, ich müsse nach Hause und nochmals Verse lesen, über die wir gesprochen hatten.

Ich war nun dreißig Jahre alt. Mein ganzes Leben lang hatte ich in einem Zustand geistlicher Verwirrung gelebt. Als Kind hatte ich viel unter meinem Eigensinn gelitten, eine Aufsässigkeit, die ich selbst nicht verstehen konnte. In meiner Studentenzeit als Tänzerin, Künstlerin und Bildhauerin schnappte ich alle Ideen auf, die des Weges kamen, ganz gleich wie angstvoll destruktiv sie waren. Das Spottbild meiner Ehe, der Ruin aller Pläne und Träume, die ich gehegt hatte, der Gedanke an Selbstmord, die Verzweiflung über den Tod meines Vaters, der Schrecken der Zeit, all das lastete auf mir. Zum erstenmal in meinem Leben hatte ich einen Lichtstreifen gefunden, der heller und heller wurde, je mehr ich mich ihm näherte.

Ich las das dritte Kapitel des Johannesevangeliums, wo Jesus zu Nikodemus sagt, er müsse von neuem geboren werden. Von neuem geboren! Wenn das nur möglich wäre! Nicht Rose zu sein, sondern mein Leben von neuem zu beginnen. Doch stets verdarb ich alles. Auch andere hatten mich gedemütigt, mich enttäuscht, mich in einen Pfuhl der Zerstörung geführt. Üble Geister hatten meinen Körper benutzt, mich beinahe entzweigerissen. Das Licht war zu hell! Ich fühlte, ich konnte die Not nicht ertragen, die mich überfiel.

Doch zu gleicher Zeit wurde mir die Barmherzigkeit Gottes bewußt, eine Barmherzigkeit, die tiefer war als das tiefste Meer. Gott, der es in all meinen verwegenen Jugendeskapaden nicht zugelassen hatte, daß ich dabei ums Leben kam, der mich so viele Male vom Selbstmord abgehalten hatte, wenn ich mich dazu gedrängt fühlte; seine unsichtbare Hand hatte mich selbst vor der Raserei Satans beschützt, als er mich zu erwürgen und zu töten versuchte. Immer und immer wieder hatte Gott, wenn ich am Rande der Zerstörung gewandelt war, die Umstände überwunden und mich gerettet, auch ohne daß ich wußte, daß er es war, und obwohl ich eine Sünderin war, die sich über ihn lustig machte und nicht an ihn glaubte!

Ich erinnere mich nicht, wie ich mich in dem kleinen Zimmer niederkniete. Aber ich erinnere mich daran, wie ich betete; mein furchtbarer Stolz war restlos zerbrochen. Drei Tage war es her, seit ich zum erstenmal die Verkündigung und die allmähliche Erläuterung der Bibel vernommen hatte. Doch ich wußte, was ich zu tun hatte. Mit jeder Faser in mir schenkte ich mein Herz dem Messias, dem Erlöser, dem Herrn Jesus Christus. Im gleichen Augenblick übergab ich ihm auch mein Leben. Ich wußte, wie wertlos es mir war. Von neuem geboren! Ein neues Leben! Nicht mehr Rose!

Ich mußte lachen. Vielleicht war das nicht besonders ehrfürchtig, doch ich lachte vor Freude und Erleichterung. Mein ganzes Leben lang hatte ich nach etwas gesucht, was besser und höher war als alles, was ich kannte. Die ganze Zeit hindurch war es Jesus gewesen, den ich gesucht hatte. Niemand war bei mir, niemand, der die Freude und das Lachen mit mir teilen konnte! Ich ergriff meine Bibel und begann wiederum im Buch Jesaja zu lesen. Jedes Wort schien für mich geschrieben. Ich verstand nun völlig! Ich kam zu Vers 17 im 38. Kapitel; „Siehe, um Trost war mir sehr bange, du aber hast dich meiner Seele herzlich angenommen, daß sie nicht verdürbe; denn du wirfst alle meine Sünden hinter dich zurück." Eine große Fröhlichkeit überkam mich. Ich fühlte, wie mein Geist sprang und tanzte, wie ich vor so langer Zeit mit meinem Körper getanzt hatte. Ich blätterte zurück zu Jesaja 32, 17: „Und der Gerechtigkeit Frucht wird Friede sein, und der Ertrag der Gerechtigkeit wird ewige Stille und Sicherheit sein."

Friede! Er durchströmte mich! Ich war verblüfft. Ich hatte das Gefühl, ich müsse anders aussehen. Mein Gesicht blickte mir aus dem Spiegel voll Entzücken entgegen. Nach all den Jahren der Furcht und des Kampfes und der Sehnsucht hatte ich endlich Frieden gefunden! Es war schon spät. Ich glaube, ich wäre auf die Straße hinausgerannt und hätte den Leuten erzählt, was mit mir geschehen war, wäre es nicht zu so später Stunde gewesen. Ich ging ohne Gefühl der Müdigkeit zu Bett und schlief sofort ein.

Am nächsten Morgen eilte ich schnell in die Evangeliumshalle. Ich war so aufgeregt, daß ich kaum sprechen konnte. Ich brauchte keine Worte. Sie sahen mir nur ins Gesicht und wußten, was geschehen war! Sie waren natürlich alle sehr glücklich, aber sie sagten mir das nicht. Friedlich horchten sie auf meine überschwengliche Begeisterung. Ich erinnere mich noch daran, daß ich ihnen sagte, sie sollten mehr Stühle aufstellen, weil ich geradewegs hinausgehen und den Menschen sagen würde, es sei Jesus, nach dem sie suchten. Niemand hatte mir das so lange Zeit hindurch gesagt.

Ich war ärgerlich. „Bedenken Sie, wieviel Leiden mir erspart geblieben wäre, wenn ich das nur vorher gewußt hätte!" erklärte ich. „Wenn irgend jemand den Mund aufgemacht und mir von der Liebe Gottes erzählt hätte, wie der Herr Jesus die Herrlichkeit des Himmels verließ und Menschengestalt annahm und auf Erden kam, um mein Erlöser zu werden, mein Erretter, mein Messias, der bereit war, mir zu vergeben und alle meine Sünden selbst auf das Kreuz hinaufzutragen und mir dafür seine Gerechtigkeit, seinen Frieden brachte ..."

Mr. Miller lächelte mich herzlich an, als er freundlich darauf hinwies, daß es noch viel mehr zu lernen gebe. Ich würde noch eine große Menge aus der Bibel wissen wollen. Natürlich wollte ich alles lernen. Ich war begierig darauf, noch mehr zu erfahren. Doch sicherlich konnte mir jemand einige Schriften in die Hand geben, damit ich hinausgehen und sie den Leuten auf der Straße geben konnte. Hunderte von Menschen liefen mit kummervollen Gesichtern, mit verzweifeltem Herzen herum. Jeder hatte Angst, was der Krieg mit sich bringen würde. Deutschland hatte bereits Polen besetzt. Obwohl die Nazis niemals das neutrale Ungarn angreifen würden, hatten die Leute Angst. Ich wollte nicht, daß irgend jemand auch nur einen Tag länger leiden mußte!

„Bedenkt, wie weit ich gereist bin! Nach Österreich! Nach England! In ganz Ungarn und der Tschechoslowakei! Und niemand an all diesen Orten hat mir in all der Zeit etwas von Jesus erzählt! Nun, in Ungarn", ich packte die bestürzte Missionarsfrau am Arm, „in Ungarn ist die Hälfte der Bevölkerung protestantisch! Und niemand hat mir je von Jesus erzählt!"

Mr. und Mrs. Miller hatten selbst die Evangeliumshalle in Budapest eröffnet. Mit dem Ausbruch des Krieges wußten sie, daß keine Sicherheit bestand, wie lange sie noch bleiben konnten. Sie waren sehr bemüht, daß ich soviel wie möglich lernen konnte. In Budapest gab es ein kleines evangelisches Seminar, mit dem sie in Verbindung standen; dorthin brachten sie mich. Ich war eine treue Besucherin und studierte beständig die Bibel. Ich erkannte, wie wenig ich trotz allem wußte, trotz meiner Errettung. Die Missionare und Lehrer gaben mir immer neue Unterrichtsstunden, als sei ich die einzige Person auf der Welt, mit der sie sich zu befassen hätten.

Wegen des Krieges war es verboten, an Straßenecken oder in Parks Druckschriften zu verteilen, doch ich verteilte trotzdem christliche Schriften. Ich gab alles, was ich mit meiner Zeit angefangen hatte, auf – die Kunstlektionen, die Konzerte, das Studium in Galerien und Museen. Das Bibelstudium im Seminar und das Gespräch mit den Menschen über den Herrn Jesus füllte jede freie Minute des Tages aus.

Ich mußte noch immer arbeiten, um mir meinen Unterhalt zu verdienen. Ich arbeitete weiterhin mit einigen Patienten in Physiotherapie. Bei der Arbeit sprach ich mit den Patienten ständig über Gott und Erlösung und über den Frieden, den ich gefunden hatte. Einige mochten das, aber die Mehrzahl bekam bald genug von mir. Die meisten von ihnen hielten mich für etwas verdreht und sicherlich für fanatisch.

Sie riefen mir in Erinnerung zurück, was Felice zu mir zu sagen pflegte: „O Rose, du wirst niemals verrückt werden!“ Sie wollte damit sagen, daß ich bereits verrückt sei.

Ich erwartete, daß Felice mehr denn je von meiner Verrücktheit überzeugt sein würde, als ich ihr schrieb, daß ich Jesus als meinen persönlichen Erlöser und als meinen jüdischen Messias angenommen hatte. Zu dieser Zeit war es wegen der politischen Spannung sehr schwierig, von Budapest in die Slowakei zu reisen. So schrieb ich an alle meine Verwandten über Jesus. Ich versuchte mit allen alten Freunden in Verbindung zu kommen, entweder persönlich oder in Briefen, doch das war oft sehr schwierig. Jeder war in Europa unterwegs; die einen wollten vom Krieg weglaufen, die anderen zum Krieg hinkommen, die dritten nach Hause zurückkehren und ihre Familien finden. Vor allem Juden tauchten auf und verschwanden ohne Nachricht, so daß es sehr schwer war.

Eine alte Freundin, die ich finden konnte, war eine Frau namens Vera. Sie kam aus einem Teil Ungarns, der nun zu Rumänien gehört. Veras Vater war ein armer Rabbi auf dem Land gewesen, doch Vera und ihre Schwester Sarah waren Kommunisten. Ich war sehr darum bemüht, daß Vera und Sarah und Sarahs junger Gatte zum Glauben finden sollten; nach vielen Gebeten und viel Arbeit mit ihnen empfingen sie Jesus als Messias. Es war herrlich! Durch sie lernte ich viele „christliche orthodoxe Juden“ kennen und entdeckte, daß ich noch viel mehr lernen mußte, um diesen Leuten, die dem Namen nach Christen ohne Erlösung waren, gegenüber Zeugnis abzulegen.

Mr. Miller hatte eine Gabe für die Bekehrungsarbeit. Indem ich ihn beobachtete, lernte ich, wie man sich verausgabt, ohne sich zu schonen, und wie man der Bibel treu ist. Ich sah, daß alles von der Tatsache abhing, daß die Bibel Gottes Wort ist, – daß sie wahr ist. Wenn die Bibel etwas aussagt, dann ist dies das letzte Wort über die

Sache. Mein Hunger nach der Bibel wurde immer stärker, je mehr ich lernte.

Zwei Wochen nachdem ich zum Glauben gekommen war, sagte ich Mr. und Mrs. Miller, daß ich alles zurücklassen und ebenfalls Missionarin werden wollte. Sie waren erfreut, zeigten jedoch Zurückhaltung. „Sie hat nun ein starkes Feuer im Herzen, doch sie hat schon so viele Berufe ausgeübt, nun will sie einen neuen probieren."

Dankbar beschlossen sie, es mit mir zu versuchen.

„Wissen Sie, was das schwierigste Missionsfeld ist?" fragten sie. „Es ist die Mission unter den Juden, genau die Arbeit, der Sie Ihr Leben widmen wollen!"

Ich wurde nicht über Nacht eine Heilige. Doch ihre Worte erfüllten mich mit Entschlossenheit. „Das macht mir nichts aus!" erwiderte ich. „Es ist das einzige, was ich kann, und das einzige, was ich tun möchte. Ich möchte Zeugnis ablegen. Ich kann von nichts anderem sprechen, ich kann an nichts anderes denken, ich kann nichts anderes lesen außer der Bibel. Ich kann mit meiner regulären Arbeit ohnehin nicht weitermachen. Meine Patienten halten es nicht aus, wenn ich dauernd vom Herrn Jesus rede, und ich halte es nicht aus, nicht von ihm zu reden!"

Der Herbst des Jahres 1939 war kaum die günstigste Zeit, mit der Missionsarbeit zu beginnen. Der Winter stand vor der Türe, und draußen wurde es bitterkalt. Drinnen gab es kein Heizmaterial. Lebensmittel waren knapp. Deutsche Soldaten marschierten durch Ungarn und nahmen unsere eigenen Vorräte zur Verpflegung auf das Schlachtfeld gegen Polen. Später wurde selbst das, was noch für uns übriggeblieben war, für den massiven Angriff der Nazis gegen Rußland requiriert.

Mr. und Mrs. Miller warnten mich vor dem, was ich zu

erdulden hätte. Die Leute hatten keine Lebensmittel. Sicherlich würde kein Geld für einen neuen Missionar da sein. Unsere Regierung hatte die Abhaltung von Versammlungen und die Verteilung von Literatur für illegal erklärt. Alles befand sich im Aufruhr. Doch ich war entschlossen. Ich hatte einmal mein ganzes Leben für die Kunst aufgegeben. Ich hatte erklärt, ich würde für die Kunst sterben. Wie viel mehr war ich nun willens, mein Leben Jesus zu schenken und notfalls für ihn zu sterben!

Ich bin den Millers auf immer dankbar für die Ausbildung, die sie mir angedeihen ließen. Sie brachten mir bei, wie wichtig es sei, die Heilige Schrift im Gedächtnis zu bewahren, ein Gebetsleben zu führen und eine Gebetsliste anzulegen. Unser Studium der Schrift ging weiter; wir verbrachten keinen Tag ohne Bibelstudium. Ich ging auf die Straßen, um Zeugnis abzulegen. Manchmal blieb ich im Seminar und half Mr. Miller, Schriftgut vom Englischen ins Ungarische zu übersetzen.

Als ich mich auf den Missionsdienst vorbereitete, wappneten sich meine Patienten, die mir noch geblieben waren, gegen meine Evangeliumsattacken mit Fragen, die ich nicht beantworten konnte. Oft kehrte ich in die Evangeliumshalle oder das Seminar zurück und weinte über meine Unkenntnis. Mr. Miller betonte, ich müsse mich auf das Wort Gottes und nicht auf die Weisheit von Menschen verlassen.

Einmal sollte ich Freunde besuchen, die Juden waren, jedoch eine protestantische Kirche besuchten. Zu ihnen gehörte ein Rechtsanwalt, und ich hatte große Angst, er könnte mir Fragen stellen, die ich nicht beantworten konnte. Ich bat Mr. Miller, ihn anrufen zu dürfen, falls ich in der Diskussion auf Schwierigkeiten stieß. Er schüttelte heftig den Kopf. „Nein, rufen Sie mich nicht an,

Rose! Rufen Sie den oben an!" Er wollte damit sagen: „Rufen Sie Gott an!" Diesen Rat bewahrte ich mir mein Leben lang in meinem Herzen.

In einer großen Wohnung, die uns von einem Gläubigen vermietet worden war, hielten wir öffentliche Bibelkurse. Ich konnte viele Menschen dorthin einladen. Mr. Miller richtete ein Grußwort in seinem gebrochenen Ungarisch oder Tschechisch an die Gruppe und begann dann seine Darlegung in englischer Sprache.

Ich übersetzte für ihn und konzentrierte mich dabei nicht nur auf die Worte, die er sprach, sondern auch auf die Bedeutung in der Heiligen Schrift. Da ich alles wiederholen mußte, was er sagte, bot sich mir hier die Gelegenheit zu lernen, wie man das Evangelium darbietet und aus der Bibel lehrt. Der Herr wußte, wie er mir rasch die Ausbildung vermitteln konnte, die ich brauchte.

In dem aufgewühlten Budapest von 1939 war unser Sinn erfüllt von der Dringlichkeit, das Evangelium zu verkündigen und möglichst viele Seelen für Christus zu gewinnen. Nichts war mehr sicher. Die Sturmtruppen Hitlers überschwemmten unbesiegbar ein Land um das andere in Europa.

Polen, dessen Besetzung am 1. September 1939 begann, war in vier Wochen überrannt. Im April 1940 besetzten die Nazis nach einer nur zwei Monate dauernden Beschießung Dänemark und Norwegen. Im Mai 1940 rückten sie in Belgien und Holland ein und eröffneten die Periode von Hitlers ‚Blitzkriegen'. Durch den Einsatz von Panzern zu Lande und Flugzeugen aus der Luft fielen die Niederlande in vier Tagen, Belgien in vier Wochen und Frankreich in sieben Wochen in deutsche Hand. Ganz Europa befand sich in einem Schock.

In dieser ersten Kriegszeit bemühte ich mich verzweifelt um eine Erlaubnis, Budapest zu verlassen und meine Familie in der Slowakei zu besuchen. Endlich traf das Visum ein. Mrs. Miller lieh mir einen großen Koffer, der mit Schriften und Bibeln vollgepackt wurde, so daß ich aus meiner Reise eine Evangelisationstour machen konnte. Ich bestieg den Zug, um wieder mit meinen Eltern und Angehörigen zusammen zu sein, die noch immer in der Slowakei beieinander lebten.

Es war eine herrliche Reise nach Hause, obwohl der Zug voller Soldaten war und die Spannung und Ängste der Kriegszeit in der Luft lagen. Nie war mir Ungarn so schön erschienen: die lieblichen gerundeten Hügel, die Kirchtürme in der Ferne, die Weingärten, die sich endlos zum Horizont erstreckten. Jeder Anblick entzückte mich: ein glitzernder kleiner See in einem Feld, der purpurne Hauch am Himmel, die gelben und weißen Städte, durch die wir fuhren, manche über tausend Jahre alt, und die großen Eichenwälder.

Endlich hielt der Zug an der ungarisch-slowakischen Grenze zur Zollkontrolle. Der Übergang befand sich in einem kleinen Dorf, und ich rechnete nicht mit Schwierigkeiten. Aber eine solche Menge Literatur in Kriegszeiten mit sich zu schleppen und sie dazu noch über die Grenze bringen zu wollen! Die Grenzer waren erbost. Vergeblich versuchte ich zu erklären, daß es sich um Bibelliteratur handelte. Ich bat auf ungarisch, auf slowakisch, schließlich auf tschechisch. Selbst daß ich mehrere Sprachen konnte, machte mich verdächtig. Mein Koffer wurde beschlagnahmt, doch ich selbst durfte die Reise fortsetzen. Ich war tief enttäuscht, daß ich den Koffer nicht mehr hatte. Ich wollte doch Mama und Felice und den anderen Verwandten Evangeliumsliteratur in die Hand drücken!

Ich empfand eine ungeheure Erleichterung, als ich bei Felice vor der Tür stand. Bei meiner Ankunft lag sie mit Venenentzündung im Bett und durfte nicht aufstehen. Wegen der Erkrankung von Felice kam meine Mutter dorthin zu Besuch, und ich konnte Mama, Felice, ihrem Gatten und ihren beiden kleinen Jungen von der großen Barmherzigkeit des Herrn erzählen.

Stundenlang saß ich bei Felice am Bett, meine Mutter in einem anderen Stuhl im Schlafzimmer, und las ihnen aus dem Evangelium vor. Mutter sprach nur wenig, obwohl das, wie ich sie lehrte, für einen Juden schwer zu akzeptieren war. In jenen schrecklichen Kriegsjahren trat eine große Zahl von Juden in protestantische und katholische Gemeinden ein. Sie waren nicht zum Glauben gekommen, sondern nahmen an, daß die Verfolgung gegen sie aufhören werde, wenn sie Mitglieder einer christlichen Kirche waren. Einigen half das vielleicht eine Zeitlang. Letzten Endes bedeutete es jedoch nichts. Die Nazis suchten nicht die jüdischen Seelen, sondern das jüdische Blut.

Ein solch pragmatisches Vorgehen wäre für meine Mutter undenkbar gewesen. Sie wollte nicht einmal etwas davon hören, sich wie andere für eine Weile zu verstecken. Sie meinte: „Was will man schon von mir mit meinen dreiundsiebzig Jahren?“ Wie wenig wußten wir damals.

Mutter und Felice hörten dem Evangelium zu: Was sie auch denken mochten, beide wunderten sich über die Veränderung, die mit mir vor sich gegangen war. Seit Jahren sahen sie mich zum erstenmal glücklich. Die hartnäckige Depression, die Nachlässigkeit, der hektische Ehrgeiz und die Ruhelosigkeit früherer Tage waren vergangen. Manchmal, wenn ich bei der Arbeit lachte und kleine Choräle sang, sah mich Mama mit einem schwachen Lächeln an. Selbst wenn sie mich nicht verstand und mein neues Leben nicht akzeptierte, war sie doch froh, mich wieder glücklich zu sehen.

Als Felice wieder wohlauf war, kehrten wir beide zu dem Grenzzollamt zurück, um zu sehen, ob ich meinen Koffer wiederbekommen konnte. Mein Visum war fast abgelaufen, doch ich wollte meiner Familie unbedingt Literatur zurücklassen, und so betete ich ernsthaft darum, daß Gott mir auf irgendeine Weise helfen möge, meine Schriften zurückzuerhalten.

Ich war überglücklich, als ich feststellte, daß der Koffer nicht „an das Hauptquartier zur Untersuchung" geschickt worden war, wie die Zollbeamten erklärt hatten. Er blieb in dem winzigen Dorf im Zollager. Zuerst weigerten sich die Zöllner strikt, ihn mir auszuhändigen. Sie beharrten darauf, sie seien nicht dafür zuständig, die Literatur zu prüfen und eine Entscheidung zu treffen. Aber je mehr sie „Nein" sagten, desto hartnäckiger war ich; ich nahm Traktate heraus und las ihnen Wort für Wort vor, bis sie sich vor Langeweile und Mißbehagen förmlich wanden.

Wenn einer eine Bewegung machte, um den Koffer zu schließen, holte ich jedesmal etwas heraus und erläuterte ihnen recht ausführlich, daß es sich um eine Bibel oder ein Neues Testament handle. Ich las Stellen aus verschiedenen Abschnitten vor, bekräftigte, daß ich Missionarin sei und daß der Inhalt des Koffers aus nichts anderem bestand als aus Gottes Wort. Ich nehme an, sie konnten schließlich nicht anders, als mir zu glauben, daß ich Missionarin sei. Ich war ganz zufrieden, den ganzen Tag dort zuzubringen und ihnen zu predigen; schließlich gaben sie nach und schickten Felice und mich mit meinem Koffer fort. Ich war beglückt, daß ich die Literatur wieder zurück hatte, obwohl ich wußte, daß ich in den wenigen Tagen, die mir noch mit meiner Familie blieben, nicht die Zeit zum Verteilen hätte. Felice hatte geduldig zugehört, während ich den Zollbeamten „predigte". Als wir zu ihrem Haus heimgekehrt waren, nahm sie einige der christlichen Schriften und versprach, sie zu lesen.

Während meines Besuches traf ich mit vielen anderen Mitgliedern meiner Familie zusammen. Sei waren überrascht über meine freudige Stimmung in Anbetracht der Spannung der Zeit. Verwirrt hörten sie mit an, was ich ihnen über Jesus, den Messias, zu sagen hatte, aber sie waren nicht verärgert. Wir sprachen auch viel über Mama. Wenn es notwendig werden sollte, war sie in ihrem Alter nicht mehr in der Lage, sich zu verstecken oder zu fliehen. Es wurde beschlossen, daß sie versuchen sollte, zu meinen beiden Brüdern in Amerika zu gelangen, um bei ihnen zu leben. Mutter freute sich über den Gedanken, ihre Söhne wiederzusehen, und ich glaube, sie erkannte, welche Sorge sie uns allen bereitete. Sie erklärte sich bereit, die Flucht zu versuchen, und begann sogar, Englisch zu lernen.

Paß und Visum zum Verlassen der Slowakei zu bekommen, war außerordentlich kostspielig und schwierig, selbst wenn man Angehörige in Amerika als Bürgen hatte. Der Antisemitismus wütete, und für einen Juden war es sehr gefährlich, in eine größere Stadt zu reisen und wegen der erforderlichen Genehmigungen zur amerikanischen Botschaft zu gehen. Viel Arbeit und „Vorbereitung" mußte erledigt werden. Doch einige Zeit nach meiner Rückkehr nach Budapest erhielt ich die Mitteilung, daß Mama zusammen mit einigen anderen Leuten, die versuchten, herauszukommen, in einem bewachten Bus zur Botschaft in Budapest fahren würde. Als Mamas Autobus in Budapest eintraf, durften die Juden nur in die amerikanische Botschaft gehen. Man erlaubte ihnen nicht, die Stadt zu „betreten". So ging ich mit einigen anderen Verwandten zur Botschaft, um Mama zu sehen. Man gestattete mir, aus einem nahe gelegenen Restaurant Essen zu besorgen, und es war eine so bedeutende Gelegenheit, daß ich Mr. und Mrs. Miller einlud, mit mir meine Mutter aufzusuchen.

Mama war so aufgeregt und glücklich, daß sie sogar Mr. Miller einen Kuß gab und ihm dafür dankte, daß er dazu beigetragen hatte, ihre Rose Frieden finden zu lassen. Wir aßen und tranken dazu heißen Tee, den uns die Amerikaner spendierten. Nach einer Weile gingen die Millers weg. Aber die Dinge liefen nicht so, wie wir gedacht hatten. Zwar hatte Mama die Genehmigung der amerikanischen Regierung, nach Amerika reisen zu können, doch da erhob sich noch ein Problem. Kein Land, durch das sie durchfahren mußte, war bereit, Juden die Einreise zu erlauben. Stundenlange Verhandlungen folgten. Es gab einen Weg, meinte der Botschaftsangestellte mit einem Blick auf offenkundige Gebrechlichkeit. Sie konnte es vielleicht arrangieren, durch Rußland zu reisen, und von einem Hafen im Fernen Osten aus nach Amerika zu fahren.

Aber allein? Und in ihrem Alter? Mama war völlig verstört. Selbst ich hätte angesichts einer solchen Tortur gezögert, und ich war noch jung und sportlich und auf der Höhe meiner Körperkraft. Schließlich packte Mama ihre Habseligkeiten zusammen, gab vor, es sei nicht so wichtig, verließ die Botschaft und ging zum Bus, um zu Felice zurückzukehren. Ich sah ihr mit schmerzenden Augen nach. Ich sollte sie nie wiedersehen.

In Ungarn waren jene ersten Kriegsjahre eine Zeit außerordentlicher Unruhe und Verwirrung. Wegen unserer zentralen geographischen Lage gab es mehr Truppendurchmärsche, politische Umwälzungen und Korrekturen der Landkarte als in der Vergangenheit in zehnmal solangen Zeitabschnitten.

Einst gehörten Ungarn und Österreich zusammen im großen österreichisch-ungarischen Kaiserreich, das ich als kleines Kind gekannt hatte. Selbst nach der Unabhängigkeit hatte Ungarn stets enge Bindungen an Österreich gehabt. Im April 1938 gelang es Hitler, den ‚Anschluß' durchzuführen, die Vereinigung von Deutschland mit Österreich. Dies versetzte ganz Ungarn einen Schock; im Lande selbst gab es geteilte Ansichten, wohin unsere Loyalität gehöre und in welcher Richtung unsere Zukunft lag. Schon regierte in Deutschland der Wahnsinn. Mit Hitler hatte Deutschland einen Führer erhalten, der eine neue Weltordnung aufstellen wollte.

Ein fatalistischer Glaube an die Unausweichlichkeit des Endsieges des Dritten Reiches erfaßte Ungarn ebenso, wie er Deutschland mit Stolz erfüllte. Die Mehrheit unseres Volkes war überzeugt, daß Hitler unbesiegbar und das Weiterbestehen Ungarns nur durch Unterstützung der Nazis möglich sei. Auch in Ungarn kamen die schrecklichen antijüdischen Gesetze. Deshalb hatte Mama solche Mühe, mit einem öffentlichen Transportmittel nach Budapest zu fahren, und mußte einen bewachten Bus nehmen.

Hitler belohnte unser Land für seine Unterstützung, indem er Ungarn ein ausgewähltes Territorium zugestand, das von der Tschechoslowakei übernommen worden war. Auf diese Weise wandelte er unseren neutralen Premierminister, Bela Imredy, in einen glühenden Nazi.

Imredy war ein frommer Katholik gewesen und ein Mann, auf den die antinazistischen Gruppen in Ungarn einschließlich der Juden große Hoffnungen setzten. Doch Imredy wurde ein derart eifriger Nazi, daß er in einer Ansprache am Heiligen Abend 1938 erklärte, daß „nur ein Tropfen jüdisches Blut genügt, um Patriotismus und Charakter eines Menschen zu infizieren". Es war eine Ironie des Schicksals, als unmittelbar nach dieser Ansprache festgestellt wurde, daß Imredy eine jüdische Urgroßmutter hatte. Unser Reichsverweser zeigte ihm öffentlich das Dokument, das seine Abstammung bewies, und Imredy verlor das Bewußtsein. Der Reichsverweser ergriff die Gelegenheit und ernannte an seiner Stelle einen neuen Premierminister (der mit den Nazis nicht so sehr sympathisierte); Imredy wurde nach einer gewissen Erholungszeit schließlich der Führer einer nazistischen Oppositionspartei.

Unser neuer Premierminister, Graf Teleki, war entschlossen, Ungarn die Unabhängigkeit zu erhalten, doch gleichzeitig hoffte er, aus der deutschen „Freundschaft" soviel Vergünstigungen wie möglich für Ungarn herauszuholen. Zu Anfang klappte das auch. Hitler überließ Ungarn weiteres Territorium, und wieder verschoben sich unsere Grenzen weiter nach außen. Es gab Massenrückkehr und Massenabreise von Menschen, und die persönlichen Wirren und Leiden unseres Volkes waren außerordentlich groß.

Die Umwälzungen in der Bevölkerung erfaßten selbst Budapest. Ich kannte viele Sprachen, und wenn ich nicht die Bibel studierte und für die Millers Übersetzungen machte, war ich auf der Straße, sprach mit den ständig in Bewegung befindlichen Massen der Flüchtlinge und übergab ihnen Literatur.

Unsere Missionsarbeit wurde mit fieberhaftem Eifer fortgesetzt. Die Millers waren sich bewußt, daß die Zeit, in der Amerikaner in Europa bleiben konnten, nur noch kurz war. An vielen Abenden arbeiteten wir bis tief in die Nacht hinein an der Vorbereitung von Literatur; oft legten wir um elf Uhr eine Pause ein, um die Nachrichten zu hören und Tee zu trinken.

Im Jahre 1941 erfuhr ganz Ungarn voller Entsetzen, daß unser Premierminister, Graf Teleki, sich erschossen hatte. Der Reichsverweser war gezwungen, einen Nazi zum Premierminister zu ernennen. Das Leben in Ungarn wurde für die Juden plötzlich sehr schwer. Im August 1941 erfaßte die Regierung etwa 17000 staatenlose Juden, die in Ungarn Zuflucht gesucht hatten, und schob sie in die Ukraine ab. Die Deutschen hatten bereits begonnen, dieses Gebiet zu besetzen. Sie nahmen Tausende dieser Juden gefangen und verwendeten sie als Sklavenarbeiter. Der Rest verschwand. Es war grauenvoll.

Bei vielen Versammlungen, die wir in dieser Zeit abhielten, übersetzte ich. Abend um Abend flehte Mr. Miller mit den Menschen, darunter viele Juden, die sich in unserer Missionshalle drängten: „Kommt her zu mir alle, die ihr mühselig und beladen seid, ich will euch erquicken." Viele Menschen wurden in jenen letzten Tagen seines Wirkens in Budapest für den Herrn gewonnen.

Eines Abends kehrte ich sehr spät in das winzige Zimmer heim, das ich in der Nähe der Halle gemietet hatte; ich fand eine Postkarte von Felice vor. Sie verschickte Postkarten, weil diese die Zensur schneller durchliefen als Briefe. Ich saß in dem trüben Licht meines Zimmers auf dem Bett und zog die Schuhe aus, während ich die Karte las. Ihre Worte waren von charakteristischer

Offenheit, doch Poesie oder Musik hätten mich nicht mehr beschwingen können.

„Rose, ich habe den Herrn Jesus als meinen Messias angenommen. Ich wußte, daß Du das würdest erfahren wollen. Ich bete für Alexander." ‚Ich habe Jesus als Messias angenommen!' Plötzlich war ich in einem Glückstaumel. Ich sehnte mich danach, bei ihr zu sein, sie in die Arme zu nehmen, mit ihr zu lachen, zu weinen, zu beten und mit in ihr Gebet für ihren Mann, ihre Kinder und unsere Mutter einzustimmen. All meine Müdigkeit und Angst schwand dahin, ich lag auf meinem Bett, lobte Gott und flehte von neuem zu ihm für den Rest meiner Familie.

Nur zwei Monate seit meinem Besuch waren vergangen, als Felice ihr Herz Jesus Christus zuwandte. Sie hatte die Bibel und die Schriften gelesen, die ich ihr gegeben hatte. Zu Anfang war es nicht leicht, denn Felice hielt genau wie Mama an ihrem Judentum fest. Und nun zu Jesus zu beten! Für sie mußte das gewesen sein, als wende sie sich einem anderen Gott zu! Doch Gott sprach durch die Schriften, und Felice antwortete. Sie konnte zu Jesus als ihrem Erlöser und Herrn beten. Schon sehr bald danach begann sie selbst, die gleichen Schriften zu verteilen, die ich ihr gelassen hatte, weil ich zu viel zu tragen hatte. Bei der Verteilung von Schriften auf der Straße begegnete sie einem Christen, der sie zu einer Evangeliumshalle in ihrer Stadt mitnahm. Und so führte der Herr sie zu Menschen, mit denen sie Gemeinschaft pflegen konnte. Selbst Mama ging manchmal mit ihr zu den Versammlungen.

In Felices Heimatstadt standen die Dinge sehr schlecht. Da ihr Mann Spezialkenntnisse besaß, wurde er gebraucht und hatte eine Arbeitserlaubnis. Doch Hunderte von Juden hielten sich versteckt. Für die meisten gab es keine Arbeit. Tausende waren zur Zwangsarbeit verschickt worden. Felice war aufgrund der Arbeit ihres Mannes in der Lage, für Mama Lebensmittel zu bekommen. Die meisten Juden jedoch existierten von Hungerrationen.

Inzwischen war es Sommer 1941 geworden. Wir hielten noch immer in Budapest Versammlungen im Freien und gaben das Evangelium an Nichtjuden und Juden in gleicher Weise. Eines Tages verschwanden Mr. und Mrs. Miller. Karl, ein in der Mission arbeitender Amerikaner, kam zu mir gelaufen, um mir zu sagen, daß die Millers im Gefängnis waren. Wir waren entsetzt. Wie konnte das geschehen? Sie waren schließlich Amerikaner! Aber selbst ihre amerikanische Staatsbürgerschaft konnte sie nicht vor der Tatsache retten, daß sie auch Juden waren.

Als erstes organisierte ich eine Gebetsversammlung, die rund um die Uhr für sie betete. Einige Christen waren auf dem Land in Urlaub, doch trommelte ich alle, die ich finden konnte, zusammen, so daß das Gebet nicht unterbrochen wurde. Dann ging Karl zum Büro des amerikanischen Konsulats. Es dauerte mehrere Tage, bis er einen Termin bekam. Das Konsulat glich einem Pandämonium: so viele Menschen verlangten Beachtung, so viel Flehen und Not und Tränen vor dem Terror waren hier versammelt.

Schließlich erhielt Karl die Genehmigung, die Millers im Gefängnis zu besuchen. Wir gingen zusammen. Die Frauen befanden sich auf der einen Seite des Gefängnisses, die Männer auf der anderen. Die Millers waren mit Mördern, Räubern und allen Arten anderer Verbrecher zusammengesperrt. Trotz der Feuerprobe, in der sie sich befanden, waren sie geduldig und ruhig. Mr. Miller meinte, es sei nur eine Frage der Zeit, bis sie durch das Konsulat wieder herausgeholt würden; außerdem mache Gott niemals Fehler. Es war herzzerreißend, ihn in solch demütigenden Umständen zu sehen. Als wir vom Gefängnis heimgingen, liefen mir Tränen über das Gesicht. Die Menschen achteten nicht länger auf Leute, die auf der Straße weinten.

Mr. Miller war mein geistlicher Vater, und er war mir wie ein wirklicher Vater geworden. Mit welcher Geduld hatte er mich unterwiesen! Ich hatte nicht nur gelernt, die Bibel zu lesen und in das Gedächtnis aufzunehmen, sondern er hatte mir auch einfache Grundsätze des Bibelstudiums beigebracht. „Was ist der wichtigste Punkt dieser Stelle? Zu wem spricht das Wort Gottes in diesen Versen? Was bedeutet es für den Menschen in seinem Alltagsleben?“

Mit das Beste, was er mir beigebracht hatte, war, mir Kapitel und Vers jeder Schriftstelle einzuprägen. Da ich mehrere Sprachen konnte, befürchtete er, ich könnte andernfalls die Dinge durcheinanderbringen. Scherzhaft sagte er: „Wenn Sie in eine Stadt gehen, müssen Sie den Namen der Stadt kennen. Sie müssen auch Straßenname und Hausnummer wissen.“

Mein Herz verkrampfte sich vor Kummer bei dem Gedanken, daß solch gute, liebenswerte Menschen in einem überfüllten Gefängnis eingesperrt waren, voneinander getrennt und allen möglichen Schikanen ausgesetzt. In der Missionsstation hielten wir Gebetswachen für sie. Es war uns ein überwältigender Trost und eine Erleichterung, unsere Sorge und Liebe vor Gott zu bringen und sie völlig den Händen unseres liebenden Vaters im Himmel anzuvertrauen.

Nach mehreren langen Tagen erreichte das amerikanische Konsulat die Freilassung der Millers. Mit ihrer Freilassung erhielten sie jedoch die Auflage, Europa sofort zu verlassen. Doch im Gefängnis waren Mr. Miller die Augen aufgetan worden. Während der hektischen Tage des Packens nahm er sich die Zeit, sich mit mir zusammenzusetzen und mich zu fragen, was ich nun tun würde. Er sagte mir, ich sei in höchster Gefahr. Tatsächlich wurde ich in zwei Richtungen hin- und hergerissen.

Mit allen Fasern meines Wesens wußte ich, daß Gott mich zur Zeugin für Jesus Christus bei meinem eigenen jüdischen Volk berufen hatte. Ich wußte, daß sie den Nichtjuden mißtrauten und daß die Anbetung Jesu ihnen wie Götzendienst erschien. Ich verstand ihr Herz, weil mein eigenes Herz jüdisch war. Mein Judentum vertiefte sich noch, selbst als meine Liebe zu Jesus wuchs.

Hoch in den Bergen entlang der polnischen Grenze arbeitete eine junge amerikanische Missionarin namens Mary allein in einem Gebiet innerhalb der Sowjetunion. Sie war an Körper und Geist schön, und wer ihr begegnete, war unmittelbar von ihrer Liebenswürdigkeit und geistlichen Autorität berührt. Sie unterhielt ein großes Waisenhaus in den Bergen, wo sie all die verlorenen, verletzten Kinder aufsammelte, die Opfer des Krieges geworden waren. Manche hatten ihre Eltern bei Bombenangriffen verloren, manche waren in den Massenbewegungen getrennt worden, und manche Eltern waren bereits in Lager gebracht worden. In diesen von Armut geschlagenen Gebieten gab es immer Kinder, die aus dem einen oder anderen Grund unerwünscht waren und in den Wäldern ausgesetzt wurden.

Mary hatte mich in Budapest getroffen, wo sie sich zur Vorratsbeschaffung aufhielt. Sie drängte mich, zu ihr in das Waisenhaus zu kommen und ihr zu helfen. Ihr

Gebiet war dicht mit jüdischer Bevölkerung besiedelt, die in winzigen Dörfern aufgeteilt war, – Hunderte der Ärmsten, die sie nicht mit dem Evangelium erreichen konnte und deren Bedürfnisse groß waren. Vielleicht würde mich die Arbeit im Waisenhaus nicht ständig in Anspruch nehmen, so daß ich Zeit hätte, zu diesen Menschen zu gehen. Für jeden war es hart, Mary nein sagen zu müssen, und ich schwankte. Doch Mr. Miller war unnachgiebig.

„Rose“, erklärte er heftig, „wenn Sie angefangen haben, Missionarin für das jüdische Volk zu sein, dann bleiben Sie dabei. Sie werden viele gute Angebote erhalten, aber halten Sie an dem fest. Wenn Sie den Segen des Herrn wollen, dann verlassen Sie die erste Liebe nicht. Für die Juden sind Sie Zeugin. Das ist Ihre Arbeit.“

Tief in meinem Inneren wußte ich, daß Mr. Miller recht hatte. Ich hatte Marys Angebot wirklich mit Zögern abgelehnt. Sie lächelte mit ihren strahlenden Augen und sagte mir, sie würde über die Sache beten. Nun fragte ich mich erneut, ob ich nicht gehen und Mary in den Bergen helfen solle. Selbst in Budapest wurde das Leben für die Menschen immer prekärer. In den unfruchtbaren, übervölkerten kleinen Dörfern, wo Mary zu wirken versuchte, wäre die Existenz verzweifelt.

Doch der Herr hielt mich auf dem richtigen Weg. Ich erhielt nach und nach Einladungen von baptistischen Gemeinden in den von Armut heimgesuchten Landgebieten um Budapest und selbst weiter weg, dort zu sprechen und Bibelkurse zu halten. Solche Versammlungen wurden oft von ortsansässigen Juden besucht. Mr. Miller meinte, ich solle solange wie möglich mit der Lehrtätigkeit und dem Zeugnis fortfahren, das mir der Herr anvertraut hatte. Der Plan sah vor, daß ich meinen

Standort in Budapest haben und von dort aus zu den draußenliegenden Gemeinden reisen solle, um auf diese Weise so viele Menschen wie möglich zu erreichen.

So begann für mich eine Zeit schwieriger Reisen für den Herrn.

5. Und wurden hinzugetan …

In Kriegszeiten gibt es Schlangen für alles und jedes: für Lebensmittel, für Briefmarken, für Zeitungen, für Arzneimittel; die längste Schlange aber bildete sich an den Fahrkartenschaltern der Eisenbahn.

Sämtliche Bahnhöfe von Budapest waren ständig belagert von Menschen, die suchten, warteten, weinten und über alle Maßen verzweifelt waren. Mit der Adresse einer fernen Gemeinde in der Handtasche wartete ich so stundenlang auf eine Fahrkarte, fuhr dann stundenlang in einem überfüllten Zug in ein fremdes Dorf; oft mußte ich noch kilometerweit gehen, bis ich die Kirche fand. Immer trug ich ein schweres Paket mit Literatur und meine Bibel bei mir.

Manchmal war ich bei meiner Ankunft in der Kirche so erschöpft, daß ich nur noch ausruhen wollte. Doch immer wartete eine große Menschenmenge auf mich. Ich begann mein Zeugnis vorzutragen und lehrte aus dem Wort Gottes, und der Herr erquickte mich zutiefst.

Nach der Gemeindeversammlung lag mir sehr daran, auf die Straße zu kommen und jüdische Häuser zu suchen, denen ich einen Besuch abstattete. Viele Angehörige meines Volkes hörten mir zu und nahmen die Literatur an, die ich ihnen gab. Manche wurden zornig und vertrieben mich von ihren Häusern; ich verstand sie.

Meine geringen Ersparnisse aus den Physiotherapiebehandlungen waren bis dahin aufgezehrt. Ich mußte mich also darauf verlassen, daß die einladenden Gemeinden meine Fahrkarte bezahlten. Manchmal ging ich fort ohne einen Pfennig Geld in der Tasche; ich lernte, meinen himmlischen Vater selbst um Nahrung zu bitten, wenn ich hungrig und müde war, und Tag um Tag versorgte er mich.

Als sich die nationalsozialistische Besetzung wie ein riesiger Flecken über Europa ausbreitete, wuchs die Angst in Ungarn, vor allem unter dem großen jüdischen Bevölkerungsteil. Fast konnte man spüren, wie die Panik unter der dünnen Oberfläche des täglichen Lebens pulsierte. In den jüdischen Dörfern fragten mich die Menschen, was ich gehört hätte, was ich wußte, was andere Dörfer unternahmen und was meiner Meinung nach geschehen werde.

Wie konnte ich ihnen das sagen? Ich lebte selbst in der gleichen Pein. Felice hatte mir einen kummervollen Brief geschrieben. Unser Bruder Eugene, der Arzt, und seine Familie waren in ein Lager in Auschwitz verschleppt worden. Uns wurde gesagt, solche Lager seien nur für die Umsiedlung der Juden eingerichtet worden, doch es kursierten grauenvolle Geschichten, die bestritten wurden – ungeheuerliche, groteske Gerüchte aus einem Alptraum, die kein Mensch mit gesundem Verstand glauben konnte. Doch über unseren Köpfen braute sich etwas Finsteres, Schreckliches zusammen; keiner wußte genau, was da auf uns zukam.

Doch bereits im Sommer 1941, vielleicht schon im Mai, verzeichnet die Geschichte, daß Hitlers Polizeichef Himmler seiner SS (Schutzstaffel) im geheimen mitgeteilt hatte, daß „der Führer den Befehl für eine ‚Endlösung' der Judenfrage gegeben hat". Die SS sollte diesen Befehl durchführen.

Es war eine einfache Lösung.

Als ich in vollen Zügen zwischen diesen aufgescheuchten, von Furcht gepeinigten Dörfern hin- und herfuhr, müde und voller Angst, da schweifte mein Geist zurück in die Vorkriegstage, als ich mich noch in Budapest der Bildhauerei widmete. Wir ungarischen Studenten hatten die Zeitungen aus Deutschland voller Unglauben und Abscheu gelesen. Damals war für uns Adolf Hitler eine Zufallserscheinung gewesen, ein Verrückter, der schon bald vom Podest seiner neugewonnenen Macht stürzen und seine Tage als Wahnsinniger beenden würde.

Nur wenige hatten „Mein Kampf" gelesen; die meisten von uns machten sich nicht die Mühe. Wir waren durch die Zitate angewidert. Ich erinnere mich, wie Louis einmal über einen Satz aus „Mein Kampf" lachte. „Mit satanischer Freude im Gesicht lauert der schwarzhaarige jüdische Jüngling auf das ahnungslose Mädchen, um es mit seinem Blut zu besudeln und so von ihrem Volk zu rauben."

Damals hatte ich ebenfalls gelächelt, doch nun, wenn ich mir die Ängste der Dorfbewohner anhörte, quälten mich die Sätze aus „Mein Kampf" mit Angst um meinen liebenswürdigen Bruder Eugene.

Nach Hitler waren wir Juden nun offiziell als gemein und unrein klassifiziert. Wir hatten „unreine Kleidung". Wir standen im Mittelpunkt alles Krankhaften. Wir kontrollierten Prostitution und Mädchenhandel. Diese Gemeinheit unserer Rasse lag uns im Blut. Wären die Juden allein auf der Welt, würden wir in unserem eigenen Schmutz ersticken.

In „Mein Kampf" lehrte Hitler, daß die Rasse das zentrale Prinzip aller menschlichen Existenz sei. Seit Anbeginn der Zeiten habe es zwei Weltgegner gegeben, die Arier und die Juden. Die Arier repräsentierten die Vollkommenheit der menschlichen Rasse, die Juden die Verkörperung des Bösen.

Die Juden, hatte Hitler gesagt, seien ein Zersetzungsferment. Die Gemeinheit der Juden beschrieb er als „so gigantisch", daß niemand überrascht sein dürfe, wenn „unter unserem (deutschen) Volk die Personifizierung des Teufels als Symbol alles Bösen die lebendige Gestalt des Juden annimmt. Zwei Welten stehen einander gegenüber – die Menschen Gottes und die Menschen Satans. Der Jude ist der Antimensch, die Kreatur eines anderen Gottes. Wer den Juden kennt, kennt den Teufel!"

Während des Krieges war uns in Ungarn völlig klargeworden, daß Hitler alle Juden aus Deutschland eliminierte. Sein Ziel war, sein Drittes Reich von jedem jüdischen Flecken zu „säubern". Wir spürten den Ansturm Tausender von Flüchtlingen, die sich an unseren Grenzen stauten; manchen gelang die Flucht in die Dörfer und Wälder Ungarns. Wogen menschlichen Leides spülten zuerst in die eine Richtung, nur um gewaltsam in eine andere und dann wieder in eine andere umgeleitet zu werden –heimatlose, hilflose, erschöpfte Menschenmassen, die nirgendwo hingehen konnten. Ein verzweifeltes Land um das andere in Europa schloß seine Grenzen. In allen besetzten Ländern konnte die „Endlösung" nicht verborgen bleiben. Geschichten über Deportationen, über Tausende von Juden, die zur Zwangsarbeit verschleppt wurden, über weitere Hunderttausende, die „umgesiedelt" wurden. Aber wohin? Niemand wußte es.

In Ungarn hatten die Juden Hoffnung. Ungarn hatte vorsichtig seinen neutralen, prodeutschen Status beibehalten. Wir beteten, daß der Krieg rasch zu Ende gehen und die Alliierten siegen würden. Unsere jüdischen Kinder sangen:

Was ist der Unterschied zwischen der Sonne und Hitler?
Die Sonne geht im Westen unter und Hitler im Osten.

Ein kleines Gedicht zählte die Feinde Hitlers auf und zollte dem jüdischen Untergrund Tribut:

Hitler kann nicht fertig werden
mit der englischen Flotte,
mit dem russischen Schlamm,
mit amerikanischen Dollars,
und jüdischen Schmugglern.

Doch Hitlers „Endlösung“ hatte bereits Eugene verurteilt und Hunderttausende von wehrlosen Juden liquidiert. Es war eine durchaus logische Lösung, eine Strategie geradewegs aus dem zerrütteten Inferno von Hitlers Geist: Das Imperium des Dritten Reiches mußte von jedem einzelnen Juden gesäubert werden. Hitler war der Bote Gottes für diese ungeheuerliche Aufgabe. Sie würde triumphierend erfüllt werden durch den Massentransport von Juden in Speziallager in ganz Europa. In den Lagern wurde jeder jüdische Mann, jede jüdische Frau und jedes jüdische Kind systematisch liquidiert. Das war die „Endlösung“.

Um mich selbst empfand ich in jenen letzten Tagen meiner Missionsarbeit in Budapest keine Angst. Ich besaß eine baptistische Arbeitserlaubnis, aus der hervorging, daß ich christliche Missionarin sei, und die mir selbst das Reisen gestattete. Über all dem stand die Gewißheit, daß Gott mit mir war. Es war nicht persönliche Angst, die mich erschöpfte und jeden Tag zur Qual werden ließ. Mein Herz war erfüllt von Sorge um meine Familie, und die Zeiten selbst waren niederdrückend. Das Gewirk unseres Lebens in Ungarn wurde gewaltsam zerrissen durch wütende Pronazi- und Antinazi-Gruppen, fanatische Nationalisten, korrupte Opportunisten, eine völlig labile Regierung und eine in Angst und Verwirrung eingefangene Bevölkerung. Ich glaube, in jenen Tagen waren sich nur die Juden über etwas gewiß, – und das war die Gewißheit des Leidens.

Diese Gewißheit spornte mich an, das Evangelium so vielen Juden wie möglich mitzuteilen. Alle suchten verzweifelt Hoffnung, und ich hatte ihnen Hoffnung zu geben. Jeder brauchte Trost, und ich hatte Trost zu spenden. Wie konnte ich trotz aller Ermüdung in meiner Arbeit innehalten? Wie sollte ich nicht meinem Volke sagen, daß der Messias gekommen war, daß unser Erlöser unter uns ist? Meine Gebete um Kraft und Führung Gottes waren voll Pein. Doch in der Stadt gab es zunehmende Unruhe, und die Schwierigkeiten, nach Budapest zu gelangen und die Stadt wieder zu verlassen, wuchsen von Tag zu Tag.

Da kam mir der Gedanke, wenn ich aus Budapest wegging und mich auf den Weg nach Nordosten quer durch Ungarn zu den russischen Karpaten machen würde, käme ich auf der ganzen Strecke durch jüdische Dörfer. Ich konnte reisen und ausruhen und lehren und weiterziehen, wenn das Wetter und die Umstände es zuließen. Ich müßte dann nicht ständig nach Budapest zurückkehren.

Im Herbst 1941 machte ich mich auf diese Reise, ohne

Vorbereitung auf das, was ich sah. Im Jahre 1938 hatte Ungarn durch das Münchener Abkommen (das eine Krise über die Grenzen der Tschechoslowakei beilegte) ein Gebiet erhalten, und mit dieser Gebietsübertragung kamen weitere 250000 Juden zu den bereits in Ungarn lebenden 400000 hinzu. Auf meiner Reise sah ich in jüdischen Gemeinden Menschen unter schrecklichen Bedingungen mit wenig Nahrung zusammengepfercht. Ihren Besitz hatten sie in ihrer Heimat zurückgelassen, oder er war ihnen genommen worden. Um diese Zeit waren in Ungarn die meisten Juden von ihren Arbeitsplätzen vertrieben worden, und Tausende von Männern und Jungen hatte man an unbekannte Orte zur Zwangsarbeit verschleppt. Ausgemergelte Gesichter von alten Männern, Frauen und Kindern starrten mich an. Aber noch trugen sie nicht den gelben Stern.

Unsere nationalistische Regierung Källay, die im März 1941 an die Macht kam, lehnte mutig die Forderung der Nazis ab, daß alle Juden eine Identifikationsplakette tragen und alle ungarischen Juden en masse in das von Nazis besetzte Polen transportiert werden müßten. Von Polen aus würden unsere Juden „umgesiedelt". Källay antwortete, er könne einer jüdischen Umsiedlung nicht zustimmen, solange die Nazis ihm eine zufriedenstellende Antwort auf die Frage, wohin die Juden umgesiedelt würden, schuldig blieben. So lebten die Juden, die Schwachen und die Alten, in ihren baufälligen Hütten von der Luft und in ständiger Furcht.

Ich war zutiefst dankbar für jedes Stückchen zu essen, das man mit mir teilte, für jede Ecke in einem Raum, wo ich mich zur Nacht niederlegen konnte, und für jeden Menschen, der auf meine Frohe Botschaft horchte. Als die Kälte einsetzte, hatte ich die ungarische Grenze sicher überschritten und das russische Karpatengebiet bei einem kleinen Dorf betreten, das zugleich auch Handelszentrum war. Dieses Dorf war hoffnungslos überbevölkert, doch die Leute freuten sich, ein neues Gesicht zu sehen, und ich war in der Lage, Zeugnis abzulegen. Wir befanden uns inmitten eines tiefen Waldes, und es war bereits sehr kalt. Reisen war unmöglich, und so bereitete ich mich darauf vor, den Winter unter diesen primitiven karpatischen Juden zu verbringen. Fast alles, was für die Armee von Nutzen sein konnte, war von russischen Soldaten grausam aus dem Dorf weggeschleppt worden. Lebensmittel, Decken, Kleidung, Messer, Äxte – alles war weg. Obwohl wir mitten im Wald lebten, hatten wir kein Brennmaterial.

Jeder trug Schichten von schwerer Kleidung, doch nichts hielt die ständige schreckliche Kälte fern. Selbst in meinem eigenen dicken Mantel fror ich Tag und Nacht bitterlich. Auch Lebensmittel waren hier knapp, und ich begann mir Sorgen zu machen, daß meine Anwesenheit die Dorfleute mancher kostbaren Essensration berauben könnte.

Weiter oben in den Bergen, so hörte ich, lebte eine nichtjüdische Bauernfamilie ganz für sich allein. In meinem Bemühen, die Juden zu verschonen, machte ich mich auf den Weg, diese Familie zu besuchen. Ich war überrascht: Es ging ihnen viel besser als den Dorfbewohnern. Ihre Holzhütte lag in einem lieblichen Teil des Waldes – und sie war geheizt. Der Schnee hatte bereits eingesetzt, und es war so kalt, daß der Atem gefror. Die Familie hieß mich willkommen und bestand darauf, daß ich bei ihnen bliebe. Es gab zwar kein Mehl zum Brotbacken, doch es gab Mais und Kartoffeln, die vom Hausvater und seiner Frau gezogen worden waren. Ihre Nahrung bestand zumeist aus Mais, der mit gekochten Kartoffeln gemischt wurde, doch sie hatten Milch und Buttermilch von ihrer Kuh. Nach so vielen Monaten des Hungers und der Erschöpfung hatte mich der Herr an einen Ort geführt, wo ich Wärme und Nahrung fand und wieder Kraft schöpfen konnte.

Um ins Dorf zu gelangen, mußte man auf Skiern von einem Berg zum anderen fahren. Mein Leben lang hatte ich den Sport geliebt, und so machte es mir Spaß, mich dick einzupacken und auf Skiern ins Dorf zu fahren, um Neuigkeiten zu hören und das eine oder andere zu besorgen, was gebraucht wurde.

Die Familie war russisch-orthodox und sprach Ukrainisch, eine Sprache, die dem Hochrussisch ähnlich ist. Zum erstenmal konnte ich meine slowakischen Sprachkenntnisse wirklich nutzen, die ich mir in meinen Kindertagen hatte aneignen müssen, als unser Gebiet von der Tschechoslowakei übernommen worden war. Damals haßte ich den slowakischen Unterricht, doch nachdem ich Christin geworden war, war ich dankbar für jede Sprache, die ich konnte!

Ich hatte eine russische Bibel bei mir. Die Frau in diesem winzigen Heim hieß Dosia, und im Gegensatz zu den meisten anderen Frauen konnte sie lesen. Fast alle russischen Dorfbewohner waren Analphabeten, doch Dosia hatte einen alten russischen Psalter, in dem sie las. Nach Meinung der russisch-orthodoxen Priester waren die Psalmen das einzige, was Laien lesen durften.

Wenn alle Arbeit getan war, setzten sie und ich uns am Abend beim Feuerschein nieder. Dosia las eifrig in meiner russischen Bibel, während ich meine ungarische las. Draußen war es bitter kalt, vielleicht fünfzehn Grad unter Null. Die Holzklötze im Feuer knisterten laut, und es hörte sich an, als schlage ein Eindringling mit der Faust an die Türe. Ihr Gatte ließ uns bei unserem stillen Studium am Feuer. Die Zeiten waren so turbulent, daß es niemand als seltsam empfand, wenn eine ungarische Jüdin sich am Feuer russischer Christen wärmte, und das, obwohl zu gleicher Zeit ungarische Soldaten zusammen mit den Deutschen gegen Rußland kämpften, als Dosia und ich in der Heiligen Schrift lasen. Wenn zufällig eine Zeitung in unsere Hände gelangte, grämten wir uns gemeinsam über die Gefallenen, die ungarischen wie die russischen, und beide beteten wir glühend um eine Niederlage des Dritten Reiches.

An manchen Abenden klang das Knistern der Holzklötze in meinen Ohren wie das Knattern eines Gewehres. Ich hatte davon reden hören, daß deutsche Juden zusammengetrieben und über Massengräbern erschossen würden. Ich konnte diese Geschichten nicht glauben, und doch hetzten erschreckende Bilder durch meine Einbildung. Eugene – Felice – Mama – ich versuchte, mich nicht um sie zu ängstigen, doch jeder von ihnen schien mir in irgendwelcher Weise besonders verwundbar zu sein: Mama war in ihrem Alter so gebrechlich und allein; Felice war eingeengt durch die Bedürfnisse ihrer kleinen Jungen; Eugene – in Auschwitz; dazu noch mein teurer junger Bruder Joseph, der verschwunden war.

Dosia hörte meine Ängste mit stoischem Verständnis an. Sie hatte in den letzten Jahren viel zuviel Elend gesehen, um leeren Trost anzubieten. Die Leiden ihres eigenen russischen Volkes waren riesengroß. Gemeinsam konzentrierten wir uns noch stärker auf die Bibeln auf unserem Schoß.

Eines Abends las Dosia laut aus dem Epheserbrief vor, wie der Herr Jesus die Kirche liebe und sein Blut für sie hingab. Plötzlich hielt sie inne und rief: „Es ist nicht die Kirche, die errettet, es ist das Blut von Jesus!“ Ihr Gesicht leuchtete so hell wie das Feuer. Es brauchte nur wenige Worte von mir, um Dosia zum Herrn hinzuführen. Sie war so begierig und aufnahmebereit für die geistliche Wahrheit, daß sie zu einem strahlenden Glauben erblühte, von Liebe und neuer Freude erfüllt.

Dosia wurde für mich zum Leitbild dessen, was mit einem Menschen geschehen kann, der mit der Bibel in Berührung kommt. Es schien mir damals genau wie heute das wichtigste auf Erden zu sein, Gottes Wort zu den Menschen zu bringen.

In dieser eisigen Welt von Wald und Himmel schlich die Zeit langsam dahin, doch allmählich begann das Eis zu tropfen und abzuschmelzen. Als der Frühling einzog, kam ich zu dem Schluß, ich sollte nach Budapest zurückkehren. Die Kriegsnachrichten waren widersprüchlich, doch eines schien uns nun in den Bereich des Möglichen gerückt – vielleicht hatte sich die Erfolgswelle der Nazis umgekehrt. An der Afrikafront war ihr Vormarsch zum Stillstand gekommen. Die deutschen Truppen hatten im russischen Winter entsetzliche Verluste erlitten. Konnte es wirklich wahr sein? Gab es eine Hoffnung, daß meinem geliebten Ungarn eine Besetzung durch die Nazis erspart blieb?

In Budapest konnte ich eventuell Nachricht von Felice erhalten. Vielleicht wartete bereits ein Brief von ihr und beendete alle meine Furcht. Vielleicht hatte sie auch Nachricht von Eugene. Ich hegte sogar die Vorstellung, Eugene könne aus dem Lager entlassen worden sein und bereits in Budapest auf mich warten. Vielleicht war auch Joseph wieder aufgetaucht! In solchen Zeiten hofft man gegen jede Vernunft. Ich wußte genau, daß die Dinge für die Juden in der Slowakei, wo Felice lebte, sehr schlecht standen und daß Mama vielleicht bei Felice war und demselben Schicksal unterlag.

Auf dem ganzen Rückweg nach Budapest versuchte ich, mich gegen die Enttäuschung zu wappnen, indem ich mir vorsagte, daß kein Brief von Felice daliegen werde. Doch als ich schließlich in unserer heimgesuchten Hauptstadt eintraf, rannte ich durch die Straßen, meinen Koffer mit mir zerrend, und entschuldigte mich bei den Leuten, die ich in meinem Eifer, zur Mission zu gelangen und zu sehen, ob Post da war, schubste und schob. Nichts!

Doch es blieb mir keine Gelegenheit, nachzusinnen, Die amerikanische Missionarin Mary war da, schön wie immer, doch schmaler, als ich sie in Erinnerung hatte. Mary war überrascht, als sie hörte, daß ich den Winter in den russischen Karpaten ganz in der Nähe ihrer Gegend verbracht hatte. (Damals gehörte das Gebiet noch zu Ungarn.) Ihre Augen leuchteten, als ich ihr von Dosia berichtete und erzählte, wie ich in Slowakisch und gebrochenem Russisch Zeugnis abgelegt hatte.

„Rose“, bat Mary, „es gibt so viele liebe Christen, die zu unseren Versammlungen kommen. Es sind einfache Menschen, die dringend Unterweisung brauchen. Unsere Gottesdienste sind derart überfüllt, daß manchmal sogar unsere kleine Öllampe wegen Sauerstoffmangel ausgeht. Doch sie bleiben stundenlang, wenn sie nur das Wort Gottes hören können. Du mußt mit mir kommen und ihnen helfen.“

Nichts wünschte ich mir mehr. Mary versprach, ich würde im Waisenhaus ein behagliches Zimmer haben und könnte ihr auch mit den Kindern helfen. Doch in meinem Herzen fühlte ich keinen Frieden. Ich war zu den Juden gerufen worden.

Mary erkannte mein Zögern und verstand mich. „Rose, wir werden eine Absprache treffen. Du hilfst mir bei all meinen lieben Russen, und ich werde für dich in den Dörfern Juden ausfindig machen!"

Auf der langen Reise von Budapest in die russischen Berge gewann ich Mary lieb. Ihr Geist war so gefestigt und sanft und ihre Güte so offen, daß sie die Menschen anzog, wo immer sie ging. Sie stammte aus einer reichen Familie in Amerika, doch hatte sie alles verlassen, was ihr ein solcher Hintergrund bieten konnte; seit Jahren lebte sie in primitivsten Verhältnissen unter russischen Bauern, die nicht lesen und nicht schreiben konnten. Sie liebte ihre Kinder, die heimatlosen, kranken, verlassenen, die Waisen. Die Menschen hingen so sehr an ihr, daß sie ihr auf Schritt und Tritt folgten, nur um ihre Kleider zu berühren und ihre Stimme zu hören.

Doch man konnte zu Mary nicht nein sagen. Selbst der stärkste Mann konnte eine Bitte Marys nicht abschlagen. Ich wußte, daß auch sie erschöpft war, doch sofort widmete sie sich den Scharen von Kindern, die unbedingt mit ihr reden wollten, und den Arbeitern mit ihren dringenden Fragen und Problemen. Eine Strähne ihres langen blonden Haares löste sich aus dem Knoten in ihrem Nacken. Mit ruhiger, geduldiger Hand streifte sie Mary hinter das Ohr.

Wie konnte ich da widerstehen? Ich lief in mein Zimmer und ließ Mary in einer Schar Kinder zurück, die selig waren über ihre Rückkehr. Die Arbeiter schrien von den Ecken her und erheischten ihr Teil an Aufmerksamkeit.

Meine Finger zitterten, als ich meine kleine Öllampe anzündete und versuchte, meine erste Ansprache auf russisch zusammenzubringen. Wie betete ich für die Menschen, die mir würden zuhören müssen, und wie betete ich um Flüssigkeit im Sprechen, das ich noch nicht besaß.

Am ersten Morgen meines Aufenthaltes im Waisenhaus mußte ich dann vortreten und sprechen, und der Herr half mir getreulich.

Die Dorffrauen trugen schwarze Kleider. Auf dem Kopf hatten sie schwarze Tücher, die nach vorn gezogen und in der traditionellen russischen Art unter dem Kinn und im Nacken geknotet waren. Als ich in ihre schmalen, wettergegerbten Gesichter blickte, ging mir das Herz auf. Ich wußte, wieviel kostbare Energie sie darauf verwandt hatten, nur um unsere kleine Versammlung zu besuchen.

Die Dorfpopen, oft ebenso unwissend wie die Bauern, erklärten, Baptisten seien Ketzer, und sie verboten den Leuten, zum Gottesdienst zu kommen oder auch nur mit Mary zu sprechen. Doch sie kamen trotzdem, und viele von ihnen wurden heftig verfolgt.

Im Zug hatte mir Mary von einer vor kurzem zum Glauben gekommenen Frau namens Nadezda erzählt, die darum gebeten hatte, in dem Wasserlauf, der unmittelbar hinter dem Waisenhaus vom Berg herabströmte, getauft zu werden. Ihr Mann war wütend gewesen. „Wenn du es wagst, dich taufen zu lassen“, versprach er ihr, „werde ich dich auf der Stelle mit der Axt erschlagen.“ Nadezda war tief erschrocken und schob ihre Taufe für eine Weile auf. Doch schließlich konnte sie nicht länger warten. Sie war entschlossen, dem Herrn in der Taufe zu folgen, und so setzte Mary einen Termin fest, und alle Gläubigen begannen zu beten.

Als der Tag der Taufe gekommen war, nahte sich Nadezda mit einigen anderen Täuflingen dem Wasserlauf. Kurz vor der Tauffeier stürzte ihr Mann krachend durch die Bäume mit einer Axt in der Hand, außer sich vor Wut. Nadezda wurde weiß wie ihr Taufkleid. Sie glaubte allen Ernstes, daß sie nun dem Tod entgegengehe, doch obgleich sie zitterte, schritt sie in den Wasserstrom. Als ihr Mann ihren Mut und das Gebet der Menschen ringsum wahrnahm, warf er plötzlich die Axt zu Boden und stürzte ihr weinend in den Wasserstrom nach. Er nahm den Herrn im eisigen Wasser auf und wurde zusammen mit seiner Frau getauft.

Nicht alle Geschichten der Verfolgung endeten so wie die Nadezdas, und viele mußten in diesen orthodoxen Dörfern um ihres Glaubens willen leiden. Man verweigerte ein Begräbnis; oft wurden sie geschlagen, von den Feldern vertrieben, die Kinder wurden drangsaliert und aus der Gemeinschaft ausgestoßen. Manchmal wurden ihre armseligen kleinen Hütten verwüstet und in Brand gesteckt.

Die Menschen waren so arm, daß sie jeden Weg, auch wenn er noch so lang war, zu Fuß zurücklegen mußten. Dabei hatte keiner von ihnen Schuhe. Selbst im tiefsten Winter, wenn der Schnee alles einhüllte und der Boden mit Eis bedeckt war, hatten sie nur Lumpen oder Rinde um die Füße. Manche machten sich nicht einmal die Mühe, Lumpen umzubinden.

In jenen Bergen lernte ich das Wandern. Manchmal ging ich zehn oder elf Kilometer, um etwas zu besorgen oder einen Besuch zu machen, und das bei jedem Wetter. Auch Mary legte ihre Wege zu Fuß zurück. Das Waisenhaus besaß zwar ein uraltes Fahrrad, doch meist wurde es gerade von irgend jemand benutzt; es war Marys Art, seine Benutzung anderen zu überlassen. Marys ruhige Autorität im Waisenhaus wurde zu keiner Zeit in Frage gestellt. Jeder wußte, wenn Mary etwas sagte, dann meinte sie das auch wirklich. Sie meinte es für sich, aber auch für jeden anderen.

Mit jedem Tag strömten mehr Kinder in unser Waisenhaus. Für Arbeiter und Besucher und die vielen Menschen, die vorsprachen, um Ruhe zu finden oder etwas zu essen oder einen Platz zum Schlafen, war kein Raum da. Auf wunderbare Weise kam Geld aus Amerika, und Mary war entschlossen, ein neues, größeres Waisenhaus zu bauen, obwohl der Krieg noch immer andauerte und nichts zu haben war.

Der Plan, ein neues Waisenhaus zu bauen, lag dem ganzen Dorf am Herzen. Jeder legte mit Hand an. Mary selbst schuftete den ganzen Tag wie ein Mann, und die Kinder arbeiteten neben ihr mit. Sie nahm sich niemals von einer harten Arbeit aus und brauchte niemand irgendwelche Anweisungen zu geben. Die Menschen folgten einfach ihrem Beispiel. Sie lehrte, daß es Freude macht, irgend etwas für den Herrn zu tun.

Was Mary auch immer tat, immer waren zuerst Anhänger da, ob es sich um die Ernte oder das Bauen oder sonst eine Arbeit handelte. Die Kinder liebten es, ihr zuzuhören. Sie nannten sie „Mamutschka" (russisch für „Mutter"). Viele von ihnen hatte sie von klein auf erzogen, bis sie die Kinderschuhe abstreiften.

In der Frühe stand Mary als erste auf, und abends legte sie sich als letzte schlafen. Ich erinnere mich daran, daß sie noch um zwei Uhr nachts an ihrem Schreibtisch saß und im flackernden Licht der kleinen Öllampe auf der Schreibmaschine Briefe schrieb. Wenn sie sich schließlich zur Ruhe begab, ging sie noch durch die Räume der Kinder, deckte die Kleinen zu und sah nach, daß alle zufrieden waren und schliefen.

Eines Tages, als ich mich auf dem Rückweg von einem

fernen Dorf befand, bot sich mir ein seltsamer Anblick. Ein „Gendarm“ führte eine erschöpfte Gruppe Kinder die Straße entlang. Jedes Kind trug einen gelben Sack in der gleichen Größe. Als ich sie einholte, wurde ich gewahr, daß die Kinder dem Aussehen nach jüdisch waren.

„Verzeihen Sie bitte, wer sind diese Kinder und wohin gehen sie?“ fragte ich ungewöhnlich höflich, denn bei Gendarmen war es schwer zu sagen, ob sie freundlich oder abweisend wären.

Dieser Gendarm war freundlich. Er erwiderte, es seien jüdische Kinder aus Ungarn, die mit ihren Eltern illegal in das kommunistische Rußland geflüchtet waren. In Rußland waren die Kinder ihren Eltern weggenommen und in ein Waisenhaus gesteckt worden.

Ein Lehrer, der wußte, daß die Nazi-Armee tief nach Rußland vorstieß, hatte die Kinder heimlich zur ungarischen Grenze gebracht und sie hinübergeführt, weil er glaubte, als Juden seien sie in Ungarn sicherer. Dort, so erklärte der Wachmann, waren sie geschnappt worden, und man hatte sie nach Rußland zurückgebracht.

Der Gendarm gab mir seine Anschrift in der nächsten Stadt, und ich raste in unser Waisenhaus, um Mary von dem Vorfall zu berichten. Mary erbleichte. Sie lief zu ihrem Schreibtisch und holte eine Menge Geld heraus. Vielleicht war das, was sie mir gab, alles Geld, das sie hatte. „Schnell, Rose! Lauf den Kindern nach und bring sie zurück! Wir werden hier Platz für sie schaffen.“

Als ich in die Stadt kam, fand ich den Gendarm. Er und seine Frau waren sehr freundlich; sie luden mich zu sich ein und boten mir Unterkunft. Die Kinder waren zum Verhör weggebracht worden. In der Stadt war eine Burg, die zu einem Gefängnis für Personen, die unter Spionageverdacht standen, umgewandelt worden war. Ich war entsetzt, daß die Kinder dorthin gebracht wurden, denn der Ort war berüchtigt für die schrecklichen Dinge, die dort geschahen.

Der Gendarm drängte mich, nicht zum Gefängnis zu gehen, sondern abzuwarten, was weiter geschah. Er nahm wohl an, wenn ich selbst hinginge, würde ich womöglich festgenommen und eingesperrt.

Ich mußte die Kinder einfach finden. Es war schwierig, hinzukommen, und die Wachen behandelten mich sehr grob, doch schließlich durfte ich eintreten. Der Ort war schlimmer als alle Geschichten, die darüber erzählt wurden, und ich sah Dinge, die mich schockierten. Ich war halb wahnsinnig vor Sorge um diese kleinen Kinder, von denen manche nicht älter als fünf Jahre alt waren. Schließlich entdeckte ich, daß sie freigelassen wurden, doch sie würden den ganzen Weg bis zur russischen Grenze zu Fuß gehen müssen.

Mehrere Tage lang marschierte ich mit den Kindern und kaufte ihnen auf den Märkten am Wege etwas zu essen. Wenn die Soldaten, die sie bewachten, am Abend anhielten, durfte ich ihnen etwas kochen. Manche Leute in den Dörfern am Wege, in denen wir hielten, erboten sich, mir zu helfen, weil sie Mitleid mit den Kindern hatten. Es wurde mir auch erlaubt, einige von ihnen zu ortsansässigen Ärzten zu bringen, weil ihre Füße von dem tagelangen Marsch blutig waren.

Schließlich gelangten wir zu einer größeren Stadt des Distrikts, und die Kinder wurden in ein riesiges Gefängnis gebracht. Ich war gezwungen, draußen zu bleiben. Ich weinte und flehte die Gendarmen an. Ich bot ihnen alles Geld, das ich bei mir hatte. Ich versprach ihnen, noch mehr zu bringen – soviel sie wollten. Ich würde alles tun, doch die Kinder wurden in das Gefängnis gebracht, in ihren Händchen noch immer die kleinen gelben Säcke umklammert. Ich wußte, von dort würden sie in die Nazilager in Rußland verschickt.

Niedergeschmettert kehrte ich in das Waisenhaus zurück. Nach diesem Erlebnis nahm die Sorge um meine Mutter zu. Sie lebte noch immer in Piestany, das schon vor langer Zeit von der Tschechoslowakei annektiert worden war. 1939 hatten die Deutschen die Tschechoslowakei besetzt, doch seit September 1941 mußten alle Juden im Lande den gelben Davidstern tragen, wodurch sie der Zwangsarbeit, Verbannung aus bestimmten Städten und Bezirken und Deportation unterlagen.

Obwohl Felice, ihr Mann und die kleinen Jungen in der Slowakei in großer Gefahr schwebten, waren sie zu dieser Zeit sehr aktive Christen geworden. Kein Kind unserer Familie hatte ein jüdisches Aussehen, und so hielten die Nazis Felice und ihre Familie für Nichtjuden.

Felice brachte es nach und nach zustande, Mutter bei sich zu haben, doch die Dinge entwickelten sich so schlimm, daß Felice größte Angst ausstand, Mutter könnte entdeckt und in der Folge ihre ganze Familie von der Katastrophe erfaßt werden. Felice hatte Mutter verborgen gehalten und dafür eine beträchtliche Menge Geld aufgewendet, doch die Nazis suchten überall nach Juden, schleppten sie aus Verstecken weg und warfen sie auf ihre Lastwagen, um sie in die Lager zu transportieren. Rabbis, Kinder, Alte, Säuglinge – für keinen gab es Gnade, auch nicht für den, der Juden versteckte.

Felice glaubte, Mutter wäre in Ungarn sicherer, doch wie konnte ich ihr aus dem Waisenhaus erklären, daß ich selbst weder Geld noch Nahrung hatte, daß ich jeden Tag unterwegs war, daß ich keinen Platz hatte, um sie zu verstecken, und kein Geld, um sie zu ernähren?

Trotz meiner Ängste setzte ich meine Missionsreisen fort. Viele Kilometer war ich zu Fuß unterwegs zu den baufälligen jüdischen Dörfern, die einst in den Karpaten in Blüte standen. Manchmal schickte mir eine Gemeinde in einer Stadt eine Fahrkarte, damit ich kommen und dort sprechen konnte. So war ich in der Lage, Orte zu besuchen, die zu Fuß nicht mehr zu erreichen waren.

Im Januar 1942 saß ich in einem überfüllten Zug, der mißmutig durch eine eisige Landschaft dahinzuckelte. Ich befand mich auf dem Weg zu einer Gemeinde, den Koffer voll von Schrifttum in allen Sprachen Europas.

In den Zügen waren immer Juden. Ich suchte sie auf, bemühte mich, bei ihnen zu sitzen und eine Unterhaltung mit ihnen zu beginnen, um ihnen mein Zeugnis vorzutragen. Oft erschraken sie, versuchten irgendwohin zu flüchten oder einen Angehörigen zu finden. Im allgemeinen wollten sie nicht sprechen oder in irgendeiner Weise auffallen.

Doch an diesem Tage war ich in der Lage, zwei Juden zu treffen, die eine geflüsterte Unterhaltung in Jiddisch führten. Da ich jiddisch sprechen konnte, begann ich mich mit ihnen zu unterhalten und zu ihnen von Jesus, dem jüdischen Messias, zu reden. Das Gespräch nahm unsere ganze Aufmerksamkeit gefangen, und so bemerkte ich den Offizier in dem dichtbesetzten Abteil nicht, bis seine Hand auf meine Schulter niederfiel.

„Es ist verboten, politische Literatur weiterzugeben", erklärte er anschuldigend. „Sie sind verhaftet."

Tatsächlich hatte ich versucht, meinen jüdischen Bekannten Traktate in jiddischer Sprache zu übergeben. Mein Koffer war voll von Literatur, und der Offizier hatte das bemerkt. Der Protest, daß ich Missionarin sei und der Inhalt meines Koffers aus christlicher Literatur und Bibeln bestand, fruchtete nichts. Es reichte schon aus, mit Juden eine Unterhaltung geführt zu haben.

An der nächsten Station wurde ich aus dem Zug gezerrt und in ein Gefängnis eingeliefert. Die nächsten Stunden waren ein einziger Wirbel von Menschenmengen, Verhören, Befehlen und dem Hin- und Hergeschobenwerden von einem Büro und Gefängnis zu einem anderen. Nach einem langen Marsch mit vielen anderen durch eine verstörte und schweigende Landschaft wurde ich durch die Tore eines riesigen Gefängnisses geschoben. Zu meinem Entsetzen war es dasselbe Gefängnis, vor dem ich mich von der Gruppe lieber kleiner Kinder hatte trennen müssen, die man nach Rußland hinüberbefördert hatte.

Tausende von Menschen wurden hier festgehalten. Mein Mantel wurde mir weggenommen, und ich wurde in einer Zelle mit eiserner Türe eingeschlossen. Die einzige Nahrung, die ich erhielt, war eine ungeschälte gekochte Kartoffel und ein Krug Wasser. In der Ecke der Zelle befand sich eine offene Toilette. Der Raum hatte fast kein Licht und keine Luft. Mein Koffer war mir von den Wachen weggenommen worden, doch sie hatten mir meine Bibel gelassen.

Es war ein erbärmlicher Ort und bitter kalt, doch ich war voller Freude, daß ich für den Dienst am Herrn leiden konnte. Ich verbrachte meine Zeit mit Beten und Lesen; es war eine lange Zeit. Als ich schließlich zum Verhör gebracht wurde, wußten die Detektive bereits alles über mich, und sie hatten an allem etwas auszusetzen. In meinem Koffer befanden sich Traktate, die in Amerika gedruckt worden waren. Sie beschuldigten mich, eine Spionin zu sein, weil Amerika damals mit Ungarn im Kriegszustand war. Auf meinem Ausweis war mein Beruf mit „Privatlehrerin" angegeben, weil ich ein Diplom für Leibeserziehung besaß. Dies war meine letzte bezahlte Tätigkeit gewesen. Doch die verhörenden Beamten hielten dies lediglich für eine Tarnung meiner Spionagetätigkeit.

Sie hatten auch herausgefunden, daß ich 1937 in England gewesen war, und sahen damit ihren Verdacht bestätigt. Meine Verbindung mit Mary, einer Amerikanerin, wurde mir zum Vorwurf gemacht. Meine ganze Reisetätigkeit wurde mir zum Vorwurf gemacht. Mein Paß war abgelaufen, und es war mir nicht möglich, einen neuen zu bekommen. So hatte ich mein Bild aus dem Dokument entfernt in der Hoffnung, es für neue Papiere benutzen zu können. Als sie den Paß ohne Bild fanden, waren sie restlos überzeugt, eine Spionin vor sich zu haben.

Das Verhör dauerte stundenlang an; manchmal wurde ich in andere Räume geführt, wo ich an Menschen in grauenvollem Zustand vorbeikam; sie waren mit armdicken Ketten gefesselt.

Noch keine zwei Jahre lag es zurück, daß ich Christin geworden war, doch ich sehnte mich sehr danach, den Herrn zu sehen. Ich war völlig sicher, daß man mich töten würde, und die Gegenwart des Herrn war für mich so wirklich, daß ich von Freude und Frieden erfüllt war.

Eines Tages begann ich mich in der Zelle durch den Luftmangel sehr krank zu fühlen. In der eisernen Türe war ein kleines Fenster, doch das wurde nur zum Durchreichen des Essens geöffnet. Ich fing an zu singen und zu beten; ich brauchte verzweifelt nötig Luft. Ich wußte nicht, daß auf der anderen Seite der Tür ein Gendarm stand. Als er mich hörte, öffnete er die Türe und sah nach mir.

„Fürchten Sie sich im Dunkeln?"

„Nein." Ich schluckte die frische Luft und konnte hervorkeuchen: „Der Herr Jesus ist mein Licht."

Als er verschiedene Fragen an mich richtete, wurde ich durch den Sauerstoff gründlich belebt. Er hörte mir eingehend zu, bis er von einem anderen Wachmann ärgerlich weggerufen wurde. Als er die Tür schloß, schien er in Gedanken versunken. Im letzten Tageslicht sah ich, wie er den Kopf schüttelte. „Seltsam, ich habe noch nie einen Gefangenen wie Sie gesehen." Ich sank auf dem Zellenboden nieder mit Tränen der Dankbarkeit für Gott. Ich konnte wieder atmen, obwohl ich versuchte, flache Atemzüge zu tun, um Sauerstoff zu sparen.

Beim nächsten Verhör, zu dem ich geholt wurde, begannen die Gendarmen mir Fragen zu stellen, auf die ich beim besten Willen keine Antwort wußte. Sie wollten Bescheid wissen über internationale Spionageringe, über die Namen der Männer, die in den verschiedenen Städten in Europa, vor allem in London, den Befehl führten; bei London hatten sie wohl die Vorstellung, ich hätte dort meine ersten Kontakte geknüpft. Als ich nicht antworten konnte, bedrohten sie mich entsetzlich und fragten, wie ich mir einbilde, gegen die unbesiegbare Macht der SS antreten zu können. Ich konnte nur an die Heilige Schrift denken, und so sagte ich zu ihnen: „Ich bin zufrieden in Schwachheit, in Kränkungen, in Nöten, in Verfolgungen, in Schwierigkeiten um Christi willen; denn wenn ich schwach bin, dann bin ich stark."

Natürlich wurden sie äußerst zornig darüber, daß ich ihnen nicht die Informationen geben konnte, die sie haben wollten. Der Offizier vom Dienst trug grausam glänzende Stiefel mit scharfen Sporen. Er stampfte mit dem Fuß auf den Boden und versicherte mir immer wieder, er habe die Macht, mich auf der Stelle zu töten, wenn ich nicht antworte.

Ich war ganz sicher, daß ich in diesem Gefängnis den Tod finden würde. Seine Worte ermutigten mich nur. Nach so langer Zeit des Verhörs ohne Ausruhen, ohne Nahrung und ohne Wasser fühlte ich, wie die Wirklichkeit entschwand. Die Schrift floß in meine Gedanken, und ich konnte an nichts anderes denken als an die Verse, die durch die Fragen in meinem Kopf ausgelöst wurden. Als die Todesdrohungen immer unbarmherziger wurden und die Gendarmen Schmähungen ausstießen, keuchte ich: „Wahrlich, wahrlich, ich sage euch: wer mein Wort hört und glaubt dem, der mich gesandt hat, der hat das ewige Leben, und kommt nicht in das Gericht, sondern er ist vom Tode zum Leben hindurchgedrungen."

Schließlich erlosch die Wut der Gendarmen ganz plötzlich. Der Offizier zündete sich eine Zigarette an und blickte mich mit einem Achselzucken kalt an: „Nun, diese Antworten konnten Sie sich nicht aus dem kleinen Finger gesaugt haben", und er spuckte aus, als er sich abwandte. So wurde ich wieder weggeführt, doch nicht in Einzelhaft wie zuvor, sondern in eine riesige Zelle voller Jüdinnen. Ihr „Verbrechen" war, daß sie aus Polen oder der Tschechoslowakei geflüchtet waren, wo sie sich bereits in Haft befunden hatten. Nun sollten sie in die Lager geschickt werden. Wir Frauen befanden uns in einem Raum ohne Tür und schliefen auf blanken Brettern. Es gab keine Decken, und die Gendarmen hatten meinen Mantel weggenommen. Doch noch immer besaß ich meine Bibel, und so war ich in der Lage, den jüdischen Frauen und Männern dort mein Zeugnis mitzuteilen.

Es war nicht einmal die entsetzliche Kälte, die ich so schwer zu ertragen fand. Zum erstenmal in meinem Leben hatte ich Läuse. Das Leiden, das diese kleinen blutsaugenden Insekten hervorrufen, kann nicht beschrieben werden. Nur Menschen, die über lange Zeit hinweg auf engstem Raum zusammengepfercht sind, können den Schrecken verstehen, den der Befall mit Läusen auslöst. Es ist nicht nur der unerträgliche Juckreiz, den der Speichel der Läuse nach dem Biß beim Opfer hervorruft. Oft verursachen diese Insekten Infektionen und Serumerkrankungen; stark befallene Menschen leiden an hohem Fieber, schorfigen Ausschlägen, selbst Schmerzen in Knochen und Gelenken und Anschwellungen der Lymphdrüsen am ganzen Körper. Bei einem geschwächten Allgemeinzustand können Läuse zum Tode führen.

Die Gefängnisbeamten verbrachten recht viel Zeit mit der Desinfektion der Kleidung der Gefangenen, doch es war unmöglich, die Läuseplage zu beheben.

Während meines Aufenthaltes in jenem ungarischen Gefängnis kam ich erneut mit dem Grauen in Berührung, doch wurde es zu der Zeit gedämpft, weil ich nicht glaubte, was ich hörte.

Im Männergefängnis war ein kleiner jüdischer Junge von acht Jahren, der sich eng zu einem Mann hielt, von dem ich zuerst glaubte, es sei sein Vater. Später erfuhr ich, daß der wirkliche Vater des Jungen in einem Konzentrationslager in Polen gestorben war, doch der Junge war entkommen und klammerte sich an den Mann, der freundlich zu ihm war.

Der Junge war in dem Arbeits-KZ Majdanek in der Nähe von Lublin in Polen gewesen. Dieses Lager war 1940 für Sklavenarbeit eingerichtet worden. Um dieses

Lager drehten sich die Phantasien des kleinen Jungen. Er sagte uns: „Sie machen Seife aus unseren Leuten!“ Er versuchte, uns zu beschreiben, was mit seinem Vater nach der Ankunft geschah, wie man seinem Vater zuerst befohlen hatte, sich auszuziehen, wie Polizisten mit Peitschen und Stöcken ihn zu den „Duschräumen“ getrieben hatten. Er redete wild von den Feuern, dem Rauch und dem Gestank. Wir versuchten, ihn zu trösten; sicher hatte der Verlust seines Vaters seinen Geist verwirrt.

Noch einige weitere Tage verbrachte ich in dem Gefängnis. Trotz der Schrecken dieses Ortes konnte ich mich davon freimachen, weil ich glaubte, ich würde getötet. Ich empfand Dankbarkeit, daß der Herr mich an einen solchen Ort geführt und mir die Möglichkeit gegeben hatte, leidenden Menschen in den letzten Stunden, die ich noch auf Erden hatte, Zeugnis zu geben.

Eines Morgens wurde ich aus dem Gedränge der Gefangenen in unserer Zelle geholt; ich erhielt Anweisung zu gehen. Ich war frei! Mein Eigentum wurde mir zurückgegeben mit der Weisung, daß ich niemals mehr in jenen Bezirk der russischen Karpaten zurückkehren dürfe, in dem ich gewirkt hatte. Wie benommen machte ich mich auf den Weg nach Budapest. Einige Zeit verbrachte ich im Hause eines freundlichen christlichen Arztes und seiner Familie, die auf dem westlichen Donauufer wohnten.

Lange Zeit verlebte ich in großer Angst. All die Geschichten, die ich darüber gehört hatte, was den Juden angetan wurde, gingen mir durch den Kopf. Ich stellte mir meine Mutter auf diesen Lastwagen in den Lagern vor. Ich glaubte, ich müßte sie ganz einfach nach Ungarn bringen, doch wenn ich mir überlegte, wo ich sie verbergen und was ich mit ihr anfangen könnte, geriet ich in höchste Panik. Ihre Anwesenheit brächte jede nichtjüdische Familie, die sie aufnähme, in tödliche Gefahr. Es gab niemanden, den ich fragen konnte. Sie war nun vierundsiebzig Jahre alt. Wie konnte sie vor allem sicher reisen? Und wo konnte ich in Ungarn, das vor Flüchtlingen überquoll, einen sicheren Platz für sie finden?

Monate später las ich im „Daily Light“. Es war der 14. August 1942. Der erste Vers des Tages lautete: „Die Freude des Herrn ist eure Stärke.“ Ich rief zu Gott: „Herr, du weißt, wie tief mein Kummer ist. Meine eigene Mutter schwebt in Gefahr, in ein Lager verschleppt zu werden. Wie kann ich mich in dir freuen, wenn sie in einer solch furchtbaren Lage ist und ich keinen Ausweg finde?“

Ich rang mit Gott an diesem sengenden Vormittag in meinem winzigen Zimmerchen. Jede Faser meines eigenwilligen Geistes lehnte sich hilflos dagegen auf, dem Herrn zu vertrauen und sich in ihm zu freuen, solange ich um meine Mutter solche Qualen litt. Schließlich wurde ich soweit ruhig, daß ich mich an etwas erinnerte, was mir Mr. Miller zu Beginn meines christlichen Glaubenslebens gesagt hatte. „Rose, wenn der Herr uns sagt, etwas sei weiß, und wir meinen, es sei schwarz, dann haben wir zu akzeptieren, daß es weiß ist.“

Der letzte Vers der Lesung hieß: „Ich will mich freuen in dem Gott meiner Errettung.“ Der Herr sagte mir, ich solle auf ihn vertrauen und mich in ihm freuen trotz Sorge und Pein.

Als ich mich von den Knien erhoben hatte, schrieb ich meiner Schwester und teilte ihr mit, daß es mir nicht möglich sei, Mutter zu mir zu nehmen, ganz einfach weil ich selbst kein Heim hatte und Mutter körperlich nicht in der Lage wäre, mit mir zu reisen. Ich schrieb Felice, wir müßten auf den Herrn vertrauen und Mutter in seinen Händen lassen. Als ich schließlich die Umstände akzeptiert und den Brief beendet hatte, empfand ich Erleichterung von der entsetzlichen Angst. Ich konnte mich wirklich „in dem Herrn freuen". Solange ich Geist und Herz auf ihn richtete, war ich imstande, die Situation zu ertragen. Gerade in dieser Zeit erhielt ich eine Nachricht, daß mein jüngster Bruder, Joseph, nach Auschwitz transportiert worden war. In diesen Tagen überschwemmten so viele schreckliche Geschichten Europa, daß mein Geist sich weigerte, diese Nachricht aufzunehmen. Ihm konnte doch nichts zustoßen! Fast konnte ich seine weiche Kinderhand fühlen, wie sie sich an meine Hand klammerte, wenn wir beide durch die Gärten unserer Kindheit in Piestany liefen. Ich sah uns mit Mama auf der Frauengalerie der Synagoge, wo wir Mama solange triezten, bis sie uns zum Spielen nach draußen schlüpfen ließ. Ich erinnerte mich an Joseph in seinem ersten erwachsenen Anzug, wie er schüchtern vor Papa und uns allen stand und rot wurde über unsere Bewunderung. Joseph! In meinem Herzen veränderte sich etwas, als ich an ihn dachte. Joseph konnte doch nichts zustoßen! Ich hatte das Gefühl, in einer schrecklichen Entschlossenheit zu leben, durchzuhalten, als sei es unmöglich, daß Josephs Leben zu Ende ging, solange mein eigenes Leben weiterdauerte.

Irgendwie brachte ich es fertig, von Budapest aus aufs Land zu fahren und wieder zurück und in Gemeinden, die mich einluden, zu wirken. Immer hielt ich dabei Ausschau nach jüdischen Gemeinschaften, wo ich sprechen und Literatur austeilen konnte. Ich versuchte nicht, eine Arbeit zu erhalten, – es wäre für mich als Jüdin unmöglich gewesen. Ich wollte meine ganze Zeit dafür einsetzen, von dem Herrn Zeugnis zu geben und ihm zu dienen.

Ob Jüdin oder nicht, tatsächlich wollte in diesen schrecklichen Zeiten niemand eine physiotherapeutische Behandlung haben. Seltsamerweise gingen die Leute sogar kaum zum Arzt. Die Ausübung der Psychiatrie, die Dr. Sigmund Freud in Wien ins Leben gerufen hatte und die vor dem Krieg ihren Aufschwung nahm, fiel völlig zurück. Es gab soviel Sorgen in der Welt, daß geringfügige Schmerzen, ein kleiner Kummer, ein wenig Fieber kaum zur Kenntnis genommen wurden. Außerdem waren die meisten Ärzte an die Front geschickt worden. Nur wenige blieben zur Behandlung der Zivilisten zurück, und ich glaube nicht, daß die Leute diesen Mangel überhaupt wahrnahmen.

Ich hatte in Piestany eine behütete und verwöhnte Kindheit verlebt. Meine Jugend hatte ich damit verbracht, jeder Neigung nachzugehen. Ich hatte immer schrecklich viel Sorge darauf verwandt, was ich aß und wie ich mich kleidete. Ich wollte Gesundheit und Schönheit ausstrahlen. Ich verkehrte nur mit den kultiviertesten, gebildetsten, künstlerischsten und „interessantesten" Leuten. Ich wollte eine große Tänzerin oder eine große Bildhauerin werden, und ich wünschte, daß jeder das wußte. Wie anmaßend war ich gewesen!

In jenen letzten Tagen in Budapest dachte ich oft darüber nach, wie weit ich nach unten gestiegen war. Meine Kleider waren schäbig und die Schuhe zerrissen. Oft litt ich Hunger. Die meisten Menschen, mit denen ich meine Zeit verbrachte, konnten weder lesen noch schreiben und waren kaum jemals über ihre eigenen Dörfer hinausgekommen. Doch ich war glücklich, daß ich das Werk des Herrn tun und daß ich so bescheiden leben konnte wie er.

Wie wenig wußte ich, was auf mich zukommen sollte und daß Tage der Kälte, der Armut und des Hungers mir schon bald wie himmlische Wonne erscheinen würden.

Doch der Herr hatte mir noch mehr zu sagen. Eines Tages kam in Budapest ein Geschäftsmann zu mir und fragte, ob ich nicht kommen und in seiner Stadt wirken könne. Der Winter nahte, und ich war müde und fror. Ich sehnte mich nach einem Ort, an dem ich während des schlechten Wetters bleiben und doch meine Missionsarbeit weiterführen konnte. Als er mir sagte, in seiner Stadt gebe es eine zahlreiche jüdische Bevölkerung, war ich gerne bereit, hinzugehen.

Nachdem ich mich bei mehreren Familien aufgehalten hatte, wurde mir schließlich ein eigener Platz in einer angeblich christlichen Familie angetragen. Es war kein glückliches Heim. Der Mann fand ständig bei jedem Fehler, nur nicht bei sich selbst. In diesem Haus gab es den üblichen kleinen Kellerraum zur Lagerung des Gemüses für den ganzen Winter; der Raum enthielt auch einen Ofen, auf dem Wasser heißgemacht werden konnte, und die Wäsche wurde hier besorgt. In diesem Raum wohnte ich. Da ich überhaupt kein Geld besaß, erbot ich mich, als Entgelt das Haus zu putzen, und die Familie war mit diesem Arrangement einverstanden.

Der Raum war so klein, daß ich mit dem Kopf an der Decke anstieß. Der Boden bestand aus Lehm, und das rostige eiserne Bett nahm den ganzen Platz ein. Licht fiel durch einen Schlitz von einem Fenster herein, durch das ich die Füße der Menschen sehen konnte, die auf der Straße vorbeigingen. Ich strich das Bett silbern an, hängte einige Poster aus der Heiligen Schrift auf und fühlte mich ganz zufrieden. Mit dem letzten bißchen Geld kaufte ich mir Kartoffeln und Zwiebeln.

Ich las einmal einen Roman über einen Medizinstudenten in Ägypten. Während seiner Studentenzeit war er sehr arm, und alles, was er zu essen hatte, waren Zwiebeln. Er war sehr tapfer und sagte sich einfach: „Man kann am Leben bleiben!“ Als ich auf das bescheidene Bündel mit Kartoffeln und Zwiebeln sah, das meine ganze Nahrung für den Winter darstellte, erinnerte ich mich an jene Geschichte, und ich sagte mir: „Nun gut, solange sie halten, kann man am Leben bleiben!“ Zum Glück kam mir nicht der Gedanke, daß die Geschichte, die ich gelesen hatte, reine Erfindung war!

Alles war rationiert und selbst auf Lebensmittelmarken fast unmöglich zu bekommen, doch dies war eine weitere Sorge, die ich nicht hatte. Es war mir nicht erlaubt, Lebensmittelmarken zu erhalten, da ich Jüdin war. Wenn ich versuchte, mich einschreiben zu lassen, hätte man mich zur Zwangsarbeit oder noch Schlimmerem weggebracht. Manchmal wünschte ich, ich hätte Lebensmittelmarken, denn auf den Straßen boten sich schreckliche Anblicke. Ich dachte, wenn ich nur selbst etwas zu essen hätte, könnte ich den Menschen, die ich da sah, etwas abgeben.

Einmal kam ich an einer großen Gruppe von Soldaten vorbei, die da mit erfrorenen Händen und Füßen an der Straße lagen. Vielleicht warteten sie auf den Abtransport in ein Krankenhaus. Niemand wußte, warum sie dort waren. Ich glaube, weil es so viele waren, hatten die Leute Angst, sie könnten das wenige noch verlieren, was sie besaßen, um am Leben zu bleiben, wenn sie den Soldaten zu helfen versuchten.

Ich hatte nichts zu geben, und so brauchte ich mich auch nicht zu fürchten. Ich ging zur Baptistengemeinde und begann von allen ein klein wenig Nahrungsmittel zu sammeln. Manche gaben mir ein oder zwei Teelöffel Mehl, einige etwas Öl, und allmählich hatte ich genug, um für die Männer Biskuit zu backen.

In jenen Tagen gab es so viel, was man tun konnte, weil die Städte, die Krankenhäuser und Kliniken mit Menschen überfüllt waren. Ich versuchte, die Krankenhäuser zu besuchen und Schriften und Evangelien zu verteilen, wenn ich hineingelangen konnte. Alles war durcheinander; manchmal lagen Zivilisten und Soldaten im gleichen Krankenhaus. Während meiner Besuche in einem Krankenhaus schloß ich Freundschaft mit einer Jüdin, die an Tuberkulose dahinsiechte. Ihre Augen erschienen riesig in dem schmalen Gesicht. Sie war von der Krankheit schon sehr stark ausgezehrt. Beim erstenmal sah ich ihre beiden kleinen Töchter neben dem Bett, die sie angstvoll anstarrten. Ihr Gatte war zur Armee eingezogen worden, und die beiden kleinen Kinder waren ganz allein.

Ich ging zu ihnen nach Hause und begann mich um sie zu kümmern. Sie besaßen absolut nichts – nicht einmal Kleider. Ich hatte keine Ahnung vom Nähen, doch ich hatte ein Kleid, das ich zerschnitt, um zwei kleine Kleider zu nähen. Der Herr selbst muß mir die Nadel geführt haben! In der Nachbarschaft lebten gutherzige christliche Frauen, die mir Lebensmittel für die kleinen Mädchen gaben. Die eine brachte ein Ei, die andere etwas Mehl, wieder eine eine halbe Tasse Öl. Dazu tat ich eine Zwiebel oder Kartoffel aus meinem kleinen Beutel, und so hielt mich der Herr ebenso am Leben wie die beiden lieben Mädchen.

Die Mutter erlaubte mir, die Kinder in der Bibel zu unterweisen. Ihre Wohnung ging auf einen Hof, um den viele kleine Wohnungen lagen, die alle Juden gehörten.

Sie teilten alle die gleiche Winteransicht eines kahlen, knorrigen Baumes – ein trauriger Platz fürwahr. Die Männer waren fort, in Arbeitslager oder zur Armee fortgebracht; oft wußte niemand, wohin. Die Frauen waren ziemlich jung, hatten kleine Kinder, und sie waren verzweifelt in ihrer Einsamkeit und Angst. Als sie sahen, wie ich mich als Fremde der Kinder annahm und sie betreute, waren sie erstaunt. Manche von ihnen kamen zu den Bibelstunden, die ich für die Kinder hielt.

Das Herz dieser Frauen war verletzt. Sie waren sanft und offen und widersprachen nicht, wenn ich zu ihnen über den liebenden Erlöser sprach, der ihr Messias sein wolle. Meine beiden kleinen Mädchen nahmen den Herrn sehr schnell an; als ihre Mutter wieder soweit hergestellt war, daß sie nach Hause durfte, fand auch sie zum Glauben. Andere folgten; es war eine wunderbare Zeit für mich im Dienste des Herrn. Obwohl wir alle bitter arm waren, war ich doch reich im Herrn. Er tröstete mich.

Im zeitigen Frühjahr besuchte mich ein Pfarrer. Zu seinem Verantwortungsbereich gehörten vierzehn Gemeinden, die er unmöglich alle jeden Sonntag betreuen konnte, und so fragte er mich, ob ich Sonntagsgottesdienste halten könnte, obwohl ich eine Frau war. In dem Gebiet, in dem seine Gemeinden lagen, gab es viele Juden; ich stimmte also zu und begann wieder zu reisen, hielt Versammlungen ab und besuchte die öden Dörfer.

Zuverlässige Nachrichten über die Kriegsereignisse waren nur schwer zu erhalten. Gerüchte wucherten, und die Position Ungarns in Europa wurde in dem Maße gefährdeter, als die Armeen Hitlers in steigendem Maße Niederlagen einstecken mußten. Ungarn war im

November 1940 auf dem Papier dem Dreimächtepakt beigetreten. Dieser Pakt war ursprünglich von Deutschland, Italien und Japan abgeschlossen worden; die Vertragspartner verpflichteten sich, einander im Falle eines Angriffs auf ein Land durch ein anderes, das sich noch nicht im Kriegszustand befand, gegenseitig Beistand zu leisten. Viele andere europäische Länder unterzeichneten nach und nach den Pakt auf Drängen Hitlers. Im April 1941 besetzte die ungarische Armee einen Teil Jugoslawiens, und im Juni standen sie auf der Seite der deutschen Truppen beim Einmarsch nach Rußland.

Doch die ungarische Unterstützung für die Deutschen war alles andere als hochherzig. Unser Reichsverweser, Nikolaus von Horthy, widersetzte sich den deutschen Forderungen nach einer Generalmobilmachung in Ungarn. Unsere Regierung versuchte verzweifelt, Ungarn aus dem Krieg herauszuhalten. So viele ungarische Truppen wie irgend möglich wurden von der Front zurückgerufen. Wir wollten natürlich neutral bleiben. Es wäre einem Selbstmord gleichgekommen, gegen Deutschland zu kämpfen, doch die Ungarn empfanden wenig Liebe gegenüber dem Dritten Reich; sie wollten, daß Ungarn den Ungarn gehörte.

Einer unserer großen Nationalhelden war ein Dichter und Patriot, Sandor Petöfi, der im Alter von siebenundzwanzig Jahren im ungarischen Freiheitskrieg (gegen Habsburg) 1849 getötet wurde. Petöfi wurde zu einer legendären Gestalt der ungarischen Geschichte. Er symbolisierte unseren Kampf um nationale Freiheit. Sein hübsches Gesicht mit dem schwarzen lockigen Haar und dem schwungvollen, romantischen Schnurrbart ist überall in Ungarn zu finden, an den Wänden von Landgasthäusern in Gesellschaft von Engeln und Musen.

Sein Gedicht „Auf, Ungarn!“ war der Ruf an alle Patrioten in allen Kriegen. Ich hatte es zuerst als kleines Kind gehört. Nun, als es in den vierziger Jahren gesungen oder rezitiert wurde, geschah dies keineswegs, um Unterstützung für das Dritte Reich zu wecken!

Auf, Ungarn! Euer Land ist's, das euch ruft!
Jetzt ist der Augenblick, jetzt oder nie!
Sollen wir Sklaven oder Freie sein?
Das ist die Frage – was ist eure Antwort?
In Gottes Namen schwören wir – wir schwören,
wir werden niemals, niemals wieder Sklaven sein!

Es überrascht deshalb nicht, daß Hitlers Wut sich zu Anfang des Jahres 1944 gegen Ungarn richtete. Es war um die Zeit, als ich durch das kahle Land zwischen den vierzehn Gemeinden hin- und hertrottete und half. Die Achsenmächte hatten nach Aussagen von Leuten, die in der Lage waren, Kurzwellennachrichten der Alliierten zu hören, bereits in Afrika entsetzliche Verluste erlitten. Konnte es wahr sein?

„Ungarn verhält sich mehr wie ein neutraler Staat als wie ein Verbündeter Deutschlands“, tobte Hitler. So befahl Hitler unseren Reichsverweser Horthy und sein Kabinett zu einer Unterredung nach Deutschland und konfrontierte Horthy mit Ungarns „Verrat“. Er erklärte, Deutschland werde Ungarn besetzen. Als unsere Regierungsvertreter am nächsten Tag nach Ungarn zurückkehrten, war die deutsche Besetzung Ungarns bereits vollzogen.

Wir hatten keine Ahnung davon, welche verheerenden

Verluste Deutschland erlitten hatte. Wir hatten Angst vor dem Dritten Reich und wiederum vor der Ankunft des hohen deutschen Offiziers Adolf Eichmann. Zehn Tage später wurden neue, verschärfte antijüdische Gesetze in Kraft gesetzt. Fabriken, Läden und Arbeitsplätze, die Juden gehörten, wurden konfisziert. Juden mußten den gelben Davidstern mit der Aufschrift „Jude" in der Mitte tragen. An besonderen Orten wurden Juden zur Deportation in Lager außerhalb von Ungarn zusammengetrieben.

Ich hatte noch immer Papiere der baptistischen Kirche, so daß ich nicht gezwungen war, den Judenstern zu tragen. Tatsächlich trug ich ihn nie. Doch die Geheimpolizei beobachtete mich. Sie hatten die Vorstellung, ich sei eine Spionin, nicht aufgegeben. Einmal kamen sie in das Haus in der Stadt Beregovo, wo ich ein Zimmer hatte, und durchsuchten alle meine Habseligkeiten. Sie drehten sogar meine Schreibmaschine um auf der Suche nach Geheimbriefen oder einer Chiffriereinrichtung. Doch sie fanden nichts. Meine Hauswirtin war verärgert und ängstlich, und sie zwang mich auszuziehen, obwohl sie einer Kirche angehörte. Ich fand eine sehr bescheidene Bauersfrau und ihre Tochter, die bereit waren, mich aufzunehmen. So blieb ich bei ihnen bis zum Ende.

So oft es mir möglich war, nahm ich an Gebetsversammlungen teil und legte vor Juden in der Stadt Zeugnis ab, doch alle hatte das Grauen erfaßt. Woche um Woche wurden Tausende von Juden aus ganz Ungarn zum Weitertransport in die Stadt gebracht. Oft waren riesige Mengen von Juden in der Synagoge zusammengepfercht und warteten auf die Transportlastwagen, oder sie wurden von der Synagoge zur Eisenbahn getrieben, wo man sie in Güterwagen verfrachtete. Taumelnd und erschöpft kamen sie in unserer Stadt an, manche in kleinen Wagen, die von dampfenden Pferden gezogen wurden, – kleine Kinder, alte Leute und weinende Mütter. Sie hatten fast nichts bei sich. Nie habe ich solch traurige, hoffnungslose Gesichter gesehen.

Die Szene war furchtbar, und ich konnte kaum atmen, als ich weinend und betend zuschaute, so sehr litt ich mit ihnen. Dann durchfuhr ein eisiger Schreck meinen Körper. Ich erkannte einige Dorfbewohner, bei denen ich gelebt und gearbeitet und Zeugnis gegeben hatte. Manche waren meine Freunde. Mich verlangte, bei ihnen zu sein. Wenn sie zu Tode gehungert werden sollten, dann wollte ich mit ihnen verhungern. Wenn sie über die Grenze gebracht werden sollten, um getötet zu werden, dann wollte ich mit ihnen sterben. Ich gehörte zu ihnen, ich war eine der Ihren, ich war ihre Lehrerin. Ich war die einzige, die ihnen in ihrer Qual das Wort Gottes bringen konnte. Ich hatte Gott versprochen, seine Zeugin bei ihnen zu sein.

Aber wie oft in meinem Leben hatte ich impulsiv gehandelt, nur um Unheil über mich zu bringen! Mein kindischer Kampf gegen die Erlernung des Tschechischen hatte mir als kleines Schulmädchen so viel Elend eingebracht. Mein Entschluß, eine große Tänzerin, eine große Bildhauerin zu werden, meine Begeisterung für die Gnostik, mein Eintritt in spiritistische Gruppen, meine Ehe mit Louis ..., wieviel Kummer hatte mir mein impulsives Handeln verursacht.

Nun stolperte ich mit gramzerrissenem Herzen durch die Straßen von Beregovo. Ich wußte nicht, ob mein Verlangen, bei meinem jüdischen Volk zu sein, Ausdruck meines eigenen Kummers oder die Führung des Herrn war. Wenn dieser Wunsch nur aus den Tiefen meines eigenen Wesens entstammte, – meiner Schuld, frei zu sein, meiner Sorge um Eugene und Joseph, meiner Reue, weil ich meiner Mutter nicht helfen konnte, und meiner Unfähigkeit, meinen geliebten jüdischen Dorfleuten, die bereits deportiert worden waren, nicht Zeugnis geben zu können – dann, das wußte ich, konnte ich das, was auf mich zukam, nicht durchstehen. Doch wenn der Herr mich schickte, dann würde ich auch von ihm Stärke und Gnade empfangen, was immer geschah.

Es schien mir angebracht, mich mit Freunden, zwei christlichen Pfarrern der baptistischen Kirche, zu beraten. „Rose!“ rief der älteste entsetzt und fuhr sich mit der Hand durch das dicke schwarze Haar. „Was stellen Sie sich vor? Wir brauchen Sie hier verzweifelt nötig bei der Arbeit. Wie können Sie sagen, Sie lieben uns, wenn Sie davon reden, mit den Juden mitzugehen? Sie werden sterben und für immer fort sein!“

Der andere Kirchenmann, ein blasser, verhärmt aussehender Bruder, mit Tränen in den Augen, meinte: „Viele von uns glauben, daß die Kirche eine Zeit großer Trübsal durchlebt.“

Ich nickte. Man konnte sich kaum vorstellen, daß es noch Schlimmeres gab als das, was zur Zeit geschah. Vielleicht hatte die große Trübsal wirklich begonnen. Sicherlich konnte Hitler der Antichrist sein.

„Die Christen brauchen Sie. Sie müssen die Juden Gott anbefehlen. Der Leib Christi stöhnt in Mühsal. Sie müssen uns helfen zu dienen, solange noch Zeit ist.“

Wir beteten verzweifelt und flehten um Erkenntnis des Willens Gottes. Mein eigener Geist war voller Qual und wurde in zwei Richtungen gezerrt. Doch selbst während wir beteten, konnte ich die Transportfahrzeuge unter unserem Fenster durch die Straßen rollen hören.

Für mich war es ein schrecklicher Monat des Konflikts. Ich fing an zu erkennen, wie sehr ich andere in Gefahr brächte, die bereit waren, mir Unterschlupf zu gewähren, mir zu helfen und mir Nahrung und Geld zu geben, wenn ich mich als Jüdin zu erkennen gab. Ich begann Briefe an meine Freunde und meine Familie zu schreiben und ihnen zu sagen, sie sollten mir nicht mehr schreiben. Ich hatte seit langem nichts mehr von Felice und von meiner Mutter gehört. Ich zwang mich dazu zu glauben, daß sie in Sicherheit waren, und schrieb ihnen, sie sollten keinen Versuch machen, mit mir in Verbindung zu kommen.

Eine meiner Freundinnen war Frau Dr. Wasserzug, eine lebhafte und intelligente Frau, die in der Schweiz eine Bibelschule leitete. Als sie meinen Abschiedsbrief erhielt, schrieb sie mir sofort und drängte mich, illegal in die Schweiz zu kommen und zu ihr und ihrem Gatten zu stoßen. Es gab bereits einen ausgearbeiteten Plan für mich, doch ich war sicher, dies sei nicht der Wille des Herrn. Wie konnte ich weglaufen?

Ich fastete, betete und las in der Bibel. Tag um Tag wurden Freunde von mir zusammengetrieben und zu den Plätzen in Beregovo gebracht, von denen aus Juden zum Transport versammelt wurden. Ich konnte ihnen einige Nahrungsmittel bringen. Obwohl sie großen Hunger hatten, wollten sie nicht, daß ich kam. Sie stießen mich weg und sagten mir, ich solle mich verstecken. Oft taten sie so, als ob sie mich nicht kannten.

Die Bauersfrau, bei der ich mich aufhielt, kam eines Tages in der Tür meines Zimmers auf mich zu und gab mir ein schwarzes Kopftuch. In Ungarn und den Nachbarländern war es Brauch, daß die Frauen schwarze Kleider und schwarze Schals auf dem Kopf trugen. Ich war dieser bäuerlichen Sitte nicht gefolgt, doch meine Freundin sorgte sich um meine Sicherheit. Sie flehte mich an, so unauffällig wie möglich zu sein, und so nahm ich dankbar das Kopftuch.

Wir gingen in mein Zimmer und besprachen die Situation. Sie war eine gottesfürchtige Frau, die den Herrn von ganzem Herzen liebte und auch dem jüdischen Volk sehr zugetan war. Sie befand sich in großer Gefahr, weil ich in ihrem Hause lebte. Jeder, der einem Juden Unterschlupf gewährte, erlitt das gleiche Schicksal wie die Juden. Doch sie dachte nicht an ihre eigene Sicherheit – nur an die meine. Sie bat mich, mit ihr Psalm 80 zu lesen. Viele Jahre sind seither vergangen, doch nie kann ich diesen Psalm lesen, ohne mich an sie zu erinnern; ich sehe sie vor mir, wie wir in meinem Zimmer weinten und den Psalm zusammen lasen. Als wir die Verse laut lasen, erstickten die entsetzlichen Zweiton-Sirenen der Nazi-Polizeifahrzeuge in den Straßen der Stadt die Worte.

> *„Du Hirte Israels, höre, der du Josef hütest wie Schafe! Erscheine, der du thronst über den Cherubim, vor Ephraim, Benjamin und Manasse! Erwecke deine Kraft und komm uns zu Hilfe! Gott, tröste uns wieder und laß leuchten dein Antlitz, so genesen wir, Herr, Gott Zebaoth, wie lange willst du zürnen, während dein Volk zu dir betet? Du speisest sie mit Tränenbrot und tränkest sie mit einem großen Krug voll Tränen. Du läßt unsere Nachbarn sich um uns streiten, und unsere Feinde verspotten uns. Gott Zebaoth, tröste uns wieder; laß leuchten dein Antlitz, so genesen wir. Du hast einen Weinstock aus Ägypten geholt, hast*

vertrieben die Völker und ihn eingepflanzt. Du hast vor ihm Raum gemacht und hast ihn lassen einwurzeln, daß er das Land erfüllt hat. Berge sind mit seinem Schatten bedeckt und mit seinen Reben die Zedern Gottes. Du hast seine Ranken ausgebreitet bis an das Meer und seine Zweige bis an den Strom. Warum hast du denn seine Mauer zerbrochen, daß jeder seine Früchte abreißt, der vorübergeht? Es haben ihn zerwühlt die wilden Säue und die Tiere des Feldes ihn abgeweidet.“

Die alte Bäuerin griff herüber und faßte meine Hände. Unsere Tränen fielen auf die fest verschlungenen Finger und rannen ineinander.

In gemeinsamem Flüstern lasen wir das Ende des Psalms:

„Gott Zebaoth, wende dich doch! Schaue vom Himmel und sieh darein, nimm dich dieses Weinstocks an. Schütze doch, was deine Rechte gepflanzt hat, den Sohn, den du dir großgezogen hast! Sie haben ihn mit Feuer verbrannt wie Kehricht; vor dem Drohen deines Angesichts sollen sie umkommen. Deine Hand schätze den Mann deiner Rechten, den Sohn, den du dir großgezogen hast. So wollen wir nicht von dir weichen. Laß uns leben, so wollen wir deinen Namen anrufen. Herr, Gott Zebaoth, tröste uns wieder; laß leuchten dein Antlitz, so genesen wir.“

„Vielleicht bringen die Nazis Juden nach Palästina", meinte ich einem befreundeten Pfarrer gegenüber. Wie wünschte ich, daß dies wahr wäre! „Wenn sie nach Palästina gehen, dann möchte ich mit ihnen gehen." Doch beide Pfarrer hatten heftig den Kopf geschüttelt. „Nein, liebe Rose! Es gibt einen einfacheren Weg, nach Palästina zu gehen!"

Nun, der Herr wußte es besser. Für mich gab es keinen einfacheren Weg. In meinem Herzen war Frieden, als ich mich von den Knien erhob an jenem Tag. Irgendwie wußte ich, daß ich nicht länger fasten und beten und nach dem Willen des Herrn zu forschen brauchte. Ich ging aus dem Zimmer und auf die Straße.

Und so geschah es: der Herr entschied für mich. Ich wurde auf die Straße geführt, um bei meinem Volk zu sein.

6. Marter und Sklaverei

Ich durfte in mein Zimmer zurückgehen und einige Dinge holen. Ich überlegte, daß die Nazis uns vielleicht auf das Land hinausbringen und uns dort Hungers sterben lassen würden. Ich erinnere mich, daß ich meine besten Kleider (soweit man noch davon sprechen konnte) und Bettzeug zusammenpackte. Eine Matratze zum Schlafen durfte ich mitnehmen. Ich nahm so viele Bibeln mit, wie ich tragen konnte – die große hebräische Bibel für das Zeugnis und mehrere in verschiedenen Sprachen. Stolpernd eilte ich durch die Straßen von Beregovo, gebeugt unter der Last auf meinem Rücken. Als ich den Weg zum Transportzentrum beschritt, wandten die Leute den Blick ab oder riefen: „Na endlich!" Ich war von segensvollem Frieden erfüllt, denn ich wußte, daß der Herr mein Los für mich erwählt hatte.

Wir wurden auf Transportautos verladen und über eine erstaunlich kurze Strecke zu einer leerstehenden Ziegelei außerhalb von Beregovo gebracht, wo sich bereits eine Menge Juden befanden. Menschenmassen kauerten in den Gebäuden, die sich den Gleisen entlang erstreckten, wo einst Züge Rohmaterial entladen und Ziegel aufgeladen hatten.

Ich war überglücklich, als ich in dieser Masse Menschen Freunde aus den fernen Dörfern entdeckte, in die ich gereist war, und auch einige Juden, die sich zum Glauben an Jesus den Messias bekannt hatten. Darunter war eine Frau aus einem sehr abgelegenen Dorf, Mutter von zwei kleinen Kindern, deren engelhafte Gesichtchen schon schlimm von den Läusen zerbissen waren. Ihr Gatte war bereits in ein Lager gebracht worden. Ich legte meine Matratze neben die ihre. Über unseren Köpfen ragte ein Teil des Daches vor, und wir konnten uns gegen einen Mauerabschnitt lehnen. Es war nun Frühling 1944 und nicht sehr kalt.

Während unseres Aufenthaltes in jener Fabrik kamen viele zu mir und fragten nach ihrem Schicksal. Ich las ihnen Weissagungen aus der Schrift vor und versicherte ihnen ständig, daß Gott Israel nicht verlassen habe, sondern ein dauerndes Ziel mit ihm plane. Immer wieder flehte ich sie an, ihr Herz dem Herrn zu schenken und sich ihm zuzuwenden. Die Menschen waren mitfühlend und aufnahmebereit, und ich pries Gott, daß er ihnen in ihrem Leiden einen Zeugen geschickt hatte, auch wenn nur ich es war. Sie waren von Angst bedrückt und von Furcht und Hoffnung geplagt. Natürlich wollten sie gerne leben. Jedes Menschenwesen hat den Wunsch zu leben.

Sie waren verurteilt, doch zu was verurteilt? Tausende von uns bildeten eine jammervolle Gemeinschaft des Leidens. Wir warteten Tag um Tag, warteten einfach, doch worauf? Die alten Menschen starrten blicklos vor sich in die Luft; sie sahen nicht den Wahnsinn um sich, den Streit, die Unanständigkeit, die engelgleichen Babys mit unergründlichen, starrenden Gesichtern, die kummervollen Mütter, die stillen, von Entsetzen erfaßten Kinder.

Wir durften keinen Augenblick das Innere der Gebäude verlassen. Kein Zipfelchen Himmel oder Feld war zu sehen, die Muskeln fanden keine Betätigung außer der schwierigen Wanderung über menschliche Körper zu den Hallen, die als Toiletten benutzt wurden. Diese Hallen waren Schauplatz unaussprechlicher Szenen, und doch mußten selbst die Kinder dorthin gehen.

Noch sprachen die Menschen mit gedämpfter Hoffnung davon, daß es vielleicht nicht so schlimm werden würde. Schließlich befanden wir uns in den Außenbezirken von Beregovo, das war ein gutes Zeichen. Wir waren nicht in Transportzüge verladen worden wie Tausende andere. Vielleicht würden wir zur Arbeit in die Fabriken Ungarns geschickt werden! Ich blickte über die Ansammlung von Menschen auf dem Boden der Ziegelei – den leuchtenden, üppigen Teppich der Kinderköpfe, das Meer von schwarzen Tüchern der Alten – und sagte nichts.

Eines Morgens wurden wir aus unserem unregelmäßigen Dahindösen durch ein Geräusch geweckt, das jeden vor Entsetzen erstarren ließ – dem schwachen Laut eines herannahenden Zuges, der zu polternder Lautstärke anschwoll, als der Zug längs der Fabrik heranfuhr und zum Halten kam. Wir konnten den Geruch von Eisen auf Eisen wahrnehmen, als die Radbremsen gegen die Gleise gedrückt wurden. Gendarmen strömten in das Gebäude und schrien immer wieder, daß jeder durchsucht würde. Eine heillose Verwirrung brach aus. Jeder krabbelte herum, um seine sorgsam gehüteten Besitztümer aufzusammeln und sich den Befehlen der Gendarmen gemäß nach draußen zu schleppen.

Alle Wertgegenstände mußten abgegeben werden. Die Menschen zerrten ihre Uhren und Ringe ab, warfen Geld und Schmuck vor sich hin, bis sich sagenhafte Stapel von Wertobjekten auf den Tischen der Gestapo ansammelten. Ich besaß nichts, und so wartete ich ängstlich, denn ich wollte nicht unkooperativ erscheinen hinsichtlich dessen, was ich zu tun oder wohin ich zu gehen hatte. In diesem Augenblick erging ein neuer Befehl: Frauen mußten sich ausziehen! Die Gendarmen wollten sichergehen, daß die geheimen Stellen des Körpers nicht zum Verbergen von Juwelen benutzt wurden. Viele Frauen fielen in Ohnmacht; sie wurden solange geschlagen, bis sie wieder zum Bewußtsein kamen. Entsetzen erfaßte uns alle. Doch die Durchsuchung von soviel hundert Frauen nahm viel Zeit in Anspruch, und ehe ich an der Reihe war, waren die Viehwagen mit verstörten und blutenden Opfern so vollgestopft, daß niemand mehr Platz hatte. Hunderte von uns wurden, vor Schreck wie gelähmt, in die Ziegelei zurückgetrieben, wo wir über das Durcheinander von Matratzen und zerstreuten Habseligkeiten fielen.

Der Herr ist mein Hirte. ‚Jedermann muß durchsucht werden!' Mir wird nichts mangeln. ‚Alle Wertgegenstände und Geld auf die Tische!' Er weidet mich auf einer grünen Aue. ‚Alle Frauen müssen sich ausziehen!' Er erquicket meine Seele. ‚Aufstehen oder ihr werdet getötet!' Er führet mich auf rechter Straße. ‚In den Zug! Los! Los!' Und ob ich schon wanderte im finsteren Tal ... Das Schreien der Kinder dröhnte in meinen Ohren. Ich versuchte, das äußerste Entsetzen auf ihren Gesichtern und den Abgrund der Eindrücke, die meinen Geist aufwühlten, auszusperren.

Seltsamerweise hatte ich einen wertvollen goldenen Füllfederhalter in meiner Tasche. In der Panik der Durchsuchung hatte ich ihn völlig vergessen. Nach einer Weile nahm ich ein Stück Papier und schrieb eine Botschaft an die Pfarrer in Budapest: „Ich bin am Leben und nicht krank. Ich bin in der Lage, Zeugnis abzulegen. Ich habe Frieden." Ich glaube nicht, daß ich weniger litt als die anderen um mich her, doch ich wollte auf irgendeine Weise das Unbeschreibliche zum Ausdruck bringen: in all dem Entsetzen war Jesus doch da. Ich gab den Füllfederhalter einem der Wachleute und bat ihn, die Botschaft für mich weiterzubesorgen.

Eine Woche nach dem ersten Transport kam wieder ein Zug. Die Bestürzung war weit größer als die erste Panik vor sieben Tagen. Alles wiederholte sich in genau der gleichen Reihenfolge wie vorher. Ich zitterte heftig, wie in bitterer Kälte, obwohl die blasse Frühjahrssonne auf unser weißes schrumpfendes Fleisch schien. In dem Wahnsinn von Geschrei, Niederknüppeln hilfloser Menschenmassen, dem Zusammentreiben von Reihen, das durch Hunde und Gewehrkolben unterstützt wurde, nahm ich kaum wahr, was ich tat. Ich klammerte ein paar Bibeln in meinen bloßen Arm, betete um Gnade, betete um Mut; ich betete völlig unzusammenhängend.

Plötzlich fühlte ich, wie ich heftig hochgehoben wurde, und merkte, daß ich auf den Zug zugeschoben wurde. Soldaten riefen uns zu, wir sollten uns anziehen. Beglükkende Erleichterung durchströmte mich. Ich war nicht durchsucht worden! Ich schluchzte vor Erleichterung, als ich in den Viehwagen stürzte.

Der Kastenwagen besaß an einer Seite oben ein winziges, mit Stacheldraht gesichertes Fenster. Man konnte nur schwer hinaussehen, doch versorgte es uns etwas mit Luft. Immer weitere Opfer wurden in den Wagen hineingepreßt, bis ich von dem Druck der Leiber zu erstikken glaubte, selbst ehe die Fahrt begann! Für uns alle gab es einen einzigen Krug Wasser. Ich glaube, es waren 100 oder 120 Männer, Frauen und Kinder in dem kleinen Wagen. In einer Ecke stand ein Faß für unsere menschlichen Bedürfnisse.

Die Frühlingstage begannen bereits warm zu werden, und jeder hatte Durst. Wir versuchten das Wasser aufzubewahren, doch in kürzester Frist war es verbraucht. Hunger hatte niemand; keiner wunderte sich, daß Lebensmittel nicht vorhanden waren. Ich erinnere mich an einen gebrechlichen alten Mann neben mir, der unablässig behauptete, er sei 110 Jahre alt. In dem Wagen war eine der Dorffrauen, vor denen ich Zeugnis abgelegt hatte, Dora, zusammen mit ihrer Schwägerin und ihren verstörten Babys. Die Gesichtchen der Kinder waren hochrot vor Hitze und Weinen. Nach und nach wurden sie vor Erschöpfung still.

Nach einigen Stunden war das Latrinenfaß voll. Als der Zug über rauhe Forstgleise polterte, schwappte der Inhalt des Fasses über auf diejenigen, die daneben stehen mußten. Der Gestank war fast unerträglich. In den Wänden des Waggons befanden sich winzige Nagellöcher, und manche versuchten hinauszusehen, um etwas frische Luft zu bekommen. Von der Lokomotive konnten wir das erstickte Kreischen der Zugspfeife hören, als vereinige sich unsere stumme Qual in einen einzigen wiederkehrenden Schrei.

Auf diese Weise fuhren wir drei Tage und drei Nächte durch Europa. Einmal hörten wir Regen auf das Wagendach trommeln. Die Menschen wurden von Verzweiflung erfaßt. Ein wunderschönes junges Mädchen wurde während des Sturmes wahnsinnig und trank ihren eigenen Urin. Ich versuchte die Menschen um mich zu trösten, doch meine Kehle brannte vor Durst. Ich fragte mich, ob die andern mich ebenfalls für verrückt hielten, als ich von der Liebe Gottes sprach. Ich war ebenso sehr von Entsetzen ergriffen wie die anderen.

Schließlich holperte der Zug über Weichen und kam ächzend zum Halt. Durch ein Nagelloch konnte ich erkennen, daß wir uns in einem riesigen verlassenen Knotenpunkt irgendwo im Niemandsland befanden. Zuerst schien nirgends ein Gebäude in Sicht zu sein. Wir harrten in diesem angstvollen Zustand aus, unsere Kleider steif und stinkend, die Zunge geschwollen vor Durst. Tiefste Stille breitete sich aus. Jeder war von Grauen erfaßt. Nach langer Zeit wurde die Türe entriegelt und geöffnet; man befahl uns herauszuspringen.

Da standen Nazi-Offiziere, Wachen und eine Gruppe jüngerer Männer in seltsamer, besonderer Kleidung. Wir wußten nicht, um wen es sich handelte. Später erfuhren wir, daß es Juden waren, sogenannte „Kapos", Gefangene, die für die SS arbeiteten. Wir waren alle so erschreckt, daß wir den Schmerz in unseren Gliedern, die drei Tage und Nächte nicht bewegt worden waren, nicht fühlten. Das, was wir durchgestanden hatten, hatte uns in einen Schockzustand versetzt. All unsere kleinen Bündel, die wir die ganze lange Reise hindurch festgehalten hatten, wurden auf Geheiß der Offiziere sofort auf den Boden geworfen. Der Boden war mit Bündeln und Papiergeld übersät. Leute hatten das Geld hingeworfen in der Annahme, daß sie ihr Leben dafür eintauschen könnten. Dann liefen wir, angetrieben von den Rufen und Gewehrkolben der Soldaten, schweigend über all das Geld.

Vor drei Offizieren wurde uns zu halten befohlen. Später erfuhr ich, daß einer von ihnen der berüchtigte Dr. Mengele war, dem Auschwitz, das Lager, in dem wir angelangt waren, unterstand. In der ganzen großen Menschenmenge herrschte völlige Stille. Niemand wagte einen Ton zu äußern; selbst die Kinder waren ruhig.

Als wir die Gleise entlangliefen, rissen die Kapos die kleinen Kinder aus den Armen ihrer Mütter und legten sie in die Arme der älteren Frauen. Die Kapos wußten, daß Mütter mit Babys auf der Stelle vom Bahnhof in die Krematorien gebracht wurden. Auch die älteren Frauen wurden vergast, und die Kapos hofften, auf diese Weise einige der jüngeren Frauen zu retten.

Dora lief neben mir. Ich hörte, wie sie kurz aufstöhnte, als ihr hübsches Kind aus ihren Armen gezerrt wurde. Das geschah so schnell, daß Dora nicht einmal denken konnte. Sie wurde mit uns anderen weitergeschoben durch den Druck der Leiber, während sie vergeblich versuchte, ihr Kind wiederzuerlangen.

Als wir vor den drei Offizieren keuchend anhielten, wurden alle älteren Frauen (mit und ohne Kinder) von vierzig an aufwärts, die nicht kräftig aussahen, nach links geschickt. Die unter vierzig, gesund und ohne Kinder, wurden nach rechts gewiesen.

Die drei Offiziere trugen Pistolen in Seitenhalftern und Spazierstöcke. Mit einem leichten Schwenken des Spazierstockes bedeuteten sie, ob jemand nach links oder nach rechts zu gehen habe. Mir kam es ungewöhnlich vor, daß Offiziere Spazierstöcke trugen. Erst später mußte ich erkennen, daß es in Wirklichkeit eine tödliche Waffe war. Die Spitze konnte, ebenso wie der untere Teil, abgeschraubt werden, um eine rasiermesserscharfe Schneide freizugeben, die aus jedem Winkel sofort töten konnte. Die Spazierstöcke zuckten gebieterisch durch die Luft und wiesen die Menschen in ihr Schicksal. Neunzig Prozent wurden nach links geschickt.

Die Offiziere bekundeten Interesse an Zwillingen. Sie hatten das ungarische Wort für Zwillinge gelernt; „Ikrek (Zwillinge)?" riefen sie, wenn sie Kinder etwa im gleichen Alter aneinandergeklammert sahen. Eine der Frauen, die ich auf dem Transport kennengelernt hatte, besaß mehrere Töchter; sie schob zwei nach vorn und rief „Ikrek" in der Hoffnung, sie zu retten. Was wußte sie schon davon, daß man sie für die unmenschlichen medizinischen Versuche verwenden würde, die in Auschwitz durchgeführt wurden.

Als ich die Augen aufhob, sah ich ein riesiges Gelände, das von einem anscheinend endlosen hohen Stacheldrahtzaun umgeben war. Wachtürme ragten drohend entlang den Rändern des Lagers auf. Auf dem am nächsten stehenden Turm konnte ich einen Wachtposten mit einer direkt auf uns gerichteten Maschinenpistole erkennen. An anderen Stellen, am Tor und entlang den Steigen des Bahnhofes, standen SS-Leute mit bösartig aussehenden Hunden an kurzen Ketten. Im Lager selbst dehnten sich Barackenreihen, so weit das Auge reichte.

Sobald die Selektion vorüber war, wurden wir in kleinen Gruppen weiterkommandiert, angetrieben von den Gewehrkolben der Kapos, die jeden trafen, der zurückblieb. Als wir blindlings in das Lager hineinliefen, kamen wir an schemenhaften Männern und Frauen in gestreiften Gefängnislumpen vorbei, die schweigend arbeiteten. Sie blickten uns nur an. Sie hatten solchen Hunger, daß sie sich, wenn ein eingeschmuggeltes Stückchen Brot zu Boden fiel, sofort darauf stürzten und es einander aus den Händen rissen.

Wir wurden im Vorraum eines Baderaumes zusammengeführt. Dort befahl uns eine SS-Frau, uns binnen zwei Minuten nach ihrer Uhr auszuziehen, andernfalls würden wir getötet. Die Wachen machten sich an ihren Gewehren zu schaffen. Meine zitternden Finger konnten mit Knöpfen und Reißverschlüssen nicht zurechtkommen. Verzweifelt warf ich meine kostbare Bibel nieder und begann mir die Kleider abzureißen.

Nackt bis auf die Schuhe wurden wir in einen anderen Raum getrieben. Immer wieder bedauerte ich es in den kommenden Tagen, daß ich nicht einige Seiten aus meiner Bibel herausgerissen und sie in den Schuhen versteckt hatte. Jemand kam von hinten und packte meine

Haare. In meinen Ohren dröhnte das gehässige Summen eines Rasierapparates. Nur ein Augenblick schien vergangen, bis alle meine Haare am Körper verschwunden waren, mein Kopf war so kahl wie meine Scham.

Danach wurden wir zum Duschen aufgereiht. Mit Freude und Erleichterung nahmen wir das Wasser wahr, das aus den Brausen über uns tröpfelte. Zu dieser Zeit hatten einige unter uns von den Kapos erfahren, wieviel Glück wir hatten. Nach dem Duschen händigte man uns Gefängnislumpen zum Anziehen aus, und wieder wurden wir nach draußen geführt und mußten Gruppen von vorgeschriebener Zahl bilden.

In meiner Gruppe befanden sich drei Schwestern, doch plötzlich wurde eine von ihnen herausgezerrt; sie mußte zu einer Gruppe gehen, die in einen anderen Teil des Lagers lief. Die beiden zurückbleibenden Schwestern waren zutiefst verstört über die Trennung. Wachen mit Hunden riefen jedem Befehle zu. Ich wußte, daß es gefährlich war, irgendeine Bewegung zu machen, doch die Pein der Schwestern war übergroß. Ich kannte niemand in meiner Gruppe, und es kam nicht darauf an, wohin ich ging. Ich konnte noch die andere Gruppe sehen, die über das Aufmarschgelände eilte. Ich wußte, wenn ich getötet würde, weil ich der losgetrennten Schwester nachlief, dann würde nur mein Körper sterben. Ich lief ihr nach, und wie durch ein Wunder konnte ich sie am Arm fassen. „Geh zurück zu deinen Schwestern“, keuchte ich, „ich werde in dieser Gruppe bleiben.“ (Wir hatten bereits gelernt, daß Zahlen immer genau stimmen mußten.)

Wie der Blitz war sie weg, und ich setzte mit der neuen Gruppe den Weg zu ihrer Bestimmung oder ihrem Schicksal fort. Nach einer Weile legte sich die Angst in mir über das, was ich getan hatte; zu meinem Erstaunen bemerkte ich Dora und ihre Schwägerin, die nur wenige Schritte von mir liefen. Ich war mit Freunden zusammen!

Wir wurden in einen riesigen Gefängnisblock mit 1500 Frauen und Mädchen gebracht. Über der Tür sah ich die deutsche Aufschrift: „Dein Block ist dein Heim!" Das jähe Grün von Piestany im Frühling fuhr mir ins Gedächtnis. Eine Sekunde lang war ich wie benommen und wurde von den nachdrängenden Menschen hinter mir weitergeschoben. Ich schlug die Augen auf und sah eine weitere Aufschrift: „Eine Laus – dein Tod!"

Die deutschen Offiziere und die SS-Frauen und -Männer hatten Angst, sich von uns Gefangenen mit einer Krankheit zu infizieren. Deshalb bestanden sie darauf, daß jeder sauber sein mußte. Aber wie konnte man sauber sein? Es gab kein Wasser. Es gab noch vieles, was wir nicht wußten.

Als wir im Block angelangt waren, wurden wir angewiesen, uns einen Platz in den Reihen hölzerner Bretter zu suchen, die vom Betonfußboden in acht Schichten bis zur Decke der Wand entlang angebracht waren. Auf jeder Ebene schliefen auf einer Fläche von 1,95 mal 2,40 Metern neun Menschen direkt auf den Brettern. All diese Kojen waren in Abschnitte unterteilt, doch es gab keine Vorhänge oder so etwas wie eine private Sphäre, so daß jeder, der vorbeiging, uns sehen konnte. Wir mußten entweder sitzen oder uns hinlegen. Wenn wir lagen, mußten wir uns auf der Seite dicht zusammendrängen, so daß ich immer irgendeinen Fuß am Mund oder auf dem Kopf hatte.

Zuerst jagten Gedanken an eine Flucht von diesem unvorstellbaren Ort durch meinen Sinn. Undenkbar, daß ich an einem solchen Platz bleiben konnte. Es mußte eine Fluchtmöglichkeit geben. Tatsächlich hatte man uns schon mit einer bekanntgemacht. Es war der hohe Drahtzaun, der um das ganze Lager lief. „Wenn ihr in den Draht rennen wollt", hatte einer der Offiziere uns zugerufen, als wir noch nackt und zitternd vor Angst dastanden, „diese Versuche sind gestattet! Leute mit entsprechenden Ambitionen entdecken, daß die geringste Berührung mit dem Zaun sofort tötet! Es ist verboten, solche Leute abzuhalten."

Die Kapos erzählten uns, daß wir in Polen in einem Lager namens Auschwitz waren. Das Lager von Eugene! Niemand wußte zu dieser Zeit etwas von Auschwitz. Für die meisten hatte es keine Bedeutung zu erfahren, daß wir in dem Lager waren; nur mein Herz schrie auf nach Eugene.

Wir kauerten in den Baracken unseres Blocks wie Hunderte von gequälten Affen, denen alles geraubt worden war: das Haar, die Kleider, das Heim, die Menschen, die Freiheit.

Ich weiß nicht, wie lange es dauerte, bis wir Wasser oder Essen erhielten. Wenn das Essen gebracht wurde, dann wurde es in schmutzigen Blechnäpfen verteilt ohne Löffel oder Gabel zum Essen. Der Inhalt dieser Schüsseln rief meinen Abscheu hervor. Mein Magen drehte sich um, und ich brachte nichts hinunter. Wochenlang konnte ich nichts essen. Doch es gab jüngere Frauen und auch einige ältere, die großen Hunger hatten und begierig waren, mein Essen zu bekommen.

Wir waren in jenem riesigen Block interniert, wo wir auf den Leibern anderer sitzen oder auf sie zurückfallen mußten. Meine Arme und Beine, die an kraftvolle Betätigung und an Gehen gewohnt waren, wurden entsetzlich steif und schmerzten. Morgens und abends wurden wir aus den Baracken geholt, damit das ganze Lager durchgezählt werden konnte.

Wir erfuhren, daß sich in Auschwitz eine Million Menschen aufhielt. Das Lager war in verschiedene Abschnitte unterteilt, die mit „A", „B", „C" und so weiter bezeichnet waren. Das Gelände, in dem ich mich befand, war Birkenau, die tödlichste aller Ausrottungssektionen von Auschwitz. In den Gaskammern unseres Lagers sollten vier Millionen Gefangene, vornehmlich Juden, ihr Leben einbüßen. Es wurde Birkenau genannt wegen der Birken. Wir befanden uns im Herzen Südpolens.

Zum Anwesenheitsappell mußten wir uns in Reihen aufstellen, angetreten wie Soldaten bei der Parade, eine Armeslänge von jeder Person auf der Seite und eine Armeslänge von der Person vor einem entfernt. Wir standen da stundenlang in strömendem Regen, in Hitze und Kälte, jeden Morgen und jeden Abend. Es regnete oft; wir befanden uns in den Wäldern. Der kalte Regen, der auf unsere geschorenen Köpfe fiel, war schrecklich.

Wir waren ein riesiges, hoffnungsloses, bewegungsloses Elendsmeer – Tausende und Abertausende angetreten, und wehe uns, wenn auch nur einer in dieser riesigen Menge fehlte! Wenn ein Gefangener zu krank war, um stehen zu können, wenn jemand zusammenbrach oder hinfiel, wurde er auf der Stelle bestraft. Die Maßregelung bedeutete Hinknien – manchmal stundenlang – auf Häufchen zerbrochener Ziegel. Manche mußten die Arme hochnehmen, um sofort von den diensthabenden SS-Frauen geschlagen zu werden.

Jeder in Auschwitz erhielt eine Nummer. Ich erinnere mich nicht mehr an meine Nummer, sie war so lang, weil es in Auschwitz über eine Million Menschen gab. Oft wurden den Menschen die Nummern in die Arme tätowiert. Dies geschah den Frauen in der ersten Gruppe, in der ich mich am Anfang befunden hatte. Da ich zu der anderen Gruppe gelaufen war, wurde ich Teil der Gruppe, die nicht tätowiert wurde. Wir trugen unsere Nummern um den Hals.

Eines der einfachsten Bedürfnisse des Lebens wurde in den Lagern zu einer unvorstellbaren Qual. Die Toilette befand sich weit weg von unserem Block, und die Erlaubnis, sie aufzusuchen, war nur schwer zu erlangen. Wenn wir die Erlaubnis hatten, dann waren die Toiletten entsetzliche Orte der Folter, denn dort herrschten SS-Frauen von bösartiger Grausamkeit. Ständig wurde dort geschlagen. Man mußte rennen, man mußte sich schnell bewegen. Jede Notlage wurde mit einem Hagel von Schlägen beantwortet. Es befand sich dort ein Hahn mit Trinkwasser, doch die Gefangenen wurden so schnell vorbeigeschoben, daß es an ein Wunder grenzte, wenn man im Vorbeilaufen einen Tropfen Wasser auf die Zunge bekam.

Während der ersten Wochen befand ich mich in einem derartigen Schockzustand, daß ich nicht essen konnte. Ich beobachtete mit einer Art losgelöster Objektivität, wie mein Körper verfiel. Er schien nichts mit mir zu tun zu haben, und erst als ich mein ganzes Körperfett verloren hatte und das Muskelgewebe abzubauen begann, war ich in der Lage, die wässerige Suppe und die ekelhafte Portion Brot hinunterzuzwingen.

Windstöße wirbelten schwarzen Staub von dem Schlackenkies auf, der das Lager bedeckte. Alles war schmutzig; alles mußte saubergehalten werden. Dora trauerte ständig um ihr Baby. Manchmal glichen die Geräusche in den Baracken einem schwachen dissonanten Orchester, denn soweit das Ohr hören konnte, vernahm es die ansteigenden und fallenden Töne von Weinen, Beten oder Klagen. Manchmal erstarb das Geräusch, nur um wieder von neuem anzuheben. Viele weinten um ihre Angehörigen und fragten sich, ob sie tot oder noch am Leben waren. Frauen verlangten nach ihren Eltern, ihren Familien, ihren Angehörigen, ihren Heimen – nach allem, was sie zurückgelassen hatten. Ich war die einzige, die zu dieser Zeit nicht weinte. Ich hatte schon alles aufgegeben, um Christus zu folgen, und so hatte ich nichts verloren.

Es war für jeden zwingend vorgeschrieben, beim Namensappell anwesend zu sein. Jeder, der im Block zurückblieb, wurde sofort zum Krematorium gebracht. Krankheit bedeutete Tod („Arbeit ist eure Rettung"). Manchmal verlor ein Gefangener den Lebenswillen und blieb einfach im Block zurück, was den sofortigen Tod mit sich brachte.

In meinem Block war einmal eine Frau, eine ehemals wohlhabende Dame, die von der achten Reihe herabfiel und sich den Arm brach. Für solche Dinge gab es keine ärztliche Versorgung, und obwohl sie entsetzliche Schmerzen litt, zwang sie der SS-Blockwart, sich zum Zählen hinauszuschleppen. Wir hielten es für grausam, daß sie stundenlang mit schrecklichen Qualen dastehen mußte, doch wäre sie zurückgeblieben, dann hätte man sie sofort zu den Öfen geschickt.

Während des Namensappells konnten wir sehen, wie die riesigen Schornsteine des Lagers Flammen und Rauch ausspien. Manchmal sagte einer der SS-Leute zu uns: „Dort werden eure Leute verbrannt!" Oft kamen die Kapos heimlich und flüsterten uns solche Dinge zu, doch wir glaubten ehrlich, sie würden uns mit makabren

Geschichten quälen. Wir konnten einfach nicht glauben, daß menschliche Wesen lebendig verbrannt wurden.

Eines Morgens wurde mein Block aufgerufen, zu den „Duschen" zu gehen. Jede Änderung unserer starren Routine erfüllte jedermann mit Schrecken. Was mochte das bedeuten? Doch für Fragen blieb keine Zeit. Rennen! Den Verletzten helfen! Diesem oder jenem zur Hand gehen! Versuchen, dem Mittelpunkt der Gruppe so nahe wie möglich zu bleiben, um den Schlägen zu entgehen.

Die Geschwächten und Kranken bildeten den Rand unserer Gruppe; sie wurden unbarmherzig von den Gewehrkolben der Wachen getroffen. Jeder versuchte, sich in die Mitte einer Formation zu schlängeln. Als wir erschöpft bei den sogenannten Duschen ankamen, befahl man uns, uns auszuziehen. Die Wachen sagten, es sei wegen der Desinfizierung.

„Merkt euch eure Nummern", wies man uns an, als wir unsere Kleider aufhängten. Das Ausziehen hatte den Zweck, unseren Körper zu inspizieren, um zu entscheiden, wer noch genügend Fleisch auf den Knochen hatte, um zu arbeiten, und wer liquidiert werden sollte.

„Schau munter drein!" flüsterte mir ein Kapo zu. Sofort straffte ich meinen Körper und versuchte, aufmerksam und gesund auszusehen. Dann fand eine Aufteilung unserer Gruppe statt. Das geschah schweigend – die meisten kamen nach links, einige nach rechts. Wieder begann ich zu beten und Gott für seine Gegenwart zu danken.

Jedem von uns wurde ein steinhartes Stück grauer „Seife" in die Hand gedrückt. Die Buchstaben „R. J. F." waren darauf eingeprägt. Ich erinnere mich, daß ich die Seife neugierig anblickte und mir vorzustellen versuchte, was die Buchstaben in der deutschen Sprache bedeuten mochten. Später erfuhr ich zu meinem Entsetzen, daß dies die Abkürzung für „Reines Jüdisches Fett“ war. Was ich da in meinen Händen hielt, war aus den Körpern von Juden nach ihrer Vergasung gemacht worden.

Als ich noch dastand und die seltsame Seife anstarrte, wurde ich nach rechts geworfen und in eine Gruppe geschoben, die aus den „Duschen“ wegging. Ein weiterer qualvoller Lauf über das Aufmarschgelände folgte, und die Schreie und Flüche der Wachen hallten uns nach. Wir sollten also keine „Dusche“ haben. Die Kapos schüttelten den Kopf über unsere Enttäuschung. „Ihr seid noch verschont worden“, keuchten sie, während sie neben uns herliefen.

Ich erhaschte einen Blick auf Gruppen von Gefangenen, die riesige Karren mit Asche auf die Felder zogen. „Diese Männer verstreuen die Asche von Juden als Dünger auf den Feldern. Andere sortieren die Gebeine und brechen das Gold aus den Zähnen. Andere ... “Ich rannte weiter und versuchte, die gräßlichen Berichte der Kapos zu vergessen. Dies war eine neue Art der Qual. Der Durst und die Märsche und die Namensappelle waren nicht genug.

Ein Kapo, der manchmal mit mir sprach, betrat unseren Block und suchte nach mir. „Sie sind also der Selektion entronnen! Das überrascht mich nicht“, fuhr er fort. „Die Öfen kommen nicht nach. Es sind zu viele Menschen. Gestern kam ein ganzer Transport mit Leuten an. Es war kein Platz für sie da. Das Lager ist vollgestopft mit Menschen. Die Neuankömmlinge wurden auf die Felder hinausgebracht und erschossen. Dann wurde über alle Kalk geschüttet.“

Ich glaube, der Grund, warum der Kapo mir das erzählte, lag darin, daß ich Frieden hatte. Ich wußte, daß ich in Gottes Willen beschlossen war. Ich war da, wo er mich hinführte. Ich sehnte mich nicht nach Flucht oder nach zu Hause wie die anderen. Ich nehme an, der Kapo wollte mich zum Weinen oder zur Verzweiflung treiben. Die Gefangenen um mich herum im Block wußten, daß ich im Frieden lebte, und manchmal kamen sie, um mit mir zu sprechen. Immer wieder wünschte ich, daß ich wenigstens eine Seite meiner Bibel hätte, um sie mit ihnen zu teilen. Ich schalt mich, daß ich nicht ein paar Seiten aus der Bibel herausgerissen hatte, als wir im Lager ankamen, und sie in den Schuhen versteckte.

Nach der erschreckenden Selektion in den Duschräumen wurde ich der Arbeit zugewiesen. Ich gehörte zu Lager B, doch ich wurde nach Lager A gebracht, einem Lager mit Zigeunern. Zigeuner wurden in gleicher Weise verfolgt wie Juden. Vielleicht glaubte Hitler, sie seien aus der jüdischen Rasse hervorgegangen. Wir wurden alle in einen Block zusammengelegt und von dort zur Arbeit geführt. Unsere Arbeit bestand darin, vom Regen durchweichte Telefonmasten beinahe einen Kilometer weit auf unseren Schultern zu tragen. Dann gab man uns Sägen und befahl uns, die Masten in kleine Stücke zu sägen.

Keiner von uns hatte früher schwere Lasten getragen, und wir stolperten und rutschten in dem Schlamm wild herum. Ich erinnere mich noch, wie oft es regnete. Wir waren durchnäßt, und die Masten hatten sich mit Wasser vollgesogen und waren sehr schwer. Trotzdem waren wir dankbar, daß wir der endlosen Tatenlosigkeit in dem Block entronnen waren. Wir befanden uns unter Gottes Himmel, und obwohl es verboten war, konnte ich oft mit den jungen Mädchen und Frauen, die neben mir arbeiteten, sprechen. Ich zitierte ihnen alles, was ich vom Wort Gottes wußte, und versuchte sie ein wenig aufzumuntern.

Später erhielten wir eine andere Arbeit. Wir mußten in schweren Metallbehältern das Essen in unseren Block bringen. Mit unseren geschwächten Körpern konnten wir die Kannen kaum vom Fleck bewegen, auch litten wir entsetzlich unter Durst. Der Regen bildete unsere einzige Erleichterung. Wenn er nachließ, lebten wir in Qual – und nicht nur wegen des Durstes. Von allen Gefangenen wurde absolute Sauberkeit in den Baracken verlangt, doch nie erhielten wir Besen, Lumpen oder auch nur einen Tropfen Wasser. Kein Fleck durfte gemacht werden, in keiner Ecke durfte Schmutz zu sehen sein.

Eine Woche verfloß in die nächste, doch nachdem ich meiner Berechnung nach etwa sechs Wochen oder zwei Monate bei der Arbeit zugebracht hatte, gab es eine weitere jähe Verschiebung von Gruppen und Menschen. Wieder wurden wir in wild rennenden Reihen zusammengetrieben; wieder vernahmen wir das Schreien und Fluchen der Wachen, das Krachen eines Gewehrkolbens, der auf den Kopf eines Unglücklichen niedersauste, der in Reichweite eines Offiziers lief. Ich weiß nicht, wie es all diese gelblichen Knochengestelle mit herabhängender Haut und keuchenden Lungen schafften, sich mit solcher Geschwindigkeit über das Aufmarschgelände zu den Duschräumen zu begeben. Für eine Panik war nicht mehr genug Energie vorhanden. Alles, was wir hörten, waren die Befehle, die um uns durch die Luft dröhnten: „Lauft, ihr Schweine! Lauft, ihr jüdischen Hündinnen! Los!"

Wir wurden in dem großen Vorraum vor den Duschen zusammengepfercht. „Ob sie uns erlauben, daß wir uns waschen?" keuchte eine Frau zu mir herüber, während wir liefen. Ich sagte nichts. Ich hatte die „Duschen" vorher einmal gesehen, und ich hatte kein Wasser bemerkt.

Ein SS-Offizier betrat den Raum und wies uns an, uns auszuziehen. Sofort wurden die Kleider über die armseligen geschorenen Köpfe gezerrt. Geschwollene, eiternde Bisse von Läusen und Flöhen waren sogleich zu sehen; an den Reihen eingeschrumpfter Hüften hingen blaßrote knochige Hände herab. Einige Kinder waren da, deren zerbrechliche Fingerchen sich schmerzlich in die Flanken ihrer Mütter gruben. Sie starrten verstört, doch nicht auf den inspizierenden SS-Offizier, sondern in die leeren Gesichter ihrer Mütter.

Nur wenige von uns wurden aus dem Raum herausgezerrt. Die meisten blieben drinnen. Durch die nachfolgenden Menschenreihen wurden sie immer dichter zusammengepreßt. Ich konnte einen Wachmann rufen hören: „Es geschieht nichts, was weh tut!" Ein entsetzliches leises Stöhnen hob an. Ich sah, wie manche Menschen gegen die dichtgedrängten Leiber um sie herum zusammenbrachen. Das Stöhnen ging in einen hebräischen Gesang über. Stimmen füllten meinen Kopf mit einem Schmerz, der mit der Verwirrung hinter mir anschwoll. „Ani ma'amin be'emuna shlema beviat ha-Mashiash" (Ich glaube in völligem Glauben an das Kommen des Messias). Die letzten Worte, die an meine Ohren drangen, war das Klagen eines Kindes: „Mama! Ich kann dich nicht finden!"

Niemand sagte uns, die wir zurückgeschickt worden waren, was wir tun sollten. Nackt drängten wir uns draußen zusammen. Wir hatten keine Anweisungen. Wir hatten keine Kleider. Um das Gebäude standen Reihen mit Wachen; an den Uniformen glänzten Leder und Stahl. Nackt wie wir waren, hatten wir keinen Schutz vor ihnen als die graue Ausdehnung des Himmels zu unseren Häupten. Den ganzen Tag kauerten wir, der

Gnade der SS ausgeliefert, auf dem Pflaster. Sie gaben jede Obszönität von sich, die ihnen einfiel. Ich fragte mich, ob wir darauf warteten, wieder nach innen geschickt zu werden. Die Stunden dehnten sich ins Endlose. Einmal hörte ich die Stimme von Felice, wie sie spielerisch meinte: „Du wirst nie verrückt werden, Rose!“ Ich hatte ganz vergessen, daß ich einen Namen besaß.

Vor dem Namensappell stapfte plötzlich ein Offizier auf den gepflasterten Hof und befahl uns, anzutreten. Wild mühten wir uns auf die Beine. Wir erhielten eine andere Art von Kleidung, alle die gleiche. Sie war grau wie der Himmel und sah aus wie ein Sack – zwei Stück Stoff, die mit schwarzen Knöpfen zusammengehalten wurden. Der Offizier begann, Handwerksarten und Berufe auszurufen, und wir mußten uns melden, wenn jemand besondere Kenntnisse aufzuweisen hatte. Manche Kenntnisse wurden von der SS als wertvoll erachtet, und die betreffenden Frauen wurden von uns übrigen weggeschickt. Niemand sah sie wieder im Lager.

Schließlich wurden wir restlichen Personen in einen neuen Block geschickt. Viele glaubten, wir würden aus dem Lager fortgebracht. Es herrschte ständiger Schrekken, denn niemand verließ Auschwitz, außer, um irgendwo anders getötet zu werden.

Ein Tag verging, vielleicht auch zwei. Wir saßen da in eisiger Erstarrung, die nur zweimal von dem Alptraum des Namensappells unterbrochen wurde. Dort wurden wir gezählt unter dem gleichen hoffnungslosen Himmel wie zuvor. In jenen Zeiten versuchte ich zu beten, und auf eine losgelöste und sanfte Weise befand ich mich im Frieden. Ich fühlte mich fast wie ein Kind an der Hand meines Erlösers; meine schweifenden Gedanken waren sicher bei ihm.

Eines Morgens gab es einen Ansturm von Wachen auf unseren Block. Das Entsetzen durchfuhr uns wie ein elektrischer Schlag. „Sofort heraus! Aufstellen! Los! Huren! Hunde! Schweine! Miststücke!“ Wir rannten in wirren Reihen über das Feld, gehetzt von den hechelnden, erregten Hunden, den herumrennenden SS-Leuten, den Schlägen auf unsere Rücken und Köpfe und unseren berstenden Lungen. Durch das Tor ging es und in die Güterwagen, deren Türen uns gähnend entgegenstarrten, um uns aufzunehmen. Wieder wurde gezählt. Die Zahl war 1050, und niemand rührte sich, bis sie zufriedenstellend ermittelt war. Dann hinein in die Güterwagen, schneller, schneller, während der Geist versuchte, die Gedanken an das Kommende auszutilgen.

Die Tür schloß sich mit einem vertrauten Krachen. Doch unsere Lage war für uns überraschend. Wir waren zwar innen gedrängt, aber nicht unerträglich zusammengepfercht. Das kleine Lüftungsfenster war nicht mit Stacheldraht versperrt. Unsere Wachen waren keine SS-Leute, sondern Soldaten der regulären deutschen Armee. Zu unserer größten Verblüffung erhielten wir Brot und Wasser. Wir waren Gegenstand des verzweifelten Neides von Abertausenden, die in Auschwitz zurückblieben. Wir sollten eine Sklavenarbeitsgruppe bilden.

Als der Zug langsam aus dem Lager zu rollen begann, stiegen Erinnerungen in mir hoch. Neben dem Krematorium hatte ich Massen von Frauenhaar, Berge von Gebetsriemen, Stapel von Gebetsschals gesehen, genug, um ein Warenhaus zu füllen, – stumme Zeugen der Hingabe meines Volkes an Gott. Die Räder des Zuges konnten sich nicht schnell genug drehen, um mich von diesen Erinnerungen wegzubringen, die ich so verzweifelt vergessen wollte. Aber man kann nicht vergessen – nicht einen einzigen Anblick.

Wir fuhren mehrere Tage lang. Ich glaube, es war eine schlechte Reise, doch im Vergleich zu all dem, was wir im Lager zu erdulden hatten, schien es nicht schrecklich. Schließlich hielt der Zug an, und wir wurden angewiesen, herauszuspringen. Wir mußten durch die Straßen einer Stadt marschieren. Wie gebannt sah ich, daß es noch normale Leute auf der Welt gab. Sie starrten uns voller Entsetzen an.

Manchmal kam einer der Stadtmenschen nahe genug an unsere Reihen heran, um zu fragen: „Was für schreckliche Verbrechen habt ihr denn begangen, daß ihr derartig ausseht?" Sie wußten nicht, daß unser großes Vergehen einfach darin bestand, daß wir Juden waren. Sie waren Deutsche und hatten damals bereits fast den ganzen Krieg erduldet, doch sie wußten nichts von den Todeslagern.

Wir marschierten stundenlang in schnellem Schritt. Ich weiß nicht, wie lange es dauerte. In der entsetzlichen Qual verlor ich den Sinn für Zeit und Tag. Ich wurde noch meiner Beine gewahr, die die Straße entlangeilten. Ich hatte das Gefühl, als schwebe ich über den Beinen und den angeschwollenen Füßen unter mir. Manche fielen hin und konnten sich nicht wieder erheben. Schüsse hallten durch den Tag. Schließlich kamen wir an einer Flakstellung an. Sie lag in einer Stadt namens Gelsenkirchen. Wir waren von Südpolen quer durch ganz Deutschland bis fast an die Grenzen der Niederlande gefahren!

In diesem Lager wurden wir in drei riesigen Zelten untergebracht, jeweils 750 Personen in einem Zelt. Viele von uns kamen aus Auschwitz, doch gab es auch neue

Leute. Die wohlhabende Dame, die in meinem ersten Block in Auschwitz gefallen war und sich den Arm gebrochen hatte, war da. Sie hatte unser Zelt unter sich. Ich war glücklich, keine solche Position innezuhaben, denn Vorzugsplätze wurden nur an die vergeben, die sie sich verdient hatten.

Bald nach unserer Ankunft wurden wir aus den Zelten herausgeführt zu Wasserhähnen. Wir waren fast verrückt vor Freude, wir konnten Wasser trinken! Wir konnten uns waschen! Der Hahn war niedrig angebracht und nur zum Trinken bestimmt, doch wir stürzten uns darunter. Das Wasser floß über uns hin, über unsere grauen Säcke, unsere verkrusteten Köpfe. Wir wuschen unsere Unterwäsche und streiften sie über unsere nassen Körper. Alles geschah in schrecklicher Eile, denn niemand wußte, was als nächstes geschehen oder wohin wir gebracht würden.

Bald wurden wir auf die Pritschen großer offener Lastwagen gepackt. Hinten am Wagen war eine Stange angebracht, doch sie war zu niedrig, um jemanden am Herausfallen zu hindern. Der Fahrer preschte die Straßen entlang, und der Wagen schwankte und schleuderte auf den kurvenreichen Straßen. Wir fielen wie toll gegeneinander, klammerten uns verzweifelt an Kleider, Körper, Köpfe, an alles, nur um nicht aus dem Wagen herausgeschleudert zu werden. Die Fahrt sollte zu einem täglichen Alptraum werden.

Wir trafen an unserem Arbeitsplatz ein, einer Ölraffinerie, die durch alliierte Bomben zerstört worden war. Neben der Raffinerie lief ein winziges Flüßchen, dessen Wasser schwarz war von ablaufendem Öl; das sollten wir von Schutt säubern.

Es gab kleine eiserne Loren auf einem Schmalspurgleis

und größere Wagen, auf die der Inhalt der Loren geschaufelt werden mußte. Wir waren gezwungen, täglich zwölf Stunden lang den Schutt in die Wagen zu schippen. Das war für Frauen und Mädchen in unserer körperlichen Verfassung eine qualvoll harte Arbeit. Niemand wagte einen Augenblick Pause einzulegen, denn sofort sauste der Stock des Kapo auf den Betreffenden nieder. Mißhandlungen durch die Aufseher waren an der Tagesordnung.

„Euch werde ich das Arbeiten beibringen!" Krach! Einer taumelte entsetzlich unter dem Schlag. Niemand von uns wagte aufzuschauen, um zu sehen, was geschah. „Ihr habt noch nie in eurem Leben eine anständige Arbeit geleistet! Achtung! Abschaum!"

Ich lernte, aus den Augenwinkeln den Stock des Kapo zu beobachten, der vielleicht plötzlich auf mich niedersausen konnte, wenn ich mich nicht schnell genug bewegte. Am Ende des Tages wurden wir, aufs äußerste erschöpft, wieder auf den Lastwagen gepackt und in einer furchterregenden Fahrt zum Lager zurückgebracht. Manchmal war am Ende der Schicht zu unserem Entsetzen kein Wagen da, und wir mußten den ganzen Weg zurück zum Lager zu Fuß gehen.

Meine zierlichen ungarischen Schuhe waren schon vor langer Zeit kaputtgegangen; es war mir gelungen, ein Paar Holzschuhe zu bekommen. Es waren im Grunde nur Bretter, die mit Streifen von Sackleinwand an meinen Füßen festgemacht waren. Nach einem Tag harter Arbeit war ein Marsch in diesen Schuhen eine Qual. Doch mit Gottes Hilfe schaffte ich den Weg zurück zum Lager jeden Abend, um Essen und Ruhe bis zur nächsten Morgendämmerung zu erhalten.

Eines Tages wurde mir die Arbeit zugewiesen, von

Ziegeln, die in den Mauern der Raffinerie verwendet worden waren, den Zement zu entfernen. Wir hatten keinerlei Werkzeug, doch der Zement mußte abgeschabt werden. Es war ein Segen des Herrn, daß ich ein scharfes Eisenstück fand, mich niedersetzte und den Ziegel zu bearbeiten begann, um den Zement wegzubekommen. Eine Frau neben mir, die mich beobachtet hatte, sagte schließlich: „Sagen Sie, was waren Sie in Ihrem früheren Leben? Sie müssen doch jemand gewesen sein."

Die Frau war die Gattin eines Rabbiners. Sie hatte im Zelt den Schlafplatz mir gegenüber. Ich erzählte ihr alles von meinem Leben und meiner Bekehrung, und wir freundeten uns an. Sie hörte mir zu, als ich ihr vom Messias berichtete; als wir im Zelt zurück waren, kamen andere her und lauschten, als ich Zeugnis ablegte.

Unter den Zuhörern war ein liebliches junges Mädchen mit Namen Ruby. Sie kam aus Beregovo, wo ich gelebt hatte. Sie war so zerbrechlich und allein, daß ich für sie wie eine Mutter wurde und ihre Liebe gewann. Immer wieder erzählte ich ihr von der Liebe des Herrn Jesus. Ihr Geist war tief verletzt, doch ich wußte, welch heilende Kraft der Herr Jesus ihr bringen konnte. Wir waren zwei Monate in jenem Lager, und Tag für Tag hörte Ruby mir zu. Ruhig und behutsam bekannte sie Christus als ihren Messias. Ich sah, wie Gnade und Friede des Herrn Jesus in ihr zu wachsen begannen.

Kurz vor dem Ende unseres Aufenthaltes dort hörten einige Frauen, wie Ruby Jesus als ihren Herrn bekannte. Sie griffen sie heftig an. „So bist du also eine Christin! Du bist keine Jüdin! Du bist wie die Nazis, die uns verfolgen! Tausende unseres Volkes sind gestorben, und du kehrst ihnen den Rücken. Du besudelst ihr Andenken!"

Wenn Ruby in die Nähe dieser Frauen kam, stießen sie

sie weg oder spuckten auf den Boden, auf dem sie vorbeiging. Sie wurde still und versuchte, mir auszuweichen. Ich glaubte, das Herz würde mir brechen, als ich sah, wie sie sich vom Herrn abwandte. Mit dem bißchen Kraft, das ich noch hatte, betete ich darum, daß sie treu bleiben möge, doch sie wurde immer feindseliger zu mir und wollte nicht mit mir sprechen. Für mich war dies eine größere Sorge als das Elend in dem kalten Lager und die schreckliche Arbeit, die wir Tag für Tag leisten mußten. Zu der Zeit, als wir das Lager verlassen mußten, haßte sie mich, wie ich glaube.

Doch der Herr in seiner Barmherzigkeit tröstete mich. Eines Tages, als unsere Arbeitsgruppe auf Kohlenhalden arbeitete, zog ein entsetzliches Gewitter auf. Wir flüchteten uns zu den Eisenbahnwaggons in der Nähe und krochen darunter, um uns vor den Blitzen und dem Wolkenbruch zu schützen. Wir kauerten da zusammen ohne Überwachung durch einen Kapo, und ich war eine ganze Zeitlang in der Lage, vom Herrn zu zeugen und das Wort Gottes zu verkündigen. Jeder war verstört von der Wut des Sturmes und der Vorstellung, was uns zustoßen konnte. Die Frauen hörten mir aufmerksam zu, als ich von den Verheißungen Gottes sprach und wie jeder sich zu ihm wenden könne mit völligem Vertrauen und Hingabe. Es war wunderbar für mich.

An einem anderen Tag wurde ich zur Arbeit in die Ruinen der Raffinerie geschickt. Unsere Gruppe sollte den Schutt beseitigen. Wir hatten nur unsere bloßen Hände, um zerstörte Maschinen, Haufen von Ziegeln und Teile von Wänden, Leitungen, Waschbecken wegzubefördern. Es war ein unmögliches Unterfangen. Wenn keiner mehr wußte, wie wir weitermachen sollten, schrie der Aufseher: „Los! Los! Arbeiten!“ Mit unseren Körpern, die unter dem kleinsten Gewicht wankten, taten wir uns zusammen, um wegzuzerren, was wir konnten. Ich versuchte, hart zu arbeiten. Ich sagte mir immer wieder, daß ich meine Arbeit für den Herrn tat.

Während der Arbeit stieß ich auf einen schweren Holzklotz, den ich anzuheben versuchte. Zu meiner großen Freude entdeckte ich einige Rollen steifes Papier darunter! Rasch riß ich einen Streifen ab und versteckte ihn unter meiner Kleidung. Doch damit war meine Glückssträhne noch nicht zu Ende. In weniger als ein paar Minuten fand ich auch einige winzige Bleistiftstummel. Gegen Ende des Tages bemerkte ich Streifen von hartem Kunststoff, die überall in der Nähe der Tore der Raffinerie herumlagen. Sie hatten einst zur Tarnung gedient. Ich hatte das viele Male vorher gesehen, doch es hatte mir nichts bedeutet. Nun hielt ich an und schnappte mir einige kleine Stücke, denn ich hegte einen geheimen Plan. Von diesem Tage an begann ich, eine Bibel zu fertigen.

Es war nur ein winziges Buch, doch für mich war es wertvoller als alles, was ich besessen hatte. Ich konnte nun Bibelverse niederschreiben! Ich erinnerte mich an Verse aus Jesaja 53 und Psalm 22 und schrieb sie in mein kleines Buch. Manchmal kamen mir Weissagungen und Verse aus den Evangelien ins Gedächtnis. Wenn der Herr sie in meine Erinnerung holte, schrieb ich sie in meinem Buch auf.

In unserem Zelt befanden sich zwei Schwestern, die Hebräisch konnten. Einer von ihnen, Naomi, war es gelungen, ein kleines Psalmbuch in Hebräisch von dem großen Haufen von Gebetsbüchern und anderen jüdischen Gegenständen an der Mauer des Krematoriums von Auschwitz zu stehlen. Ich bat sie, das Hebräische für mich zu übersetzen. Nachdem ich nach so langer Zeit wieder mit der Schrift in Berührung kam, erfaßte mich ein leidenschaftliches Verlangen nach einer wirklichen, eigenen Bibel.

Manchmal führte unsere Arbeit uns an den Fluß. Zu diesem Zeitpunkt wußten wir, daß es die Ruhr war, das Gebiet eines massiven deutschen Industriezentrums mit Eisenbahnverbindungen zwischen den Fabriken und Raffinerien zu Zentren in ganz Europa. Kein Wunder, daß alles darangesetzt wurde, es möglichst schnell wieder betriebsfähig zu machen. Von den Flußufern aus konnten wir in der Ferne das alliierte Geschützfeuer hören.

Manchmal kamen deutsche Schiffe an, und wir wurden dann zu den Docks geführt, um die Ladung mit gegossenen Betonblöcken zum Wiederaufbau der Raffinerie zu löschen. Ich hatte nie zuvor solche Blöcke gesehen, da in Ungarn Gebäude aus Ziegeln errichtet werden.

Wir Frauen wurden gezwungen, diese schweren Blöcke zu schleppen. Manche Arbeiterinnen waren Mädchen von dreizehn und vierzehn Jahren, manche waren Frauen von über fünfzig. Wir hoben die Blöcke vom Deck hoch und gaben sie in die Hände der nächststehenden Person. So bildeten wir eine lange Kette von Arbeiterinnen vom Schiff bis zu den Karren an Land, in denen die Blöcke zur Raffinerie transportiert wurden. Nach dem Entladen mußten wir die Schiffe säubern. Dazu erhielten wir Eimer und Besen.

All diese Arbeit geschah mit einer Ration von einer Scheibe „Ersatzbrot“ pro Tag und etwas heißem Wasser mit wenigen Stücken Gemüse darin. In großen Zeitabständen gab man uns ein winziges Stückchen Margarine. Sie war aus Kohle gemacht, doch für uns war das ein Festessen!

Einige Frauen in unserer Gruppe waren schwanger, sie erhielten eine etwas bessere Ernährung. Wenn ihre Zeit herankam, wurden sie nach Auschwitz zurückgebracht. Was mit ihren Kindern geschah, erfuhr niemand.

Wegen der hohen Priorität der Arbeit in Gelsenkirchen arbeiteten auch ortsansässige deutsche Frauen in der Raffinerie. Eines Tages gelang es mir, in die Nähe von einer dieser Frauen zu kommen. Ich bat sie, mir eine Bibel oder ein Neues Testament zu besorgen. Nach einigen Tagen schmuggelte diese Frau ein kleines Neues Testament in meine Hände. Meine Hände zitterten heftig, als ich es in meinem Kleid verbarg. Es war mir unmöglich zu sprechen, mich für ihre Freundlichkeit zu bedanken.

Während der Arbeit fuhr ich immer wieder mit der Hand in mein Kleid und fühlte nach dem kostbaren kleinen Buch. Es war kein Traum! Es war wirklich da! Die Stunden schleppten sich hin. Nie war mir ein Tag so lang erschienen. Ich konnte es nicht erwarten, ins Zelt zurückzukommen und mein Neues Testament mit all den Frauen zu teilen, die um mich herum waren. Viele von ihnen sprachen deutsch, doch sie hatten nie in der Bibel gelesen.

Der erste Mensch, den ich bei der Rückkehr sah, war Naomi. Sie erschrak über meine Aufregung. „Naomi! Ich habe ein Neues Testament! Nun kannst du meine ‚Bibel' haben." Sie war hoch erfreut, meine kleine selbstgemachte Bibel mit den hineingekritzelten Versen zu erhalten, an der wir so lang und mit so viel Mühe gearbeitet hatten. Es standen viele andere Verse darin, ferner Abschnitte aus den hebräischen Psalmen, die Naomi für mich übersetzt hatte.

Die deutschen Soldaten in Gelsenkirchen waren bedeutend freundlicher zu uns als die SS-Männer in

Auschwitz. Sie waren seit vielen Monaten, manche seit Jahren von ihren Familien getrennt. Viele wußten nicht, ob ihre Frauen oder Eltern die schrecklichen Bombenangriffe auf ihre Städte überlebt hatten; vielleicht erinnerten wir sie auch an die Frauen, die sie zu Hause zurückgelassen hatten.

Wenn unsere Arbeit zu Ende war und wir uns am Abend in unseren Zelten aufhielten, verließen sie uns ohne Schmähungen. Solange noch Licht da war, konnte ich in meinem Neuen Testament lesen und jedem Zeugnis geben, der zuhören wollte. Ich hatte viel Freude daran.

Manche Frauen im Zelt haßten mich, vor allem diejenigen aus orthodox-jüdischen Familien. Sie glaubten, weil ich Christin sei, sei ich ihre Feindin, und sie taten alles, was ihnen möglich war, um ihre Bitterkeit an mir auszulassen. Doch der Herr gab mir Liebe zu ihnen ins Herz.

Eines Tages schlug das Entsetzen wieder zu. Ohne Vorwarnung marschierte ein kleines Kontingent SS-Leute in unser Lager. Wieder folgten die schrillen Befehlsschreie, die Schmähungen. Wieder wurden wir zur Selektion aufgestellt. Diesmal mußten wir uns nur bis zur Taille ausziehen. Wir standen im Hof vor unseren Zelten; die Morgenfeuchte der Bäume des Waldes tropfte auf unsere nackten Schultern und Köpfe, während die Offiziere die Reihen auf und ab marschierten und mit einem lässigen Schwenken des Handgelenkes andeuteten, wer nach links und wer nach rechts zu gehen habe. Ich erinnere mich an die Schönheit der Blätter in ihren Herbstfarben, die über den Himmel jagenden Wolken, die vom Duft der feuchten Erde und des absterbenden Grases erfüllte Welt.

Viele Frauen rannten von einer Gruppe zur anderen

und riskierten ihr Leben, um bei Verwandten oder Freunden zu sein. Viele weinten, doch die meisten standen einfach da in der Demütigung der Selektion und wichen den unbarmherzigen Blicken der Offiziere aus.

Meine Finger preßten sich fest gegen das Neue Testament, das ich in den Falten meines Rockes verborgen hatte. Wir mußten die Kante des Kleides um unsere Füße festhalten, und ich stopfte das kleine Buch so tief wie möglich in das Gewebe voller Angst, ein Offizier könnte die unnatürliche Haltung meiner Hand bemerken und den Verdacht schöpfen, daß ich etwas hielte.

Diese Offiziere waren von Krupp geschickt worden, einem kriegswichtigen Stahlwerk in Essen, einer Industriestadt südwestlich von Gelsenkirchen. Wir Gefangenen sollten evakuiert werden, weil die Amerikaner sich auf eine schwere Bombardierung der Raffinerien in unserem Gebiet konzentrierten und die Nazis nicht so viele Hunderte von Sklavenarbeitern verlieren wollten.

Wieder einmal wurde ich nach rechts geschickt zu der Gruppe von Frauen, die weiterleben und nach Essen zur Arbeit geschickt werden sollten. Die Zurückbleibenden wurden auf der Stelle mit dem Zug zu den Öfen von Auschwitz gebracht.

Es gab keinen Transport für uns nach Essen; wir wurden gezwungen, den ganzen langen Weg in einem raschen Schritt zu Fuß zu gehen. Wieder rannten wir, stolperten, fielen, keuchten nach Luft, bis eine Art von Bewußtlosigkeit einsetzte. Auf der Straße hinzufallen, bedeutete den sofortigen Tod. Ein solcher Gefangener wurde von den Nachkommenden niedergetrampelt oder durch die Kolben eines SS-Gewehres zum Leben erweckt oder vollends erledigt.

In einer Trance der Erschöpfung kamen wir in Essen

an. Zu unserer Freude wurden wir in Holzgebäude eingewiesen, in denen doch tatsächlich Betten standen! Wir mußten uns jeweils zu zweien ein Bett teilen. Doch unsere Erleichterung über einen solch unerhörten Luxus schlug schnell in Verzweiflung um. Vor unserem Eintreffen war das Lager mit italienischen Kriegsgefangenen belegt gewesen, und die Matratzen, die wir erhielten, waren mit Wanzen und Läusen infiziert. Bald befiel uns die Qual, und es gab keine Möglichkeit, das Ungeziefer loszuwerden.

In diesem Lager waren die SS-Männer und -Frauen äußerst nervös und gereizt. Jeder wurde regelmäßig geschlagen, keiner konnte dem entgehen. Schläge wurden grundlos ausgeteilt, sie waren nicht zu vermeiden. Auch hier mußten wir zweimal am Tage einen Namensappell über uns ergehen lassen; im Anschluß an das Durchzählen wurden wir in die Stahlwerke von Krupp gebracht.

Obwohl keiner von uns bisher schwere Maschinen bedient hatte, wurde von uns erwartet, daß wir mit den Maschinen ohne jegliche Erklärung oder Einweisung umgehen konnten. Ständig wurden wir beschimpft und in jeder Weise erniedrigt. Wir waren der Abschaum der Erde, Gewürm, Ungeziefer. Nie gab es etwas anderes als Grausamkeit; wir würden verrecken wie die Tiere, wir waren nichts als stinkende Kadaver.

Ich wurde in einen großen Raum dieser Fabrik gesteckt, wo riesige Eisenstangen hergestellt wurden. Ich weiß nicht, wofür diese Stangen waren oder welcher Nutzung sie nach und nach zugeführt wurden. Jede Stange hatte eine Länge von 4,50 bis 5,40 Metern und war achtkantig. Über meinem Kopf war ein elektrischer Hammer angebracht. Ich stand in einer Vertiefung des

Bodens und sollte den Eisenbarren unter den Hammer schieben und ihn geradeklopfen.

Ich gab mir die größte Mühe, diese Arbeit zu erledigen, doch oft sauste der Hammer mit zuviel Schwung herab, und die Stange war nachher krummer als zuvor. Oft wurde ich wegen meiner Ungeschicklichkeit entsetzlich geschlagen. Zwölf Stunden am Tag stand ich in dem Loch und bearbeitete mit dem Hammer die Eisenstangen. Niemand durfte sprechen. Wenn die körperlichen Bedürfnisse unerträglich wurden und ich darum ersuchen mußte, zur Toilette gehen zu dürfen, begleitete mich ein SS-Mann mit der Maschinenpistole im Anschlag.

In der Fabrik waren auch französische Kriegsgefangene beschäftigt, doch es war ihnen streng verboten, mit uns Juden zu sprechen. Doch wenn sie vorbeigingen, flüsterten sie: „Nur langsam! Nur langsam!" Sie wollten damit sagen, wir sollten unsere Arbeit recht wenig wirkungsvoll erledigen und sowenig wie möglich für die Deutschen tun. Sie besaßen viel Mut, daß sie sich überhaupt zu sprechen getrauten.

Doch in der Fabrik traf mich noch ein viel größeres Elend als die Läuseplage, schlimmer als die Schläge und die Flüche der SS. Der Zorn gegen mich als Christin wuchs in dem Maße, wie unsere Lage verzweifelter wurde. Die Mehrheit der jüdischen Gefangenen haßte mich, weil sie mich zur Ketzerin erklärten, eine Feindin des jüdischen Volkes, weil ich mich der Religion der Nazis zugewandt hätte. Ich war unsagbar einsam. Immer wieder rief ich mir ins Gedächtnis, daß der Herr mit mir sei, und ich hielt mich an die Verheißungen Gottes für sein Volk Israel. Ich dachte, wie sehr er sie liebe trotz ihrer Behandlung für mich.

Die deutschen Frauen aus Essen, die in der Fabrik

arbeiteten, empfanden Mitleid mit den jungen Französinnen, die als Kriegsgefangene da waren. Manchmal steckten sie ihnen heimlich Karotten oder zusätzlich etwas zum Essen zu. Gelegentlich wurde es den französischen Kriegsgefangenen erlaubt, Pakete zu erhalten. Sie erhielten dann manchmal eine Strickjacke oder etwas zu essen, Dinge, die ihnen wie vom Himmel gesandt vorkommen mochten. Es war wunderbar, sie von meinem Loch unter dem Hammer aus zu beobachten und für wenige Augenblicke Glück zu sehen.

Jeden Morgen um 3 Uhr 30 wurden wir nach draußen gejagt und abgezählt. Viele Male war ich die letzte, weil ich mir einige Minuten Zeit nahm, mein Herz im Gebet zum Herrn zu erheben. Diese Säumigkeit ärgerte die SS-Männer (obwohl ich nicht eigentlich zu spät zum Appell kam), und sie schlugen mich mit einer Peitsche, in deren Lederstreifen Metallstücke eingeknotet waren.

Ich glaubte, daß keiner von uns sehr lange zu leben habe; doch es war mir nicht möglich, den feindselig eingestellten Jüdinnen um mich herum aus dem Neuen Testament eine Auslegung zu geben. Ich fand, wenn ich nur eine ganze Bibel hätte, dann könnte ich ihnen in unseren eigenen Schriften die Weissagungen zeigen, die auf Jesus als den Messias hinwiesen. Immer wieder spotteten die Frauen, was ich sage, sei eine neue Religion. Sie wollten nicht auf die Bibel der Nazis hören.

Ich begann zum Herrn zu flehen, daß er mir auf irgendeine Weise eine Bibel zukommen lassen möge. Wenn ich das Gefühl hatte, meine Existenz nicht länger ertragen zu können, und die Schwärze der Finsternis meinen Geist erfüllte, dann rief ich zum Herrn, und er schenkte mir Ermutigung. Immer und immer wieder errettete er mich.

Eine der strengsten Regeln in der Fabrik lautete, daß Juden nicht mit den deutschen Arbeitern sprechen durften. Zuerst überlegte ich mir, ob ich es nicht riskieren könnte, eine der Arbeiterinnen anzusprechen und um eine Bibel zu bitten, so wie ich es auch mit dem Neuen Testament gemacht hatte. Aber ich befürchtete, erneut von der SS geschlagen zu werden, denn ich war von den morgendlichen Schlägen schon ganz krank. Ich konnte es nicht wagen, entdeckt zu werden.

Die Wache in unserer Einheit war eine besonders bösartige SS-Frau. Eines Tages, als ich sie wegen etwas anderem ansprechen mußte, platzte ich plötzlich heraus, daß ich eine Bibel wolle. Sie starrte geradeaus und gab keine Antwort. Mir schien es ein Wunder, daß sie nicht nach einem SS-Mann läutete, der mich schlagen sollte. Ich betete weiter, doch ich fürchtete mich, sie noch einmal anzusprechen.

Einige der religiösen jüdischen Mädchen führten eine hingebungsvolle Zählung der Tage des jüdischen Kalenders durch; sie wußten, wann die Hohen Heiligen Tage herankamen. Bald würde Versöhnungstag sein! Mit beinahe unerträglicher Inbrunst betete ich um eine Bibel, um ihnen aus der Schrift darlegen zu können, wie der Versöhnungstag im Messias erfüllt ist. Immer wieder schrie ich zu Gott um eine Bibel. Selbst der Lärm in der Fabrik, das Krachen des Hammers auf den Stahlstangen, die Schmerzen in meinem Körper und die Wunden meines Rückens von den Schlägen – all das schien mir weniger wirklich zu sein als mein sehnlicher Wunsch, wieder einmal ein Exemplar des Wortes Gottes in der Hand zu halten.

Eines Abends, als ich in der Spätschicht arbeitete, blickte ich auf und sah zu meinem Erstaunen und

Erschrecken einen mir bekannten SS-Mann neben mir stehen. Er sah starr geradeaus und flüsterte mir einen Befehl zu, am nächsten Nachmittag um zwei Uhr zum Zaun draußen vor der Fabrik zu gehen. Bei diesem SS-Mann handelte es sich um den gleichen Offizier, der mich oft schlug, weil ich beim Namensappell die letzte war.

Jeden Tag gab es im Hof ein verzweifeltes Durcheinander beim Aufstellen. Meine Blockgenossinnen gerieten in Handgemenge, um in die Reihe zu gelangen, da sie um ihr Leben fürchteten. Die geringste Unregelmäßigkeit konnte den Tod oder entsetzliche Schläge bedeuten. Ich machte mir nicht die Mühe, zu stoßen oder zu drängeln. Ich fürchtete mich nicht davor, mein Leben zu verlieren. Ich wußte, ich war in Gottes Hand. Immer war ich eine der letzten, weil ich zuvor betete, und so ging ich richtig davon aus, daß ich nie den Schlägen ausweichen könne. Dieser Offizier verfluchte mich heftig und beschimpfte mich mit jedem möglichen Namen, wenn er mich schlug. Nun sagte er mir, ich solle zum Zaun gehen.

Im nächsten Augenblick war er weg. Beim morgendlichen Appell betete ich, daß ich bis zwei Uhr am Leben bleiben möge. Es war der Tag vor dem Versöhnungsfest. Ich konnte vor lauter Aufregung nicht schlafen, und als die Zeit heranrückte, erhob ich mich von der läuseverseuchten Matratze und machte mich auf den Weg zum Zaun. Ich zitterte vor Angst und Erwartung. Vielleicht würde man mich töten.

Auf der anderen Seite des Zaunes wartete der SS-Mann selbst. Zitternd vor Aufregung ging ich auf ihn zu. An seinem Gesicht konnte ich nichts erkennen, doch in seinen Augen flackerte es, als er mir durch den Zaun ein kleines, in weißes Seidenpapier eingewickeltes Buch zuwarf. „Sie müssen das verstecken“, sagte er, als er hinwegeilte.

Der Herr hatte an diesem entsetzlichen Ort ein Wunder vollbracht und unvorstellbarerweise meinen boshaften Feind benutzt, mir eine Bibel zukommen zu lassen! Ich stürzte benommen in die Baracke zurück. Ich wußte, in meinen Händen hielt ich den Beweis für Liebe und Gnade Gottes. Er hatte mich nicht verlassen! Er hatte mir meinen Herzenswunsch erfüllt!

Die Sonne ging unter. Es war Versöhnungstag. Viele Frauen in den Baracken sprachen nur jiddisch. Eifrig übersetzte ich aus dem kostbaren Buch für diejenigen, die nicht Deutsch verstanden. Es war mitreißend für jeden, daß ich eine solche Gabe für den Versöhnungstag erhalten hatte. Viele hörten zu.

Für die Frauen war es schwer zu glauben, daß der gleiche SS-Offizier, der mich geschlagen hatte, mir diese Bibel zukommen ließ. Später erfuhren wir durch eine SS-Frau, daß seine erste Frau eine Jüdin gewesen war. Vielleicht empfand er ihretwegen Mitleid mit mir.

Wir wußten nichts davon, daß der Krieg sich einem verzweifelten Ende näherte. Wir wußten jedoch von den erbarmungslosen Bombardements auf Essen. Die Stadt selbst war so von Bomben verwüstet, daß es keine Transportmöglichkeiten mehr gab. Wir mußten täglich die acht Kilometer vom Lager zur Fabrik zu Fuß gehen. Meine behelfsmäßigen Holzschuhe gestalteten weiterhin die Fußmärsche äußerst schmerzhaft. Zu dieser Zeit hatten sich die Streifen aus Sackleinen, die die Schuhe an meinen Füßen hielten, aufgelöst, und ich benutzte zum Festhalten Stücke von Bindfäden, die die Haut bis auf die Knochen durchscheuerten.

Unser Haar war noch nicht nachgewachsen, und die

Haut hing in Falten an unseren Knochen. Durch die Bombenangriffe auf die Stadt waren die Hauptwasserleitungen geborsten. Daher gab es eine Zeitlang weder Wasser noch Essen; unser Durst wurde unerträglich.

Einmal zog ich meine Haut vom Körper weg und stellte fest, daß sie sich dreißig Zentimeter oder noch mehr weghalten ließ. Ich wurde wie jeder andere von Hunger und Durst gequält. Aber ich hatte meine Bibel!

Ich fand ein kleines Stückchen Stoff und borgte mir von einer der Frauen eine kostbare Nähnadel. Aus dem Stoff zupfte ich einige Fäden und konnte so einen kleinen Beutel für die Bibel nähen, den ich mir unter dem Kleid um den Hals hängte. Da ich soviel Gewicht verloren hatte, war dieser Beutel nicht wahrzunehmen, und ich konnte so meine Bibel jederzeit sicher bei mir haben.

Die weiblichen Gefangenen waren durch die Bombenangriffe, die Tag für Tag in unserer Nähe niedergingen, völlig verschreckt. Nun besaß ich die Heilige Schrift, um sie zu trösten. Sie brauchten nun nicht nur dem zu glauben, was ich ihnen sagte, – ich hatte den Beweis von Gottes Wort! Ich konnte ihnen den Weg der Erlösung und Hoffnung durch die Weissagungen aufzeigen. Mit schwacher Stimme und aufgesprungenen Lippen las ich ihnen die wundervollen Verheißungen Gottes vor, die bewiesen, daß er kein Ende der Nation Israel herbeiführen wollte. Es blieb nicht viel Zeit für diese Art von Zeugnis – mit Ausnahme der Zeiten, in denen die Bomben auf uns niederfielen und wir in einer Ecke eines Unterstandes zusammengekauert waren.

Wir wurden alle immer schwächer. Es war schon Anfang Oktober, und die Temperatur schien ziemlich niedrig. Es gab fast keine Nahrung. Zweimal am Tag erhielten wir eine kleine Portion Suppe, in der manchmal ein Stück Rübe oder ein Stück Fleisch schwamm. Das Fleisch war so verdorben, daß uns davon übel wurde, doch wir waren so heißhungrig, daß wir es trotzdem aßen. An anderen Tagen wurden verdorbene Zwiebeln in die Suppe geworfen.

Unser Brot war sehr hart und mit Sägemehl gemischt. Als ich dieses Brot zum erstenmal in Auschwitz sah, hielt ich es für ein Stück Ziegel oder Holz und benutzte es als Kopfkissen – bis es gestohlen wurde!

Lange Zeit hindurch gab ich den Zehnten von meinem Essen. Mr. Miller hatte mir beigebracht, den Zehnten zu geben; da ich kein Geld hatte, versuchte ich, den Zehnten von meinem Essen zu spenden. Der Herr ließ mir Gnade dafür zuteil werden. Doch in jenen schrecklichen Tagen stellte ich diese Praxis ein. Es war nicht nur der Mangel an Nahrung und Wasser und die Arbeit, die uns schwächten. Wenn wir von der Nachtschicht zurückkehrten, konnten wir nicht schlafen. Wir mußten unsere Betten teilen, und da gab es soviel Streit und Krach und Lärm, daß man unmöglich schlafen konnte. Unsere Existenz war ein Tod bei lebendigem Leib.

Eines Tages, im Oktober, als ich an meiner Maschine arbeitete, erlitt ich einen Zusammenbruch. Das letzte, was ich sah, war das bewegungslose Gesicht der besonders strengen SS-Frau, die meinen Bereich in der Fabrik überwachte. Ich nahm an, ich würde umgehend getötet, doch sie half mir auf und führte mich zu einer Bank. Als die Schicht vorüber war, wurde ich auf die Füße gestellt und mußte die acht Kilometer zum Lager zurück zu Fuß gehen. Einige der Frauen meiner Baracke hielten mich an den Armen und halfen mir bei jedem Schritt dieser qualvollen Wanderung.

Im Lager wurde mir gesagt, ich solle mich im „Hospital“ melden. Das war lediglich ein weiterer Zellenblock mit einer Frau in einem weißen Kittel, die angeblich Ärztin war. Ich glaube, ihr Mann war Arzt gewesen, doch sie selbst war nicht einmal Krankenschwester. Es gab keinerlei Arzneimittel – überhaupt nichts –, doch man gestattete mir, mich auf eine Matratze zu legen. Ich war völlig gelähmt; ich konnte weder meine Glieder bewegen noch sprechen.

Die Bombenangriffe auf die Stadt wurden von Tag zu Tag stärker, und SS und Gefangene waren angesichts der Bomben in gleicher Weise starr vor Entsetzen. Wir verfügten über keinen wirklichen Schutz. Unsere Unterstände bestanden aus Löchern, die in den Boden gegraben waren, und einem dünnen Dach von der Stärke einer Frauenhand. Es gab nicht einmal eine Tür an den Bunkern.

Wenn die Luftschutzsirene ertönte, stürzte im Hospital jeder davon und ließ mich und ein gelähmtes Mädchen mit der Schwester dieses Mädchens, die bei ihr blieb, allein im Gebäude zurück. So waren wir drei beieinander, und ich konnte mit ihnen beten und ihnen Zeugnis geben. Ich war todmüde und so schwach, daß ich mich kaum zum Sprechen zwingen konnte. Ich bekenne, während ich für die Sicherheit der beiden verstörten Mädchen betete, bat ich Gott um die Barmherzigkeit, mich sterben zu lassen. Ich dachte, ich könne nicht noch mehr ertragen! Da ich so krank war und die Bomben fast stets genau trafen, nahm ich sicher an, daß der Herr mich auf die eine oder andere Weise sterben lassen würde; ich war dafür dankbar.

Eines Tages öffnete ich meine kostbare Bibel. Da gab mir der Herr die Botschaft, daß ich leben würde. Ich las im 2. Korintherbrief Kapitel 1, Vers 8-10, wo Paulus über seine eigenen Mühsale schreibt:

Denn wir wollen euch, liebe Brüder, nicht in Unkenntnis lassen über die Bedrängnis, die uns in der Provinz Asien widerfahren ist, wo wir über die Maßen beschwert waren und über unsere Kraft, so daß wir bereits am Leben verzagten und es bei uns für beschlossen hielten, daß wir sterben müßten. Das geschah aber, daß wir unser Vertrauen nicht auf uns selbst setzen sollten, sondern auf Gott, der die Toten auferweckt, der uns auch aus solcher Todesnot errettet hat und erretten wird. Auf ihn hoffen wir, daß er uns auch in Zukunft erretten wird.

Von dem Augenblick an, da ich diese Verse las, wußte ich, daß Gott mich weiterleben lassen wollte. Obwohl ich tiefe Enttäuschung empfand, freute ich mich, seinen Willen zu erkennen und dem Zustand der Ungewißheit entronnen zu sein.

Ich hatte auch der „Ärztin" gegenüber von meinem Glauben gesprochen und ihr Teile der Bibel vorgetragen. Ich hatte sogar das Gefühl, daß sie ein wenig freundlich zu mir war. Doch eines Tages kam sie an mein Bett und verkündete: „Sie müssen aufstehen. Sie müssen zu Ihrer Baracke zurück und wieder an die Arbeit!"

Ich war entsetzt! Ich konnte mich nicht eine Sekunde lang auf den Beinen halten. Wie konnte ich da zu meiner Baracke zurückgehen? Wie sollte ich wieder an die Arbeit zurück?

Aber natürlich gab es keinerlei Argumentation mit jemandem, der Befehle geben konnte, ganz gleich, um wen es sich handelte. Das wäre der sicherste Weg gewesen, sich Schläge und noch Schlimmeres zuzuziehen. Die

Schwester des gelähmten Mädchens half mir auf, und zusammen stolperten wir zu meiner Baracke zurück. Sie stützte mein Gewicht, das damals alles andere als groß war.

In jener Nacht traf ein schrecklicher Bombenangriff zum erstenmal unser Lager. Bis dahin waren die Bomben auf die Stadt Essen selbst gefallen, doch die Stadt war nun vollständig verwüstet. Die Fabrik von Krupp lag in den Außenbezirken und war bisher noch nicht getroffen worden. Doch nun wurde die Fabrik und unser Lager zum Angriffsziel. Die Bomben der Alliierten enthielten Phosphor. Diese Bomben explodierten nicht nur, sondern jeder Bombensplitter ließ bei Berührung seine Umgebung sofort in Flammen aufgehen. In jenen Tagen hingen über Essen ständig dichte weiße Wolken, die sich mit schwärzlichen Rauchspiralen von qualmendem Schutt mischten. Wir hatten die verheerenden Feuer von diesen Bomben gesehen, doch nun begannen die Bomben auch auf unser Lager zu regnen.

Wenn der Befehl zum Aufsuchen der Unterstände kam, flüchtete sich jeder in völliger Hysterie in die Bunker. Ich war so schwach, daß ich mich nicht rühren konnte, und so blieb ich einfach auf meinem Bett liegen und wartete auf die Bomben. Die Baracken bestanden aus dünnem Holz. Ich befand mich praktisch auf einem Pulverfaß.

Ich begann darüber nachzudenken, daß ich mich bewußt dem Befehl, einen Schutzraum aufzusuchen, widersetzt hatte. Vielleicht hätte mich die Angst in den Unterstand getrieben, wenn ich es versucht hätte, vielleicht hätte mir auch der Herr auf wunderbare Weise geholfen. Aber ich blieb einfach in meinem Bett. Plötzlich durchfuhr mich der Gedanke, daß ich in Wirklichkeit bewußt Selbstmord beging. Wie konnte ich dem Herrn gegenübertreten? Ich würde wegen meines eigenen Ungehorsams vor sein Angesicht kommen. Er hatte mich wissen lassen, daß er ein Ziel für mich habe, um weiterzuleben, und ich hatte in meiner Widersetzlichkeit beschlossen, in der Baracke zurückzubleiben und in die Luft zu fliegen!

Oft empfand ich geradezu Glück, wenn die alliierten Bomben fielen, doch nun geriet ich in Panik. Ich konnte das zischende Geräusch hören, wenn sie detonierten, ich konnte die Hitze des Feuers und den beißenden Geruch des Phosphors im Feuer wahrnehmen. Ein Ende der Baracken stand schon in Flammen. Knisternd verschlangen die Flammen das trockene Holz.

Ich flehte den Herrn an, mir meinen Ungehorsam zu vergeben. Ich versprach, nicht mehr absichtlich dem Unterstand fernzubleiben, wenn er mich diesesmal verschone. Allmählich ließ das furchtbare Geräusch der Flugzeuge und Bomben nach. Mit aller Kraft schleppte ich mich zur Tür, die in den nächsten Raum führte. Die gesamten Deckenbalken waren auf den Boden gestürzt. Der Raum war, wie alle anderen Räume der Baracke, durch das Feuer zerstört worden. Gott hatte in seiner Barmherzigkeit den einen Raum ausgespart, in dem ich gebetet hatte.

Neben unserer Küchenbaracke befand sich ein Vorratsraum, in dem Kartoffeln und riesige Rüben aufgehoben wurden. Einige hungernde Frauen stahlen von den Rüben. Dies wurde als besonders schändliches Verbrechen betrachtet und dem Lagerführer berichtet. Er war derjenige, der ein solches Verbrechen zu ahnden hatte, – und er kannte kein Erbarmen.

Eines Tages wurde das gesamte Lager zum Namensappell und zur Durchsuchung herausgerufen. Jeder menschliche Körper sollte nach gestohlenen Lebensmitteln durchsucht werden. Ich hatte meine Bibel in dem kleinen Beutel, der um meinen Hals hing, verborgen. Es war bei Todesstrafe verboten, irgendwelche Besitztümer zu haben oder etwas zu verstecken, aber ich konnte doch meine Bibel nicht aufgeben. Ich hatte das Gefühl, ich brauchte sie zum Überleben. Ich hatte schon so viel zu erdulden gehabt – Hunger, Durst, Ungeziefer, Zwangsarbeit, Bombenangriffe, Schläge, Schmähungen –, daß ich ein Leben ohne das Wort Gottes nicht ertragen konnte.

Als die Reihe an mich kam, mußte ich zur Durchsuchung am Lagerführer und den anderen Offizieren vorbeigehen. Sie brauchten nur einen Augenblick, um die Bibel zu entdecken. Der Lagerführer riß sie weg und schlug mich zu Boden. „Du sollst arbeiten und nicht in der Bibel lesen", schrie er, doch er erschoß mich nicht, wie es der Fall gewesen wäre, hätte ich Lebensmittel bei mir gehabt.

Ich versuchte mich zu erheben, doch er schlug weiter auf mich ein und schrie immer wieder: „Du sollst arbeiten, nicht lesen!" Ich war entsetzt. Ich konnte in dem Schmutz meine Bibel nicht finden. Nach einigen Augenblicken konnte ich nur noch seinen Stock erkennen, der auf meine Knochen niederfiel. Ich war zu schwach, um mich zu wehren. Mein Mund war voller Schmutz, und ich vergaß, warum ich geschlagen wurde. Ich konnte nur noch an meine Bibel denken.

„Bitte, Herr Lagerführer, bitte, Herr des Lagers", stammelte ich, „bitte, ... meine Bibel." Ich erinnere mich, daß ich anständig bat. Mutter hatte uns beigebracht, höflich zu bitten ... Mutter und ihr Gebetbuch am Flußufer ... das Sonnenlicht, das auf den Silberbeschlägen glänzte ... meine kleine Bibel.

„Bitte, Herr Lagerführer ... Herr ...“

Ein Offizier zerrte mich auf die Füße. Ich trat in die unbewegliche Reihe der Gefangenen ein, die noch durchsucht werden sollten. Ich konnte mich nicht erinnern, was geschehen war, nur daß ich auf irgendeine Weise meine Bibel verloren hatte. Der Offizier zog mich aus der Reihe weg zur Baracke hin. Vielleicht half mir jemand, ich weiß es nicht. Meine Bibel war fort. Ich konnte nichts daran ändern.

Die Angriffe wurden mit jedem Tag schlimmer. Die alliierten Flugzeuge warfen tonnenweise Phosphorbomben, die auch unser Lager trafen. Nacht für Nacht ereigneten sich die Explosionen, begleitet von schrecklichem weißen Licht, blendeten und entzündeten ihre Feuer. Wasser kann Phosphorbrände nicht löschen – sie müssen ausbrennen und alles zerstören, was brennbar ist. Wenn ein Gefangener etwas von der Phosphormasse auf seine Haut bekam, gab es furchtbare Brandwunden.

Bei den Angriffen war ich immer die letzte, die in den Bunker kam, und daher der Tür am nächsten. In den überfüllten Bunkern gab es viel Weinen und Geschrei, und ich flehte zum Herrn um Barmherzigkeit, denn ich wußte, daß sie unerlöst und nur einen Schritt vom ewigen Tod entfernt waren. Über das Zischen der Bomben hinweg rief ich die Worte des Propheten Habakuk:

Aber du, Herr, mein Gott, mein Heiliger, der du von Ewigkeit her bist, laß uns nicht sterben; sondern laß sie uns, o Herr, nur eine Strafe sein, und laß sie, o unser Fels, uns nur züchtigen. Deine

Augen sind zu rein, als daß du Böses ansehen könntest, und dem Jammer kannst du nicht zusehen! Warum siehst du dann aber den Räubern zu und schweigst, wenn der Gottlose den verschlingt, der gerechter ist als er?

Das Grauen der Frauen ließ nach; sie hingen an jedem Wort, das ich zu ihnen sprach mit einem Strohhalm der Hoffnung, daß sie den Schrecken der Bomben überleben könnten.

Eines Nachts bot sich uns ein schrecklicher Anblick. Alle Gebäude unseres Lagers waren rußgeschwärzte Hüllen, aus denen der Rauch aufstieg. Einige Gebäude standen noch immer in Flammen. Der Himmel hatte sich orangerot gefärbt. Wir standen wie versteinert. In dem heißen Licht sah ich den Lagerführer mit einem verzerrten Gesicht dastehen. Ich glaube, er wußte in diesem Augenblick, daß alles vorüber war; er wußte nicht, was er tun sollte.

Ich hatte für ihn gebetet seit dem Augenblick, da er mich geschlagen hatte. Er war einer der übelsten SS-Leute, die ich kennengelernt hatte. Plötzlich erfüllte mich der Herr mit Kühnheit, und ich schritt um einige kleinere Feuer herum auf die Stelle zu, wo er stand und auf das Lager starrte. Er schien mich nicht zu bemerken, und als ich ihn ansprach, blickte er mich mit leerem Blick an.

„Herr Lagerführer, bitte, kann ich meine Bibel haben? Ich habe für Sie gebetet. Würden Sie mir bitte nun meine Bibel wiedergeben?"

Sein Blick schweifte von mir weg über das Feld der Verwüstung. Ich wartete, – wagte kaum zu atmen. Nach langer Zeit antwortete er endlich wie geistesabwesend: „Schon gut! Schon gut! Sie können's schon haben!" Dann ging er wie in Trance weg.

Durch Gottes Barmherzigkeit wurde bei dem Bombenangriff, der unser Lager zerstörte, nicht alles menschliche Leben ausgelöscht. Doch nun besaßen wir Gefangenen überhaupt nichts mehr: keine Decken, keinen Platz, wo wir uns niederlegen konnten, keine Nahrung, keine Existenzberechtigung mehr, da die Fabrik zerstört worden war. Wir sollten eigentlich sofort nach Buchenwald selbst zur Hinrichtung gebracht werden, doch die Öfen waren völlig überlastet, und so wurden wir verschont.

Wir fragten uns alle, was nun mit uns werden sollte. Selbst die SS-Leute sorgten sich um ihr eigenes Schicksal. Eines Tages sah ich den Lagerführer und sprach ihn an wegen meiner Bibel.

Er bewohnte eine noch stehengebliebene Ecke einer Baracke, und nun wies er mich an, zu einer bestimmten Zeit in sein Quartier zu kommen. Ich wurde von Angst hin- und hergerissen. Ich besaß noch einen Funken Hoffnung, daß meine Bibel das Feuer irgendwie überstanden habe und daß er sie mir zurückgeben wolle, doch fürchtete ich sehr, er könnte sich wieder irgendeine Marter ausdenken, die er mir antun konnte. Die anderen Frauen stellten lebhafte Spekulationen darüber an, was mit mir geschehen würde, wenn ich in die Baracke ginge. Doch ich war entschlossen, den Versuch zu wagen, um meine Bibel wiederzubekommen.

Als ich mich auf den Weg zu der Baracke machte, konnte ich die Blicke der Gruppen von Frauen in meinem Rücken spüren. Unsicher suchte ich mir einen Weg durch den Alptraum von Schutt zu dem Platz, wo der Lagerführer wohnte.

Trotz des Schmutzes im Lager war der Lagerführer makellos gekleidet. Ich staunte, wie seine Stiefel auf den verkohlten Ruinen der Stufen an seiner Türe glänzten. Als ich eintraf, händigte er mir sofort die Bibel aus. Sie war in den Holzschuppen neben dem Lagereingang gebracht worden, wo wir uns zweimal am Tage zum Abzählen aufstellen mußten. Der Schuppen war bis auf den Grund niedergebrannt, doch die Bibel war nicht einmal angesengt! Er blickte mich seltsam an. „Ich möchte Sie nicht in diesem Buch lesen sehen!“ warnte er mich.

Aber er sagte nicht: „Sie dürfen nicht ...! “Schwankend und stolpernd eilte ich mit geschwollenen Füßen und brüchigen Knochen zu meinen Gefährtinnen. Wir alle waren überrascht, daß er die Bibel zurückgegeben hatte und daß sie nicht verbrannt war.

Ich begann beim Propheten Jesaja zu lesen, und jedes Wort erschien mir wunderbar. Meine Seele speiste sich ständig aus diesem Buch. Ich erinnere mich, wie ich über dem 33. Kapitel frohlockte und weinte:

> *Der Herr ist erhaben, denn er wohnt in der Höhe. Er hat Zion mit Recht und Gerechtigkeit erfüllt. Und du wirst sichere Zeiten haben: Reichtum an Heil, Weisheit und Klugheit, die Furcht des Herrn wird Zions Schatz sein.*

Ich konnte mit meinen Mitgefangenen viel von Jesaja teilen, denn sie kannten es als jüdisches Buch, nicht als christliches Buch des Alten Testamentes. Wie wundervoll waren die Worte:

Deine Augen werden den König sehen in seiner Schönheit, du wirst ein weites Land sehen. Dein Herz wird an den Schrecken zurückdenken ... Deine Augen werden Jerusalem sehen, eine sichere Wohnung ... Denn der Herr wird dort bei uns mächtig sein, und weite Wassergräben wird es geben, auf denen kein Schiff mehr fahren, kein stolzes Schiff mehr dahinziehen kann ... Und kein Bewohner wird sagen: Ich bin schwach! Denn das Volk, das darin wohnt, wird Vergebung der Sünde haben.

Wenn Hunger und Durst kaum noch zu ertragen waren, las ich immer wieder den 16. Vers von Jesaja 33:

Der wird in der Höhe wohnen, und Felsen werden seine Feste und Schutz sein. Sein Brot wird ihm gegeben, sein Wasser hat er gewiß.

Der Herr Jesus war mein Brot, und er war auch das lebendige Wasser. Die Frauen um mich sahen, wie sehr ich die Bibel liebte und daß ich bereit gewesen war, mein Leben dafür aufs Spiel zu setzen. In den Tagen vor der Zerstörung, wenn wir im Luftschutzbunker waren, baten sie mich, ihnen immer wieder von der Verheißung zu erzählen, daß Gott Israel nicht völlig zerstören werde; doch als die Angriffe vorüber waren, verspotteten sie mich wieder.

Nun aber begannen sie die Bibel ernst zu nehmen und fragten mich: „Rose, was steht dort, wie es weitergehen soll?“ Ich konnte ihnen so viel Ermunterung schenken. Im fünften Buch Mose stehen die Worte: „Du (Israel) wirst den Herrn deinen Gott suchen, und du wirst ihn finden, wenn du ihn von ganzem Herzen und von ganzer Seele suchen wirst.“

Die Frauen wurden getröstet, als ich ihnen immer wieder sagte, daß die Bibel verheißt: „So spricht der Herr: Wer gibt die Sonne als Licht am Tage und die feste Ordnung des Mondes und der Sterne als Licht in der Nacht ... ‚Wenn die Himmel oben gemessen werden können und die Fundamente der Erde unten erforscht sind, dann (und nur dann) will ich die Kinder Israel verwerfen um deswillen, was sie getan haben‘, spricht der Herr.“

Doch unsere tägliche Existenz wurde immer schlimmer. Die SS mußte sich überlegen, was mit uns 550 Gefangenen geschehen sollte, die überlebt hatten. Die Stadt Essen war eine große Ruine. Nur wenige Gebäude waren noch bewohnbar. Die Fabrik war zerstört worden; die Straßen von der Fabrik zur Stadt waren unpassierbar. Die SS entdeckte in Essen einen Keller, in dem wir 550 alle eingesperrt werden sollten. Wir waren trotz allem noch als Juden in Haft. Es gab keine Waschräume, keine Trennwände, keine Betten. Doch brachte es die SS auf diese Weise fertig, ihren Befehlen zu gehorchen.

In diesem Keller konnten die Menschen alles gebrauchen – vielleicht ein Brett, um sich darauf zu legen, oder einen Lumpen als Kissen. Jeder kämpfte und stahl vom anderen, und wiederum wurde ich zum Feind für meine Genossen. Sie fürchteten nicht länger, sie könnten getötet werden. Ich war eine christliche Ausgestoßene.

In einer Ecke des Kellers fand ich eine Holzkiste und machte mir ein Bett daraus. Der Winter nahte bereits, die Außenluft wurde kalt. Die Wände des Kellers begannen von der Wärme so vieler zusammengepferchter Leiber vor Feuchtigkeit zu tropfen.

Im ganzen Keller gab es einen einzigen Wasserhahn für alle 550 Personen. Wir hatten schrecklichen Durst und waren zudem furchtbar schmutzig. In diesem Keller erhielten wir halbe Rationen: einmal am Tag ein kleines bißchen Suppe mit einem winzigen Stückchen Rübe darin zusammen mit einer einzigen Scheibe „Brot".

Im Keller befand sich ein Abwasserkanal, den wir als Toilette benutzen mußten. Diese Leitung war bald verstopft, lief über, und der Schmutz schmierte über den Boden. Das Kondenswasser, das von der Decke tropfte, spritzte hinein.

Es war unsagbar grauenvoll, und wir waren unendlich dankbar, daß wir jeden Tag zur Arbeit aus diesem Gefängnis herausgeholt wurden. Die SS gab niemals auf, sondern hielt sich an ihre Befehle, daß wir zu arbeiten hätten, bis wir starben.

Die uns zugewiesene Arbeitsstätte befand sich im Ruinengelände einer Fabrik, die kilometerweit vom Keller entfernt lag. Feucht und schmutzig wie wir waren, mußten wir in der frostigen Luft zu dem Gelände marschieren. Zuerst mußten wir Schutt von einer Stelle zur anderen tragen – schwere Eisenstücke und scharfkantige Blechteile, die von den Bomben in absurder Weise verformt worden waren. Immer war SS um uns, und wenn einer in der Arbeit innehielt oder schwankte, hatte er gleich ein Gewehr im Rücken.

Wir erhielten Pickel und mußten graben. Keiner von uns hatte je einen Pickel hochgehoben. Wir taumelten unter dem Gewicht, doch wir mußten graben, sonst vernahmen wir das Knacken der Entsicherung der Gewehre hinter uns. Es war nun bitter kalt, und ich hatte noch immer meine Holzschuhe an den Füßen, aber keine Strümpfe. Ich fragte mich, ob meine Füße tatsächlich erfrieren würden. Sie waren leichenhaft blau verfärbt und schmerzten. Ich fürchtete schon, sie seien tatsächlich erfroren, erinnerte mich aber dann daran, daß sie viel zu sehr weh taten, um erfroren zu sein.

Ich war verblüfft, als eines Tages ein Deutscher aus der Stadt plötzlich in den Ruinen neben mir auftauchte, ein Paar dicke Strümpfe neben mich hinlegte und wieder verschwand. Vielleicht hatte er seine Frau darum gebeten. Ich schnappte sie und zog sie in hektischer Eile an. Zum Glück war die Aufmerksamkeit der SS in diesem Augenblick nicht auf mich gerichtet. Der Herr war sehr barmherzig zu mir gewesen.

Aber noch eine größere Barmherzigkeit sollte kommen!

Schnee begann bereits auf die Stadt zu fallen, und das Gehen in den Brettern, die mir so lange als Schuhe gedient hatten, wurde unerträglich. In unserem Arbeitskommando befanden sich nicht nur Juden, sondern auch französische und holländische Kriegsgefangene. Sie wurden stets streng von uns getrennt in separaten Lagern gehalten und erhielten mehr zu essen und anzuziehen, denn es war nicht bewußt geplant, daß sie sterben sollten. Für sie war es recht gefährlich, mit uns Kontakt zu haben, doch bei seltenen Gelegenheiten – ehe unser Lager und die Fabrik zerstört wurden – ließ ein Franzose oder Holländer einem Juden etwas zu essen oder Hilfe zukommen, wenn er konnte.

Eines Tages kämpfte ich mit meiner Axt im Schnee, rutschte aus und fiel auf die Knie, weil meine Füße an den Holzbrettchen angefroren waren, so daß ich stolperte. Ich dachte an die armen ungarischen Soldaten, die ich zu

Beginn des Krieges gesehen hatte, deren Füße, Finger und Ohren erfroren waren und eiterten. Ich träumte von den Biskuits, die ich gebacken und ihnen gebracht hatte, als plötzlich ein französischer Gefangener zu mir herüberstürzte und ein paar riesige Männerschuhe hinwarf. Ich hatte nicht einmal die Zeit, zu ihm aufzusehen und ihm zu danken.

Meine steifen Finger zerrten die Bänder weg, die die Brettchen an meinen Füßen festhielten. Es war herrlich, meine Füße in diese Männerschuhe zu stecken. Ich weinte über die Barmherzigkeit Gottes und die menschliche Freundlichkeit des französischen Gefangenen.

Obwohl ich nichts sehen konnte, was von Essen noch übrig war, hielten die Bombenangriffe den ganzen Dezember 1944 über an. Es war in Deutschland ein bitterkalter Winter, und wir Gefangenen schleppten uns halbtot durch die Bewegungen unserer Arbeit; die SS-Soldaten und die weiblichen Aufseher machten sich im Schnee Feuer und wärmten sich. Dabei schleuderten sie Flüche auf uns und unsere untauglichen Anstrengungen.

Eines Tages, als wir zu unserer Arbeitsstelle marschierten, rückte unsere Reihe ein klein wenig näher an das SS-Feuer heran, so daß wir beim Vorbeigehen einen Augenblick lang die Wärme spüren konnten. Niemand schien es zu bemerken, doch als wir am Abend in unseren elenden Keller zurückkehrten, stand da eine unserer eigenen jüdischen Frauen mit einer Peitsche, mit der sie wütend über ihrem Kopf herumknallte.

„Ihr habt versucht, euch am Feuer zu wärmen!“ schrie sie und schlug wild auf uns ein. „Ihr habt nicht gearbeitet, und ihr werdet kein Essen bekommen!“ Die Peitsche schnitt in unsere Körper ein, doch schmerzlicher als das war die Tatsache, daß sie eine der Unsrigen war. Es war schrecklich genug, in unserem Zustand von der SS geschlagen zu werden, doch wenn ein Jude sich dazu hergab, war dies noch furchtbarer. Und so wurde unser Leiden schlimmer und schlimmer, als die Zeit von Weihnachten herannahte.

Ich fragte mich, ob man uns erlauben würde, am Weihnachtstag auszuruhen. Für alle Deutschen und für die Kriegsgefangenen war es ein Feiertag. Doch als Bestrafung (wofür wußten wir nicht) wurden wir am Weihnachtsmorgen aus unserem Keller hinausgejagt, um im Schnee zu arbeiten. Wir erhielten die Anweisung, Schutt von einer Stelle wegzuräumen und ihn an einer anderen Stelle wieder aufzuhäufen. Es war lediglich eine nutzlose Aufgabe, um uns arbeiten zu lassen. Doch am Nachmittag wurden wir allein gelassen. Viele von uns aßen Schnee, um etwas im Magen zu haben und den Durst zu löschen.

Einigen der Frauen war es gelungen, einige Streichhölzer zu bekommen – vielleicht von den Franzosen-, und sie errichteten ein Feuer. Wir füllten Eimer mit Schnee und schmolzen ihn, dann zogen wir in der beißenden Kälte unsere Kleider aus und wuschen sie. Es blieb uns nichts anderes übrig, als sie feucht wieder anzuziehen, doch wir fanden es einen herrlichen Tag, weil wir waschen konnten, selbst ohne Seife! Die Frauen fluchten auf mich und stießen mich zur Seite, bis die anderen mit dem Wasser fertig waren. Es war ein Nazi-Feiertag und ein christlicher in den Augen dieser Frauen. Doch trotz ihres Zornes war es wundervoll, waschen zu können.

Von Zeit zu Zeit trafen neue Transporte mit Gefangenen ein. Sie wurden in den Überresten der abgebrannten Baracken einquartiert, obwohl wir Juden weiterhin in dem Keller zusammengepfercht waren, krank von den Abwässern und unserem dichten Aufeinanderleben.

Eines Tages, als alle Arbeitskommandos zum Graben draußen waren, erfolgte ein Tagesangriff, und alle zusammen, Juden wie Nichtjuden, mußten rennen und sich Schutz suchen. Einige neue Gefangene waren russische Frauen, die nach Deutschland gebracht wurden, als die deutschen Truppen sich aus Rußland zurückzogen. Sie wurden zu Zwangsarbeit verurteilt, doch ihre Arbeit war bedeutend leichter als unsere. Da ich Russisch konnte, begann ich mit einer der Frauen zu sprechen, als wir während eines Fliegerangriffes zusammenkauerten. Sofort stellte ich fest, daß sie eine wiedergeborene Christin war.

Der gefrorene Boden zu unseren Füßen zitterte von den Bombeneinschlägen. Alle bedeckten den Kopf und weinten. Rauch und Flammen und das schauerliche Zischen hüllten uns ein, doch diese Frau und ich klammerten uns aneinander, lachten und priesen den Herrn in unserer Freude, einander gefunden zu haben. Nach so vielen Monaten des Hasses von seiten meiner Gefährtinnen und Schlägen und Mißachtung von seiten der SS war es ein Geschenk des Himmels, das Lächeln dieser Frau zu erblicken und ihre Arme um mich zu fühlen.

Von diesem Tage an steckte sie, wann immer sie konnte, mir eine zusätzliche Zwiebel oder etwas anderes zum Essen als Zeichen der Liebe zu. Ihr Gesicht war mir so teuer, daß schon ihr Anblick aus der Ferne mir Tränen in die Augen trieb. Sie wurde bald dabei ertappt, daß sie mir zu essen gab, und aus dem Lager entfernt. Ich sah sie nie wieder.

Der Griff des Winters in diesem Januar wurde in unserem Keller immer intensiver. Ich begann mich zu fragen, ob ich erfrieren würde. Die anderen hielten sich in der Nacht am Leben, indem sie sich zusammenkauerten, doch niemand wollte mich in seine Nähe lassen. Manchmal zitterte ich vor Kälte so heftig, daß ich gegen die Wand meiner Kiste stieß. Dann schrien und fluchten die anderen, weil ich sie störte. Ich betete ständig, daß der Herr mir helfen möge, durchzuhalten.

Eine der Frauen im Keller faßte den Entschluß, etwas von dem gefrorenen Schmutz auf dem Boden zu säubern. Ich beobachtete sie von meiner Kiste aus, vor Kälte nicht fähig, meine Glieder zu rühren. Als ich zu ihr hinstarrte und mich wunderte, daß sie die Kraft hatte, in solcher Kälte umherzugehen (obwohl sie einen Mantel anhatte), sah ich, daß sie den Boden mit einem Stück Schaffell reinigte. An einer Seite des Raumes war etwas Unruhe. Einige der anderen Frauen hielten etwas in der Hand und warfen es dann angewidert in eine Ecke. Ich sah, daß es ein Pelzmantel eines Mannes war, wie ihn die Russen trugen. Es war nur ein einfacher Schaffellmantel, ziemlich grob mit Fell gefüttert. Mit ganzem Herzen verlangte ich danach, diesen Mantel zu haben. Die Frau, die den Boden saubermachte, hatte einen Ärmel davon herausgerissen und benutzte ihn als Besen.

Ich fürchtete mich davor, meine Gefährtinnen wissen zu lassen, daß ich den Mantel haben wollte. Ich war sicher, daß sie ihn eher in Fetzen reißen, als ihn mir lassen würden. Sie wollten ihn nicht für sich selbst, weil sie befürchteten, er sei voller Läuse. Ich fror so entsetzlich, daß mir das gleichgültig war. Im übrigen hatten wir ohnehin alle Läuse, und ich fand, ein paar mehr würden mich nicht kränker oder unbehaglicher machen.

Nach einer Weile machte ich mich auf den schmerzlichen Weg zu dem Mantel und packte ihn. Furchtsam wie ein Dieb eilte ich zu meiner Kiste zurück. In unserer Gruppe gab es eine Frau, die so unangenehm war und ständig eine so üble Sprache führte, daß auch mit ihr niemand etwas zu tun haben wollte. Als sie sah, was ich getan hatte, kam sie zu mir, und wir kauerten uns zusammen unter den Mantel. Wir zogen weder unsere Kleider noch unsere Schuhe aus, so kalt war es.

Da ich keine Erlaubnis der SS hatte, den Mantel zu tragen, trat ich beim morgendlichen Appell auf den Lagerführer zu und bat ihn um Erlaubnis, ihn tragen zu dürfen. Die Winterstürme hatten ihren Höhepunkt erreicht, und er gewährte mir meine Bitte. Ich fand ein abgerissenes Stück einer Decke und fertigte mir daraus einen Ärmel, um meinen Pelzmantel zu vervollständigen.

Dieser Mantel rettete mir das Leben, doch die anderen Gefangenen haßten mich dafür um so mehr. Zu meinem Entzücken stellte ich fest, daß er behandelt worden war, so daß sich in seinem Fell keine Läuse halten konnten. Er bot also nicht nur Schutz vor Kälte, sondern auch vor den Läusen!

Ich trug den Mantel Tag und Nacht, und die Frauen verzehrten sich vor Eifersucht. Sie wollten nicht hören, wie der Herr mein Gebet erhört und durch den Mantel mein Leben errettet hatte. Sie taten so, als glaubten sie, er sei voller Läuse, und wenn ich in ihre Nähe kam, schrien sie: „Weg von uns! Du wimmelst von Läusen! Du bist lausig! Geh weg!“

Der Mantel hatte einem sehr großen Mann gehört. Obwohl es nur eine Jacke war, ging er mir gut bis unter die Knie. Ich war nur noch Haut und Knochen, und meine Beine ragten wie Stecken aus dem Mantel heraus und gingen in die riesigen Männerschuhe über, die der Franzose mir gegeben hatte. Der SS-Offizier, der uns zur

Arbeit führte, pflegte mich anzuschreien: „Alte Ziege! Schneller! Schneller!“ Ich war damals fünfunddreißig und hatte noch immer keine Haare auf dem Kopf, doch er nannte mich eine alte Ziege. Ich hatte Glück, daß er solch einen reizenden Namen für mich hatte.

Das Leben selbst schien in äußerstem Maße nutzlos. Jeden Tag hoben wir Schutt auf, trugen ihn weg und machten im Schnee Stapel damit. Wir bewegten uns wie Menschen in Trance. Nur der Schrei der SS-Leute: „Los, los! Arbeiten!“ schreckte uns gelegentlich auf. Wenn der Abend nahte, stolperten wir zurück in unseren dreckigen Keller mit seinem bitteren Streiten, dem Biß der Kälte und der Läuse.

Ich klammerte mich an die Versicherung, daß ich mich an dem Platz befand, an den der Herr mich gestellt hatte. Alles wurde von ihm zugelassen; ich wußte, sobald die Bombenabwürfe begannen, würden die Frauen aufhören, auf mich zu fluchen und mich wegzustoßen. Dann kauerten sie sich um mich herum. Sie sahen, daß ich trotz der Bomben Frieden hatte, und dachten, daß ich irgendwie sicher sei. Dann sprach ich zu ihnen vom Herrn, und sie hörten zu und baten mich zu beten. Oft las ich in den Büchern der Propheten Jeremia und Hesekiel. Ich wußte, ich war eine Zeugin, gleichgültig ob die verzweifelten Menschen, zu denen ich gesandt war, mir zuhörten oder nicht. Ich mußte sprechen. Der Herr hatte mir aufgetragen, sie zu warnen, und wenn sie hörten, würden sie gerettet. Hörten sie nicht, dann wußte ich, daß der Herr nicht mir die Schuld geben würde.

In diesem letzten bitteren Kriegswinter schien die Zeit stillzustehen. Der Tod erlöste uns nicht; doch wir atmeten, aßen und legten uns in seiner Verderbnis nieder.

Eines Morgens im März, als wir in der winterlichen

Dunkelheit zum Abzählen aufgestellt wurden, konnte ich erkennen, daß die SS-Männer und -Frauen außerordentlich nervös waren. Wir wurden zu numerischen Einheiten befohlen und wurden angewiesen, uns im Schnee niederzusetzen und auf weitere Befehle zu warten. Ich versuchte, meine Beine in meinem Schaffellmantel zusammenzulegen. Andere litten stärker. Endlich sagte man uns, wir sollten aufstehen und abmarschieren. Wir erschraken, denn wir erhielten einen ganzen Laib Brot pro Person. Was konnte das bedeuten? Wir wußten, daß irgend etwas geschehen würde.

Wir stolperten stundenlang über die von Bomben zerwühlten Straßen. Aus den Anzeichen konnte ich erkennen, daß wir von Südwesten her auf Düsseldorf zumarschierten. Überall herrschte Verwüstung; obwohl wir niemals Nachrichten über den Krieg erhielten, konnte ich sehen, daß Deutschland in Trümmern lag. Allmählich konnte ich meinen Blick nicht mehr lenken. Ich trat in ein Stadium des Deliriums ein – meine Beine bewegten sich, meine Ohren nahmen die Flüche der SS wahr, mein Rücken fühlte die Stöße der Gewehrkolben, doch mein Geist schwebte über meinem Körper und beobachtete das Voranschreiten einer alten Ziege in menschlichem Faksimile, die durch eine verkohlte, öde und in ihrem Mangel an Realität traumhafte Landschaft dahinstolperte.

An irgendwelchen Eisenbahngleisen wurden wir plötzlich angewiesen, zu halten. Jeder fiel sofort zu Boden, doch man brachte uns schnell wieder auf die Beine. Wir kamen dem Befehl, in die fürchterlichen Transportwagen einzusteigen, nach, deren Seitenwände gähnend offenstanden, um uns aufzunehmen. Aber diesmal wurden nicht so viele von uns in einen Waggon gestopft – vielleicht fünfzig Mädchen und Frauen. Seltsamerweise kam auch die SS mit zu uns herein, obwohl sie sonst immer in eigenen Wagen fuhren und nicht im Viehwagen wie wir. Tagelang reisten wir unbequem dahin. An Bahnhöfen unterwegs wurde gehalten, dann wurden die Türen geöffnet, um Luft und Licht hereinzulassen; die SS-Leute vertraten sich die Füße. Es wäre nicht schwer gewesen, davonzulaufen, doch das wollte ich nicht. Ich wußte, daß Gott mich an dem Platz wollte, an dem ich war.

Manchmal gab es einen Fliegerangriff, und der Zug wurde angehalten. Der Lokomotivführer und die SS-Leute flüchteten sich in Gräben, doch wir blieben in den Waggons eingesperrt, während die Bomben fielen.

Dann flehten die Frauen, von Gottes Vergebung und seiner Erlösung zu hören. Immer wieder sprach ich zu Ihnen vom Messias, der bereit war, für meine und für ihre Sünden am Kreuz zu sterben. Ich versicherte ihnen Gottes Verheißung für unser Volk. Zum ersten Mal begann ich mich daran zu erinnern, daß Gott einen Plan hatte, unser Volk wieder in Palästina zusammenzuführen, und voller Freude sagte ich ihnen das. Es würde ein neues Land geben.

Sie verstanden das einfach nicht. Sie sagten, wenn sie je frei würden, dann wollten sie in ihr Heim, in ihre Städte und Dörfer zurückkehren, ihre Angehörigen suchen und das Leben wieder von neuem weiterführen. So wäre das. Trotz allem, was unsere Augen uns sagten, konnten wir nicht glauben, daß wir nicht länger ein Heim, Dorf oder Angehörige besaßen, zu denen wir zurückkehren konnten.

Die Fahrt im Zug dauerte sehr lang, und wir hatten kein Wasser. Ich besaß ein wenig Salz und teilte es mit meinen Gefährtinnen. Wir leckten jeden Tag einige Körnchen und versuchten, mit unseren Brotlaiben solange wie möglich auszukommen. Der Zug fuhr viele Male an und hielt wieder. Es gab unzählige langdauernde Halte. Später fand ich heraus, daß wir eigentlich hätten zur Vernichtung nach Buchenwald gebracht werden sollen, doch konnte der Zug aus irgendeinem Grund nicht dorthin fahren. Schließlich machten wir endgültig halt. Die Türen der Kastenwagen wurden ein letztes Mal aufgezerrt; wir mußten herausspringen und uns wieder in Marschposition aufstellen.

Die SS-Männer waren wütend, daß ein weiterer Fußmarsch notwendig war. Man befahl uns, zu laufen oder zu sterben und stieß uns immer schneller vorwärts. Wir waren entsetzt über ihren Zorn. Keiner hatte eine Ahnung, wohin wir gingen. Allmählich erkannten wir die Umrisse eines riesigen Lagers in der Ferne. Als wir näher kamen, machte mein Herz einen Sprung, als ich ungarische Soldaten sah. Doch sie waren abweisend und bewachten das Lager mit grimmigen Gesichtern. Ich fühlte mich verzweifelt verraten.

Wir waren bestürzt, Tausende von Menschen in dem Lager zu sehen. Es standen Holzbaracken da, die jeweils aus einem einzigen Raum bestanden. Sie dehnten sich kilometerweit bis zum Horizont. Wir 550 Frauen aus Essen wurden alle in einen einzigen Raum gepfercht. In ihm befanden sich bereits französische Kriegsgefangene, darunter viele ältere Frauen. Früher waren alle ausländischen Kriegsgefangenen zu Juden freundlich gewesen, doch diese Frauen haßten uns. Vielleicht war das Zusammengedrängtsein schuld daran. Wir nahmen so viel kostbaren Platz weg. Ich sprach etwas französisch dank der Lektionen, die Mademoiselle mir in Piestany gegeben hatte. Da ich ein wenig mit ihnen sprechen konnte, waren sie mir gegenüber freundlich. Doch an diesem neuen Ort hatte der Tod das Lager in solchem Maße durchdrungen, daß die Menschen, die noch ein wenig Energie besaßen, in Haß lebten. Für ein Stück Brot hätten sie ohne Bedenken getötet.

Ich erinnere mich daran, wie ich in Auschwitz am Anfang wochenlang nichts essen konnte, weil das Essen verdorben war. Doch nun suchte ich mit schmerzenden Augen den Boden nach irgend etwas ab, was ich verschlingen konnte. Fand ich ein Stückchen rohe Kartoffelschale, dann schnappte ich danach, als habe ich einen Schatz entdeckt. Vielleicht konnte ich ein Stück verrotteten Abfall finden, den irgendein SS-Arbeiter weggeworfen hatte. Selbst meine Augen waren hungrig.

Die Arbeit, die wir in diesem Lager zu leisten hatten, bestand im Ausheben von Massengräbern. Ich wurde immer noch für stark genug angesehen, eine Schaufel zu halten und die Erde wegzuschippen. Andere Frauen in makabren Teams mußten die Leichen in riesige Zelte schleppen. Hunderte und Tausende lagen da unbeerdigt. Die SS war in heller Aufregung. Sie wollten all die Leichen noch begraben haben, denn sie wußten, daß das Lager schon bald befreit werden würde. Was sie getan hatten, das wollten sie begraben und den Blicken entzogen haben. Mädchen zerrten die Leichen, die steif und grün und blau verfärbt waren, in die flachen Gräben, die ich mit aushob. Stunde um Stunde, Tag um Tag dauerte unsere schauerliche Arbeit. Innehalten bedeutete den sofortigen Tod.

Manchmal gelang es Gefangenen, einen Bissen rohes Gemüse zu stehlen – vielleicht wenn sie die Abfallbehälter der SS aufnahmen. Wenn sie erwischt wurden, zwang man sie, das Essen im Mund zu behalten, während sie niederknien mußten, um über den Massengräbern erschossen zu werden. Wenn Kugeln vorhanden waren, erschoß man sie, andernfalls wurden sie lebendig in die Gräber gestoßen und Erde über sie geschüttet. Wir mußten mit unserer Arbeit weitermachen, die Gewehre der SS im Rücken und die Flüche und Schreie „Los! Schneller!" in den Ohren.

Die armen Toten! Ich warf die Erde über sie. Ich grub. Ich bewegte mich. Manchmal kroch ich, weil ich nicht gehen konnte. Dann begann ich, Gras zu essen wie einige andere. Eine SS-Frau sah mich und schlug mir ins Gesicht. Es bedeutete mir nichts. Ich griff nur nach meiner Schaufel. Doch es war ein Augenblick von Bedeutung, obwohl ich das noch nicht wußte. Es war das letzte Mal in meinem Leben, daß ich von einem Nazi geschlagen wurde.

In unseren eigenen Baracken waren nun Hunderte tot, doch niemand hatte mehr die Kraft, sie wegzubringen. Wir saßen einfach zwischen ihnen oder lagen neben ihnen, wenn uns erlaubt wurde, mit der Arbeit aufzuhören.

Eines Morgens gab es kein Geschrei der SS. Die Stunde für die Arbeit nahte, doch noch immer war es still. Nach einer Weile schleppten sich einige Menschen vorsichtig aus der Baracke hinaus, dann noch mehr. Es war der 14. April. Dann war von irgendwoher der Ruf zu hören, daß alle Wachen geflüchtet seien! Gefangene wankten auf die Lagerstraßen. Die Wachttürme waren unbesetzt. Ich sah einige ungarische Soldaten durch das vordere Tor des Lagers hinausrennen; dann war niemand mehr da – nur Gefangene.

Hunderte, die noch kräftig genug waren, brachen in

die Küchen ein und begannen, alles herauszuzerren, was da war. Seit Jahren hatten sie sich in Gefangenschaft und Sklaverei befunden. Und nun waren sie ohne Wachen! Niemand stand da, bereit, auf sie zu schießen oder sie zu schlagen. Die Leute drehten durch.

Jeder schnappte sich, was er fassen konnte: rohe Kartoffeln, trockene Kekse, trockenes Brot, Unterwäsche, Oberbekleidung. Alles, was sich in den Vorratsräumen befand, wurde in den Hof geworfen. Jeder packte irgend etwas – ganz gleich was, nur um die Kleider zu wechseln, nur um die mit Ungeziefer verseuchten Fetzen loszuwerden. Selbst ich bekam etwas anzuziehen.

Ich taumelte in der Masse miteinander ringender Leiber fort. Das Delirium, das mich angetrieben hatte, ebbte ab und ich hatte den verzweifelten Wunsch nach Wasser. Alles war ein einziges Durcheinander. In der Ferne sah ich eine bekannte Gestalt. Das war nicht überraschend. Alles war ein Traum. Ich wankte auf die Gestalt zu, die inmitten der Menge stand. Es war Mary, das kleine Mädchen, deren Vater Millionär war und jedes Jahr im Sommer nach Piestany kam. Marys Vater, ein Christ, hatte mir das kleine Buch der Heiligen Schrift geschenkt, das ich als Kind so geliebt hatte. Nun war Mary ein erwachsenes Skelett und beobachtete, wie ich mir meinen Weg zu ihr bahnte. Was tat sie in dem Lager?

Als ich in ihre Nähe kam, ging ich fast an ihr vorbei. Ich konnte nur noch daran denken, irgendwie Wasser zu finden. In Marys Augen glänzten Tränen. Auch sie hatte etwas gefunden, um sich damit zu bedecken; sie war nicht länger mit den Lumpen des Lagers bekleidet.

„Rose?“ rief sie schwach. Ich starrte sie an. „Rose!“ Ihre Arme umschlangen mich, wir fielen zusammen auf den Boden. Auch sie war also in Bergen-Belsen. Es war kein Traum! Ich berührte ihr pergamentenes Gesicht und ihre Arme. Wir weinten und freuten uns, doch ich konnte erkennen, daß sie ebenso krank war wie ich.

Sie hatte im Lager einen Arzt gefunden, der einst ihren Vater gekannt hatte. Dieser Arzt war in der Lage gewesen, ihr etwas Arznei zukommen zu lassen. Er hatte ihr auch insgeheim verraten, wo noch ein einziger Wasserhahn war, der funktionierte.

Wir fanden Tassen, und mit gegenseitiger Stütze versuchten wir, den Hahn zu finden. Lärm von Streit führte uns zu ihm. Hunderte von Menschen suchten verzweifelt nach nur einem einzigen Tropfen. Neben mir stand eine unglaublich große Ukrainerin; als sie sah, wie ich mich um etwas Wasser bemühte, schrie sie: „Geh weg von mir, du Christusmörderin!" Da kam im selben Augenblick über den Lautsprecher in klarem Englisch die Ankündigung, daß wir befreit seien. Dann wurde die Botschaft auf Deutsch und allen anderen Sprachen des Lagers wiederholt.

Das Geräusch der Lautsprecher dröhnte in meinen Ohren. Die Gefangenen schrien und stolperten in alle Richtungen. Ich lag noch immer auf der Erde und weinte. Ich hatte nicht einmal einen Tropfen Wasser bekommen.

7. Die Befreiung

Meine erste Erinnerung an die Befreiung war der Anblick britischer Lastwagen, die in das Lager einfuhren und riesige Tanks mit Wasser brachten. Jeder bekam Wasser, soviel er wollte. Wer gehen konnte, erhielt es zuerst und dazu noch Eimer, um Wasser mit sich zu nehmen. Dann stürzten die Soldaten in die Baracken mit Wasser für diejenigen, die nicht herauskommen konnten.

Für die Soldaten war es eine Zeit des Entsetzens. Jeder fürchtete sich davor, Bergen-Belsen zu betreten, doch keiner war auf das grauenvolle Panorama der zahllosen unbeerdigten Leichen vorbereitet, die sich vor ihrem Blick türmten. Viele weinten und standen wie versteinert da. Alle waren entsetzt. Selbst die Offiziere wußten nicht, was sie tun sollten.

Nach dem Wasser brachten sie Fässer mit Milchpulver. Wir Europäer kannten Vollmilch und Kondensmilch, hatten aber noch nie Pulver gesehen, das man mit Wasser mischen konnte, um Milch zu erhalten. Viele waren ängstlich und lehnten es ab, doch ich trank dankbar. Dann versuchten die Soldaten, Vitamintabletten zu verteilen: Vor dem Kriege hatte es in Europa keine Vitamintabletten gegeben, und die jüdischen Gefangenen waren zu mißtrauisch, um sie zu nehmen. Ich dankte Gott und nahm alles an.

Für die britischen Soldaten und Offiziere war es schwer, die Reaktionen der Gefangenen zu verstehen. Nach allem, was wir in der Hand der SS erduldet hatten, war es für einen Juden unmöglich, nicht in Panik zu geraten, wenn sich ihm ein Mann in Uniform näherte. Es war schwierig, der Freundlichkeit dieser Soldaten zu vertrauen und nicht zu glauben, daß es letzten Endes eine Hinterlist sei. Waren nicht unsere Leute bis zu den Türen der Gaskammern gegangen, weil sie den Versicherungen von Offizieren geglaubt hatten?

Nach einigen Tagen brachten uns die Briten Dosenfleisch. Sie bemühten sich verzweifelt, uns zu helfen. Ich war zu schwach, um meine Dose zu öffnen, ich saß nur da und sah sie an. Um mich herum rissen die verhungernden Menschen die Deckel ab und schlangen das Fleisch hinunter. Es war Gottes Barmherzigkeit, daß ich meine Büchse nicht aufbrachte, denn viele starben an dieser Kost. Nach der langen Hungerperiode war es für ihren Körper zuviel. Ich hatte meine Bibel und meine Fleischdose, hielt beides in der Hand und blickte darauf nieder. Keines von beiden konnte ich öffnen.

Ich war noch immer in der Baracke, und um mich gab es mehr Tote als Lebendige. Ich fragte mich, ob ich mit meinen beiden Besitztümern in der Hand sterben würde. Doch am nächsten Tag wurde ich auf einer Tragbahre aus der Baracke hinausgetragen. Ich erinnere mich, daß mir die mit Läusen infizierte Kleidung abgestreift wurde. Selbst meine Bibel wurde mir abgenommen, doch es kümmerte mich nicht länger. Dann wurde ich mit DDT eingesprüht. Ich wußte nicht, was es war, doch ich glaubte, es sei nur eine zeitweilige Erleichterung, und in einigen Tagen würden die Larven aus den Eiern schlüpfen und die Läuseplage so schlimm sein wie zuvor. Ich wollte ihnen das mit den Eiern erklären, doch ich war zu schwach zum Sprechen. Ich wurde in eine saubere Decke eingewickelt. Überall waren Ambulanzen eingerichtet, und die Tragbahren füllten sie rasch. Das dort tätige Personal war sehr freundlich; ich fand heraus, daß es Quäker waren, keine Soldaten, und daß sie nur medizinische Arbeit verrichteten. Während wir warteten, gelang es mir, einen von ihnen um ein Stück Papier zu bitten. Ich schrieb eine Mitteilung an einen meiner Brüder in Amerika. Ich erinnerte mich an seinen Namen und seine Hausnummer und einen weiteren Teil der Adresse. Alles zusammen fiel mir nicht mehr ein. Dann schrieb ich an die Mission der Millers in New York, doch wiederum war die Adresse aus meinem Gedächtnis entschwunden. Gott vollbrachte mit beiden Briefen ein Wunder, denn beide wurden an das Hauptquartier des Roten Kreuzes weitergeleitet und gingen dann von Hand zu Hand, bis sie schließlich auf irgendeine Weise beide ihren Empfänger erreichten.

Es gab keine Krankenhäuser für eine solch große Zahl von Menschen. So wurden wir in einen anderen Teil von Bergen-Belsen gebracht in Unterkünfte, die von den SS-Offizieren benutzt worden waren.

Die Quäker trugen uns in einen riesigen Raum mit zwei Reihen strohgefüllter Matratzen. Es gab weder Leintücher noch Kleidung, doch wurden wir jeder mit einer sauberen Decke zugedeckt.

Mein Typhus verschlimmerte sich, und ich vergaß, wer ich war. Ich erinnere mich, daß ich einmal aufwachte und eine deutsche Frau mit verbittertem Gesichtsausdruck sich über mich beugte. „Wer bin ich?" fragte ich sie. Später erfuhr ich, daß deutsche Frauen in das Lager gebracht und gezwungen wurden, uns zu versorgen, doch diese Frau sah ich Gott sei Dank nie wieder.

In jenen Tagen konnte ich nur an Gott denken. Ich konnte mich nicht mehr erinnern, wer oder wo ich war und was sich zugetragen hatte, doch ich wußte, daß Gott mit mir war. Die ganze Zeit hindurch dachte ich an ihn, und wenn ich nichts verstehen konnte, dann konnte ich mich mit ihm verständigen. Bald darauf wurde ich in ein Krankenhaus verlegt.

Manchmal vernahm ich einen dumpfen Schlag; später, wenn ich nach dem Geräusch fragte, wurde mir gesagt, ich sei aus dem Bett gefallen. Ich fiel sehr oft heraus. Als ich das Delirium hinter mir hatte, versorgte mich eine englische Krankenschwester, die ich um eine Bibel bat. Sofort erhielt ich eine. Sie war in englischer Sprache; ich war erstaunt, daß ich sie so bereitwillig erhalten hatte. In meinem Herzen war ich noch immer eine Gefangene und versteckte daher die Bibel unter der Matratze. Manchmal fragten mich Leute nach meinem Namen oder den Namen meiner Familie, doch ich konnte mich nicht daran erinnern.

Einmal besuchte mich ein amerikanischer Offizier, da er von den Krankenschwestern erfahren hatte, daß ich viele Sprachen konnte. Er fragte mich, ob ich gern für die Streitkräfte als Übersetzerin arbeiten würde. Ich war im Geist noch immer verwirrt, und so sagte ich ihm, daß ich zu meiner Familie zurückgehen würde, sobald ich kräftig genug sei. Er erwiderte nichts, doch er versuchte nicht, mich zur Arbeit für die Streitkräfte zu überreden.

Nach und nach wurde mein Geist klarer; ich war überzeugt, daß ich als einzige meiner Familie gelitten hatte. Ich war sicher, daß mein Doktor-Bruder und seine Frau und mein kleiner Bruder Joseph und Mama und Felice mit ihrer Familie auf irgendeine Weise nach Amerika gegangen und am Leben waren und mich dort erwarteten. Ich erinnerte mich daran, wie unsere Familie davon gesprochen hatte, nach Amerika zu emigrieren, und ich glaubte, ich könne direkt nach Amerika gehen, sobald ich das Krankenhaus verlassen hätte.

Allmählich erfuhr ich, daß die Dinge nun ganz anders

waren. Diejenigen unter uns, die aus meinem Teil Ungarns stammten, wurden darüber unterrichtet, daß unser Land sich nun in der Hand der Kommunisten befand. Wir konnten nicht heimkehren, sondern sollten nach Schweden transportiert werden. Ich erhielt einen Personalausweis, um mit einer „Hospitaleinheit" dorthin zu reisen.

Für mich schien es, als würde ich in ganz kurzer Zeit in den Vereinigten Staaten und bei meiner Familie sein.

Aber in der Nacht, in der Stille des Krankenhauses, hörte ich den Herrn sagen: „Hast du mich gefragt, ob du nach Schweden gehen sollst? Hast du mich gefragt, ob du in die Vereinigten Staaten gehen sollst? Es ist dein Wunsch, aber hast du mich gefragt?"

Die geliebten Gesichter meiner Brüder, Felices und die winzige Gestalt von Mama in ihrem schwarzen Kleid stiegen vor mir auf. Sie waren mir unaussprechlich teuer. Mit jeder Faser meines Herzens wollte ich nach Hause. Aber wo war ich daheim? Wo waren Mama, Felice mit ihren süßen kleinen Jungen und ihrem liebevollen Ehemann in Wirklichkeit? Wo waren Eugene und ... Joseph ...?

Fieberheiß warf ich mich auf der Matratze hin und her. Ich wollte heimkehren. Aber die sanfte Frage kehrte immer wieder: „Hast du mich gefragt?"

Ich wußte so wenig von dem, was geschehen war. Ich hatte so viel gesehen, doch ich verstand noch immer nichts. Ich warf mich hin und her, kämpfte und sah die Augen meiner Mutter aufleuchten, als ich zu ihr kam und meine Arme um sie legte. Ich stellte mir Felice überglücklich vor, mich zu sehen. Wir würden einander helfen und stark werden und alle beisammen sein.

„Hast du mich gefragt?"

Endlich bekannte ich dem Herrn, daß ich ihn nicht gefragt hatte. Ich weinte. „Herr, ich werde hingehen, wo du mich hinschickst." Ich war wie erstickt von Traurigkeit. Ich wollte nicht wissen, warum der Herr mich nicht zu meiner Familie „in Amerika" gehen lassen wollte. Aber ich war von Frieden erfüllt. „Ich werde gehen, wohin du mich schickst."

Am nächsten Tag schleppte ich mich aus dem Bett. Ich hatte ein wenig Kraft und versuchte jeden Tag zu gehen. Ich ging zum Krankenhausbüro und sagte dort, daß ich nicht nach Schweden oder Amerika gehen wolle. Meine Staatsbürgerschaft (doch nicht mein Herz) war in die tschechische umgeändert worden, als ich ein kleines Mädchen war. Ich fühlte, ich sollte in die Tschechoslowakei gehen.

Mein Geist wandte sich dann der Hoffnung zu, daß meine Familie vielleicht dort war. Vielleicht hatten sie den Krieg irgendwie in der Tschechoslowakei überstanden.

So ging der Transport nach Schweden ohne mich ab. Die Wochen gingen ins Land, doch mein Zustand besserte sich nicht. Meine Ungeduld wuchs, nicht jedoch meine Kraft. Ich flehte den Arzt an, mich mit einem Transport in die Tschechoslowakei reisen zu lassen, doch er schüttelte den Kopf und meinte: „Nein, Sie können nicht. Sie sind zu krank."

In jenen Tagen gab es kaum Arzneien. Alles, was man uns geben konnte, waren Ruhe und Obdach und das beste Essen, das in Deutschland zu haben war. Doch das Essen war sehr mager, obwohl es uns wie himmlisches Manna erschien. Ich erinnere mich, daß wir einmal eine Fleischsuppe erhielten. Wir brauchten kein Salz, soviel Tränen des Glücks fielen in die kostbare Flüssigkeit.

Am Tag der Befreiung bestanden meine Haare aus steifen Stoppeln. Während der Typhuserkrankung fielen sie aus, und ich begann mich zu fragen, ob ich jemals wieder Haare haben würde. Sie wuchsen so langsam, daß sie selbst nach wochenlangem Krankenhausaufenthalt erst wenig mehr als einen Zentimeter lang waren, dann hörten sie auf zu wachsen.

Man hatte mir ein lächerliches, leuchtend gestreiftes Kleid gegeben, das an mir herunterhing, als sei ich ein Pfosten. Eines Tages ging ein britischer Offizier an mir vorbei, als ich die Halle entlanggehen übte und mich an der Wand abstützte. Es kostete mich entsetzliche Anstrengung, und ich zitterte vor Schwäche und Müdigkeit. Als ich ausruhte, um wieder Atem zu schöpfen, hielt der Offizier neben mir an und lächelte mir aufmunternd zu. „Was für ein hübsches Kleid Sie anhaben!" rief er, als er den Rand seiner Mütze berührte und weiterging.

„Los, alte Ziege!" Plötzlich zuckten Jahre der Schmähung durch die SS durch meinen Geist. Einen Augenblick lang sah ich mich durch die Straßen von Essen taumeln, wie mein geschorener Kopf aus dem verrückten Pelzmantel herausragte. „Abschaum! Ungeziefer! Schwein!" Ich stolperte zurück auf meine Matratze und drehte das Gesicht zur Wand. In diesem flüchtigen Augenblick hatte mich der ritterliche britische Offizier wieder zu einer Frau gemacht.

Transporte kamen und gingen, und noch immer war ich im Krankenhaus, unfähig Gewicht und Kraft zu erlangen. Ich verzweifelte, wollte meine Familie finden und wieder mit allen vereinigt sein. Aber immer sagte der französische Arzt „Nein". Als ich ihn schließlich anflehte, riet er mir, eine Mitteilung in Englisch an die mit der Durchführung des Hospitaltransportes Beauftragten zu schreiben. Sie besagte, daß ich sehr krank sei und nur im Liegen transportiert werden könne. Ich sollte die Mitteilung immer bei mir haben und sie denjenigen vorweisen, die den Transport unter sich hatten.

Ich war überglücklich! Ich richtete ein kleines Bündel mit Geschenken her, die ich für meine Familie gehortet hatte: einen großen Riegel Schokolade, Marmelade und Salz, die ich mir hatte absparen können. Als ich dann abtransportiert wurde, war ich dankbar, daß der französische Arzt nicht wußte, wie die Waggons beschaffen waren. Es gab keine Möglichkeit, sich hinzulegen. Der Zug war alt und besaß nur Holzbänke. Die Trennwände waren herausgerissen. Mich kümmerte es nicht! Ich fuhr heim.

Jeder im Zug war gefangen gewesen. Nun waren alle von Hoffnung erfüllt. Während der langen Reise herrschte eine Atmosphäre anhaltender Geduld. Die Menschen beklagten sich nicht über die vielen Halte, die langen Verzögerungen, die Überfüllung. Unser Herz reiste dem Zug kilometerweit voraus, und unser Körper bemühte sich, mit dem Herzen Schritt zu halten.

Wir hatten die Reise mit Scherzen und kleinen Liedern angetreten. Die Menschen sprachen voller Glück über ihre Angehörigen, die sie bald sehen würden, erzählten Geschichten über sie und ihr Heim. Doch als der Zug durch völlig zerstörte Städte, durch verbranntes Land mit gähnenden Bombenlöchern fuhr, ebbte die Unterhaltung ab, und die Gedanken der Menschen wandelten sich angstvoll. Manchmal hielten wir nachts in einem englischen Stützpunkt, wo wir Nahrung und Wasser erhielten und wo man uns half, zu ruhen und uns zu säubern.

Einige der Offiziere in diesen Stützpunkten waren Juden. Ich blickte sie fast ungläubig an. Ja, sie waren Juden – in der Offiziersuniform ihres Landes! Es war wundervoll. Sie waren äußerst freundlich zu uns, waren redselig und munterten uns auf. Wir trugen alle ein Dokument bei uns, auf dem der Ort verzeichnet war, an dem wir aussteigen sollten. Niemand durfte die Fahrt über den in dem Dokument eingetragenen Ort hinaus fortsetzen. Wir alle hatten dafür Verständnis.

Die jüdischen Offiziere schenkten unseren Papieren keine Beachtung. Sie sprachen zu jenen, die am kräftigsten waren, doch alle hörten voller Erstaunen zu. „Wer von euch möchte nach Palästina gehen?" fragten sie. „Tausende von Juden bauen dort in unserer ursprünglichen Heimat für sich ein neues Leben auf. Ihr könnt Palästina für die Juden aufbauen, und eines Tages ..."

Mein Herz zersprang fast bei diesen prophetischen Worten! Hatte ich nicht in den Luftschutzbunkern den Frauen erzählt, daß Gott seinem Volk die Rückkehr in das Land verheißen hatte? Nun saßen diese britischen Offiziere unter uns und versprachen jedem, der es wollte, ihn nach Palästina zu bringen. Man würde dort eingeschmuggelt werden, weil die britische Mandatsbehörde die jüdische Einwanderung streng kontrollierte. Viele weinten. Ich schluchzte mit einer seltsamen Freude und fragte mich, ob mein Geist wieder ins Wandern geraten war und ich mir das einbildete, was ich da hörte. Doch als der Zug sich wieder in Bewegung setzte, gab es leere Plätze.

Auf der Reise wurde ich zunehmend schwächer. Ich mußte mich hinlegen. Um mir zu helfen, hoben mich einige Mädchen hoch in das Gepäcknetz. Ich war so dünn geworden, daß ich auf dem Gepäck liegen konnte und doch nicht am Wagendach anstieß. So reiste ich auf diese Weise weiter.

Wir fuhren durch Olmütz. Mein Bestimmungsort war Preßburg, wo ich meine Mutter und meine Schwester zu finden hoffte. Eugene war einmal nach Olmütz gezogen und hatte am dortigen Krankenhaus praktiziert. Der Zug hielt an. Menschen stiegen ein und aus. Ich wurde von dem Impuls gepackt, auszusteigen, um Eugene zu finden. Die Versuchung war groß. Ich sprach jeden an, der einstieg. Kannten sie einen Doktor Warmer? Waren sie im Krankenhaus der Stadt gewesen? Ich beschrieb ihn: er war kahlköpfig, hatte sanfte Augen und war 1,75 Meter groß.

Ich wurde fast verrückt vor Angst. Vielleicht lebte mein Bruder in dieser Stadt! Vielleicht kannte ihn jemand. Ich mußte aussteigen, meine paar Sachen zusammensuchen und zu Eugene gehen. Doch keiner hatte von ihm gehört. Als ich auszusteigen versuchte, ruckte der Zug an mit seiner Ladung der Hoffnung; da war es zu spät. Der Herr hatte mich davor bewahrt, einen schrecklichen Fehler zu begehen. Schließlich kamen wir in Prag an. Ich wurde mit vielen anderen zur Jüdischen Vertretung gebracht. Jeder erhielt neue Kleider, eine bestimmte Geldsumme und neue Personalpapiere. Dort lag auch eine Liste mit jüdischen Überlebenden aus. Mein eigener Name stand darauf. Er erschreckte mich irgendwie. Ich wollte so anonym wie möglich bleiben, keine Aufmerksamkeit erregen, mitten in der Menge sein. Ich dachte immer noch wie eine Gefangene.

Meine Blicke hetzten über die zerknitterten Seiten mit Namen. Mama? Eugene? Joseph? Wie wild durchblätterte ich die Unterlagen. Felice? Ich hatte so viele Verwandte: Tanten, Onkel, Vettern, Basen. Immer wieder drehte ich die Seiten um. Es mußte doch noch andere Listen geben. Es mußten Fehler vorliegen. Ein Angestellter nahm die Seiten behutsam aus meiner Hand. Ich zitterte heftig. Nicht ein einziger Name aus meiner Familie stand darauf. Nur mein eigener Name war als einer der Überlebenden angegeben.

„Die Listen sind nicht vollständig", sagte der Angestellte, „jeden Tag fügen wir neue Namen hinzu." Und sie strichen auch Namen durch, dachte ich. Ich erinnerte mich an die vielen Kranken in unserem Hospital, die ihren Namen genannt hatten und später gestorben waren. „Sie müssen zum Zug zurück und Ihre Reise fortsetzen", sagte der Angestellte. „Sie werden verstehen, daß es nicht möglich ist, vollständige Listen zu führen." Er schob mich auf die Straße hinaus. Ich kann mich nicht mehr daran erinnern, wie ich zum Zug kam.

Ich war so sicher gewesen, daß der Herr mich zu meiner Familie zurückführen würde! Die Fahrgeräusche des Zuges klangen nicht länger wie ein Lied in meinen Ohren. Mein Herz lag wie Blei in meiner Brust, und ich brauchte alle Kraft, es zum Herrn zu erheben. Ich traf in Preßburg mitten an einem Samstagabend ein. Der Bahnhof war ein reines Inferno. Russische Soldaten männlichen und weiblichen Geschlechts waren überall zu sehen. Sie hatten die Tschechoslowakei von den Deutschen befreit, doch mir schien es, als hätten sie sich von Zivilisation und Anstand freigemacht. Sie sprangen auf Güterwagen und wieder herunter, knallten mit ihren Gewehren herum, schrien, tanzten, tranken, stahlen. Die Menschen stürzten nach allen Richtungen auseinander, um ihnen aus dem Weg zu gehen; die Verwirrung und das Durcheinander waren erschreckend.

Schnell waren alle, die sich mit mir aus dem Zug schoben, fort. Manche hatten in der Stadt gewohnt und machten sich auf den Weg dorthin, wo sie noch immer ihr Heim zu finden hofften. Andere waren tatsächlich von Verwandten oder Freunden abgeholt worden. Ich war so deprimiert und schwach, daß ich mich einfach auf das Pflaster neben dem Zug setzte. Ich kümmerte mich nicht um all das Schreien und Rennen. Ich nahm mein kleines Bündel, legte es unter meinen Kopf, befahl mich dem Herrn an und schlief ein. Es war mir völlig gleichgültig, was um mich herum geschah.

Der Herr behütete mich auf diesem Bahnhof. Später erfuhr ich, daß die Russen alles stahlen, was ihnen in die Finger kam. Viele Leute wurden auf dem Bahnhof von Preßburg beschimpft und mißhandelt, doch mir geschah keinerlei Leid, ich wurde nicht einmal aufgeweckt!

Früh am nächsten Morgen raffte ich mich auf und wagte mich aus dem Bahnhof hinaus. Ich hatte Preßburg vor Jahren besucht, doch kannte ich die Stadt nicht und wußte nicht, wohin ich gehen oder was ich tun sollte. Als ich mich in der Frische dieses Sonntagmorgens auf den Weg machte, konnte ich die Donau riechen und das Gekreisch der Möwen hören. Die Straßen füllten sich bereits mit Menschen. In meinen Augen sahen alle dünn und kränklich aus. Doch wenn sie mich sahen, wandten sie ihren Blick weg von meinem mühseligen Schlurfen, meinem kahlen Kopf und gelblichen Gesicht.

Ich atmete tief. Ich war fast schwindlig von dem Gefühl der Freiheit, dem Gefühl, allein zu sein – gesegnet allein. Ich blickte empor zu den Hügeln rings um Preßburg. Alte Burgen erhoben sich noch immer majestätisch, die Spitzen einer herrlichen Kathedrale glänzten in der Morgensonne. Doch überall in den Straßen lag Schutt, und der Geruch von Staub und Ziegeln drang mir in Mund und Nase.

Wie sollte ich in einer solch großen Stadt meine Familie finden? Eine Glocke begann in der Ferne schwach von einem Turm zu läuten, den ich nicht sehen konnte. Ich hielt den nächsten Menschen an, der an mir vorbeiging. Die Frau erschrak und wich vor mir zurück, doch sie hörte zu. Ich war so aufgeregt, daß ich kaum sprechen konnte. „Können Sie mir sagen, wo ich die nächstgelegene Baptistenkirche finden kann?"

„Sie befindet sich gerade um die Ecke!" Die Frau lächelte erleichtert und eilte davon. Ich wunderte mich, wie leicht sie gehen konnte. Gerade um die Ecke! Soweit konnte ich es noch schaffen. Sie hatten dort eben mit dem Frühgottesdienst begonnen, als ich ankam. Ich schlüpfte hinein und setzte mich in die letzte Reihe. Ich dachte, keiner würde mich bemerken, denn ich fühlte mich so klein und unscheinbar. Ich konnte ja sogar im Gepäcknetz liegen.

Sie stimmten ein Lied an. In meiner Studentenzeit hatte ich die besten Chöre Europas gehört. Von den größten Musikwerken war ich zutiefst bewegt worden. Viele Male war ich zu Tränen gerührt gewesen. Doch in diesem hölzernen Raum der Baptisten überwältigten mich die einfachen Stimmen. Meine Hände zitterten entsetzlich. Ich war nicht fähig, auf das zu achten, was ich tat. Ich weinte hemmungslos. Wie lange war alles her. Ich fürchtete, jemand könnte glauben, ich sei verrückt. Ich zog meine Bibel aus meinem kleinen Bündel und hielt sie in meinen Händen, fast so, wie ich als Studentin meine Eintrittskarte den Saaldienern hingehalten hatte, damit sie sahen, daß ich bezahlt hatte.

Eine freundliche Schwester schlüpfte zu mir in die Bank, holte mir ein Gesangbuch und schlug die richtige Stelle auf. Unaufhaltsam strömten die Tränen über mein

Gesicht. Sie wußte, daß ich in meiner Situation weder lesen noch singen konnte, aber ich glaube, sie wollte einfach freundlich sein und mir das Gefühl geben, ich sei willkommen. Es war eine solche Gnade, hier zu sein.

Nach dem Gottesdienst sammelten sich die Menschen um mich, und der Pfarrer kam und sprach mit mir. Ich erzählte ihnen meine Geschichte und fragte jeden nach meiner Familie.

Die Gesichter um mich waren voller Liebe und Zärtlichkeit. Ich war so dankbar, wieder unter christlichen Brüdern und Schwestern zu sein nach so langer Zeit. Doch keiner hatte von meiner Familie gehört.

Während wir sprachen, begann der Chor vorne in der Halle für den nächsten Gottesdienst zu üben. Die Menschen bemühten sich verzweifelt, mir zu helfen, mir jede nur mögliche Information zu geben. Alle Namen, die ich meinem Gedächtnis entlocken konnte, brachte ich vor, alte Nachbarn, Geschäftsleute, Familienfreunde. Schließlich fiel mir der Pfarrer ein, der Felice nach ihrer Bekehrung getauft hatte. Das Gesicht des Pfarrers leuchtete auf. „Seine Tochter ist hier! In meinem Chor!" Eine Bewegung entstand. Das aufgeregte Mädchen wurde vom Chor zu mir hergeholt. Ich klammerte mich an sie als meine letzte Hoffnung. Sie versicherte mir, ihr Vater sei zu Hause. Sie würde mich zu ihm bringen. Wir würden ihn fragen, ob er irgendwelche Nachricht von Felice habe.

Ich war vor Aufregung fast verrückt. Das Heim befand sich nicht weit von der Kirche weg, doch die Entfernung schien mir riesengroß. Ich konnte mich kaum auf eine höfliche Unterhaltung mit dem Mädchen konzentrieren, so sehr drängte es mich, zu ihrem Vater zu kommen.

Als wir schließlich anlangten und ihr Vater zu mir kam,

hatte ich plötzlich Angst. Er war ein guter, sanfter Mann und freute sich, daß ich den Terror der Lager überlebt hatte. Ich müsse den besten Stuhl haben; der Tee müsse sofort gebracht werden. Ich müsse nach der langen Reise und der ungemütlichen Nacht ausruhen. Ich versuchte zu sprechen, ihn nach Felice zu fragen, doch plötzlich wurde ich so schwach, daß ich mich fragte, ob ich einen Schock überstehen könnte, wenn er ihn mir bereiten müßte.

Seine Tochter verstand mich. Mit einem sanften Blick in meine Richtung legte sie die Hand auf den Arm ihres Vaters, um seine Willkommensrede zu unterbrechen.

„Papa, Schwester Rose sucht ihre Familie.“ Das Mädchen sprach mit ruhiger Stimme. „Du erinnerst dich doch, daß du ihre Schwester, Felice, getauft hast...“ Die Tochter führte mich zu einem Sitzplatz und legte leicht ihre Hand auf meine Schulter.

Ich konnte es nicht ertragen, den Mann anzuschauen, und erstickte fast vor Erwartung. Ich krampfte meine Hände zusammen und fixierte sie mit meinem Blick. Sie wirkten wie verdrehte Stöckchen. Ich bat, ein Fenster zu öffnen.

Die Stimme des Mannes wurde weich. „Felice lebt, Rose! Es geht ihr gut.“ Der Mann stand vor meinem Stuhl und rüttelte mich sanft. „Ihrer Schwester geht es gut“, wiederholte er. „Ich kann Sie zu ihr bringen. Es ist nicht weit, nur wenige Dörfer entfernt.“ Das war zuviel für mich. Ich weinte vor Erleichterung und in meinem Kopf drehte sich alles. Ich faßte mein kleines Bündel und zitterte vor Freude. Da blieb keine Zeit mehr für den Tee, keine Zeit für Höflichkeiten. Wir mußten sofort aufbrechen. Wie wir aus dem Haus und in das Auto und zum Ort meiner Schwester gelangten, kann ich nicht sagen.

Ich war überwältigt vor Glück. Nach all diesen Geschehnissen würde ich wieder bei meinen Lieben sein.

Als wir uns dem Hause näherten, zitterte ich heftig. Felice selbst kam an die Tür und starrte auf die seltsame Gruppe von Menschen auf ihrer Schwelle. Ihr Blick hielt meinen fest. Im gleichen Augenblick stieß sie einen lauten Schrei aus und nahm mich in ihre Arme. Der Pastor führte uns beide ins Haus. Die Kinder von Felice fürchteten sich vor mir, nahmen jedoch die Schokolade und nannten mich bald „Tantchen Rose" wie früher.

Felice war erschreckend dünn und selbst nicht auf der Höhe. Sie konnte sich kaum auf den Beinen halten, doch noch immer handelte sie wie die ältere Schwester und brachte mich ins Bett. Ich war total erschöpft. Die Reise und die innere Erregung hatten mich wieder krank gemacht. Doch in mir drängten sich die Fragen. Wie hatten alle überlebt? Wo war Mama? Wo waren Eugene und seine Familie und Joseph? Ich wollte alles wissen.

Felice besänftigte mich wie ein kleines Kind. Ich müsse ausruhen. Ich sei sehr krank. Ich hätte eine lange Reise gehabt. Ich hätte schon viel zuviel Aufregung ertragen. Sie würde mir alles sagen. Sie würde mir von jedem erzählen. Doch nun müsse ich still sein und erst meine Kraft zurückgewinnen.

Es war unmöglich, mit Felice zu streiten. In den ganzen Jahren während unseres Heranwachsens war ich nie in der Lage gewesen, sie durch Schmeicheln dazu zu bringen, etwas zu tun, was sie für unsinnig hielt. Wie sehr ich auch wütete oder flehte oder sie beschwatzte, – Felices Vernunft war ihre Festung. Nun glättete sie meine Decke und sagte den Jungen, sie sollten mir einen Gutenachtkuß geben. Tantchen Rose müsse schlafen und ausruhen und essen und kräftig werden. Alles zu seiner Zeit.

Ich erwachte in gereizter Stimmung. Wo war Mama? Ich fühlte mich nicht wohl, und Felice wollte mir die einfachsten Nachrichten nicht erzählen. Ich hatte ein Recht darauf, über meine Familie Bescheid zu wissen.

Wann konnte ich Mama sehen? Wo war sie ? Felice ging mit ihrer Betreuung und Bemutterung zu weit. Die Sorge würde mich nur noch kränker machen.

Felice war so überglücklich gewesen, mich zu sehen, sie hatte nicht aufgehört zu lächeln, seit ich in ihrem Haus angekommen war. Nun änderte sich ihr Gesicht so sehr, daß ich von Angst erfaßt wurde. Sie blickte mich intensiv an. Tränen standen in ihren Augen. Ich wollte ihre Worte anhalten, noch ehe sie gesprochen wurden, meine Hand erheben und abweisen, was sie sicher sagen wollte. Aber ich konnte mich weder bewegen noch sprechen. Ich starrte nur voller Entsetzen zurück.

„Meine liebe kleine Rose . . " Ich schüttelte den Kopf. Ich wollte nicht hören. Felice zögerte, dann fuhr sie fort. „Rose, bitte, wir werden später darüber reden, wenn du kräftiger bist."

Da wußte ich, daß Mutter tot war.

Zuerst sprachen wir nicht darüber. In den ersten Tagen fragte ich nach niemand sonst, und Felice sagte nichts. In den Nächten wachte ich schluchzend und von Fieber glühend auf. Am Tage taten wir so, als wüßte ich von nichts. Ich ruhte aus, aß, beobachtete die kleinen Jungen beim Spielen. Felice und Alexander sprachen fröhlich von einfachen Dingen. Es war nun möglich, Brot zu kaufen. Das Wetter war schön. Ich könnte bald draußen spazierengehen.

Ich richtete keine Fragen an Gott. Ich hatte gelernt, auf ihn zu vertrauen und zu wissen, daß er unser liebender Vater ist. Immer wieder erinnerte ich mich daran, daß er seinen eingeborenen Sohn für meine Sünden geopfert hatte. Er starb am Kreuz von Golgatha für mich. Ich wußte, daß er mich liebte. Tag um Tag ruhte ich und wurde kräftiger, ich versuchte auch im Herrn Ruhe zu finden und mich auf das vorzubereiten, was Felice mir zu sagen hatte.

Ihre eigene Geschichte erzählte sie zuerst. Da sie Christen waren und eine Bibel besaßen und zur Kirche gingen, hatten Felice und Alexander zu Anfang angenommen, daß ihnen das Lager erspart bleiben würde. Eine ganze Zeitlang lebten sie in dieser Hoffnung. Mutter war fünfundsiebzig und fühlte sich nicht wohl, so daß es nicht schwierig war, sie zu verstecken; es bestand die Hoffnung, daß ihre kleine Familie bei den schrecklichen Deportationen übersehen würde.

Das war ein törichter Traum, und eines Tages rannte ein Nachbar zu ihrem Haus, um ihnen zu sagen, daß sie ins Lager verschleppt werden sollten. „Sie müssen fliehen!" Die Stimme am Fenster war so plötzlich verschwunden, wie sie erschienen war.

In panischem Entsetzen flüchteten Felice, Alexander und die Jungen und Mama in die Berge rings um ihre Stadt. Wie schafft man das in aller Eile mit zwei verstörten kleinen Jungen und einer betagten, kranken Frau, die kaum gehen kann? Doch irgendwie gelangten sie in die Berge und in das Lager einiger Partisanen, die einen Guerillakrieg gegen die deutschen Besatzungstruppen führten.

Mama war kaum in der Lage, sich zu bewegen. Es war bitter kalt. Die Partisanen hatten schreckliche Verluste erlitten und waren auf dem Rückzug. So mußte die geschwächte kleine Familie von Felice nach ihrer Flucht aus der Stadt in den Bergen bleiben und unter offenem

Himmel unter den Bäumen Zuflucht suchen. Es gab nichts zu essen. Schließlich entdeckte Felice unter den Juden, die sich in den Bergen versteckten, eine Kusine von Mutter, die ein wenig Getreide hatte und die wußte, wo andere entfernte Verwandte unserer großen Familie sich versteckten. Doch Mutter und ihre betagte Kusine konnten nicht reisen. Sie waren zu alt und krank. Die Not war groß. Das Überleben hing von der Beweglichkeit ab. Was war zu tun?

Schließlich fand die Familie eine kleine Höhle und versuchte, sie für Mutter und ihre Kusine behaglich herzurichten. Sie konnten sich dort mit etwas Nahrung und Wasser sicher verbergen. Die Nazis würden ihre Operationen in der Stadt zu Ende führen, und wenn der Terror vorüber war, konnte man Pläne für die Rückkehr schmieden.

Felice hatte keine Wahl. Ein Aufenthalt an ein und demselben Platz bedeutete den sicheren Tod für die Gruppe. Mutter und ihre Kusine wollten in der Höhle ausruhen und warten, bis die Nazis die Stadt wieder verlassen hatten. Felice weinte über die unglaubliche Naivität, mit der sie zwei alte Frauen der Gnade der SS überlassen hatte. Mutter und ihre Kusine wurden entdeckt und zusammen mit nichtjüdischen Partisanenfamilien, die sich auch versteckt hatten, nach Ravensbrück verschleppt. Die Vorstellung, wie meine gebrechliche Mutter in einen Lagertransport gesteckt wurde, war fast unerträglich für mich. Felice erfuhr von einer Frau, die mit meiner Mutter zusammen war, als die Züge im Lager entladen wurden, daß die SS alle jüdischen Frauen und Mädchen aufforderte, vorzutreten. In dieser großen gemischten Menschenmenge gab es keine Papiere, und es war möglich, sich zu verstecken.

Mutter sprach wunderbar deutsch und sah nicht im mindesten jüdisch aus. Doch als der Aufruf für die jüdischen Frauen und Mädchen kam, trat Mama mit den anderen zusammen vor. Es wäre ihr nicht in den Sinn gekommen, so zu tun, als sei sie arisch. Mama wurde sofort in die Gaskammer geschickt. Lange Zeit hindurch hatte Felice angenommen, sie sei mit ihrer Kusine wieder in die Stadt zurückgekehrt.

Fast sechs Monate lang versteckten sich Felice und ihr Gatte und die Jungen im Hochgebirge, immer auf der Flucht vor den Deutschen, manchmal nur um Haaresbreite der tödlichen Gefahr entronnen. Einmal fand Felice einige warme Kinderkleidungsstücke im Wald. Ausgerechnet waren es Uniformen der Hitlerjugend. Doch Felice, immer praktisch denkend, dankte Gott und kleidete ihre Zwillinge in Nazi-Uniformen.

Einige Zeit nachdem sie die Kleidung gefunden hatte, entdeckte eine Nazipatrouille Felice und ihre Familie gerade, als die kampierten. Sie wurden sofort gefangengenommen und mit anderen Flüchtlingen in das Gefängnis der nächsten Stadt gebracht. Felice protestierte, sie und ihre Familie seien Christen. Sie hatten keine Papiere, und so konnte die SS nicht beweisen, daß es sich um eine jüdische Familie handelte. Doch die SS war so besessen von der Vorstellung, daß keine Person jüdischen Blutes weiterleben dürfe, daß sie die Zwillinge zum Verhör von Felice trennten.

Einer der Jungen wurde zur Befragung vor ein Offizierstribunal gebracht. Er war erst fünf oder sechs Jahre alt. Felice litt Todesängste, doch mußte sie so tun, als warte sie voller Zuversicht auf seine Freilassung. Sie und ihr Mann wußten, daß ihr aller Leben von dem abhing, was ihr kleiner Junge sagte.

Die Offiziere waren anscheinend belustigt über den Mut meines kleinen Neffen. Ohne zu weinen stand er vor ihnen. Ich glaube, er war so erschrocken, daß er nicht wußte, was er tun sollte. Schließlich lehnte sich einer der Offiziere vor und flüsterte: „Sag mir die Wahrheit: Bist du ein Christ oder ein Jude?"

Das Kind zögerte nicht zu antworten: „Ich bin ein Christ. Wir sind alle Christen!" Mein Neffe gab seine Erklärung mit solcher Überzeugungskraft ab, daß die Offiziere lachten. Die Wahrheit aber war, daß auch das Kind Todesängste litt. Der Junge wußte, daß Juden erschossen wurden, doch weil seine Angst sich in soviel Kraft umsetzte, dachte die SS, er sei ein fabelhafter Kerl, und ließ ihn gehen. Die Offiziere hätten leicht feststellen können, daß er beschnitten war, doch der Herr hinderte sie daran, auf diesen Einfall zu kommen.

Die Freilassung aus dem Gefängnis bedeutete nicht, daß die Familie meiner Schwester einen Ort hatte, wohin sie gehen konnte. Sie konnten nicht in die Stadt zurück, wo sie als Juden bekannt waren. Es blieb nichts anderes übrig, als wieder in die Berge zurückzukehren und sich dort erneut zu verstecken. Bis zur Befreiung lebten sie ständig auf der Flucht. Es gab keinen Augenblick in all diesen Monaten, da sie nicht Hunger litten und in ständiger Gefahr lebten, von den deutschen Patrouillen entdeckt zu werden. Oft wurden Menschen, die sich mit ihnen versteckt hatten, entdeckt und erschossen.

Ich blickte in das ausgemergelte Gesicht von Felice, als sie mir alles erzählte, und bemerkte zum erstenmal, wie zart und ruhig die kleinen Jungen waren. Auch der Mann von Felice war nur noch Haut und Knochen. „Für die Kinder ist es hart, die innere Spannung wieder abzubauen." Felice schaute ängstlich auf ihre Söhne, die still in einer Ecke des Zimmers spielten. Ich verstand ihre Krankheit und die Ringe unter ihren Augen. Nach der Befreiung war sie monatelang jede Nacht aufgestanden, daß die kleinen Jungen, wenn sie schluchzend vor alten Ängsten aufwachten, sie sahen und dann wieder beruhigt einschliefen.

Wir legten die Arme um uns. Es gab so viel zu sagen, doch wir fürchteten uns beide, wir waren nicht sicher, wie viel jeder ertragen konnte. Wenn sie nicht lächelte, sah Felice gehetzt aus. Ich wußte, daß sie unaussprechliche Geheimnisse mit sich herumschleppte.

„Eugene?“ Ich brachte es kaum über mich, zu fragen.

Felice schloß die Augen.

„Joe?“ Ich flüsterte den Namen.

Felices Augen blieben geschlossen. „Rose, du und ich sind übrig. Du ... und ich.“

Später erfuhr ich, daß mein geliebter Eugene als Arzt in den Lagern gearbeitet hatte, so ausgehungert und krank wie die jüdischen Gefangenen, die er betreute. Er versuchte, ihnen ihre Qualen soweit wie möglich zu erleichtern. Eines Tages gab es eine Massenevakuierung seines Lagers, um Platz für Neuankömmlinge zu schaffen. Die bisher dort untergebrachten Gefangenen wurden nach Auschwitz in Marsch gesetzt. Während dieses Deportationsmarsches erlitt er einen Schwächeanfall. Seine Herzbeschwerden waren so heftig, daß er taumelte, in der Reihe zurückfiel und nicht in der Lage war, den unbarmherzigen Schritt mitzuhalten, zu dem die Gefangenen ständig gezwungen wurden. Ein SS-Offizier sah, daß er nicht mehr mitkam, und befahl ihm, zu rennen. Als er das nicht konnte, wurde er einfach auf der Straße erschossen.

Eugenes Frau, die Krankenschwester, und seine hübschen Kinder waren bereits in Auschwitz umgekommen.

Tagelang konnte ich an nichts anderes denken als an die schrecklichen Dinge, die meiner Familie angetan worden waren. In meinem Geist klammerte ich mich an den Herrn. Ich rief mir alle seine Barmherzigkeit ins Gedächtnis. Ich kann von den Dingen berichten, die er für mich tat und wie er mir half, die schwere Bürde in den Lagern zu tragen. Er ist der Gott allen Trostes, und er ist Mutter und Vater, Bruder und Schwester all derer, die auf ihn trauen. Dies habe ich gelernt, all jenen zu sagen, die übriggeblieben sind, die so wie ich versuchen mußten, nach den qualvollen Erlebnissen weiterzuleben.

Wir alle wußten, daß Jude sein und sein Leben noch haben ein Wunder war. Doch das Überleben bedeutete noch nicht das Ende allen Leidens, es war die Fortsetzung. Selbst Nichtjuden, die den Krieg in ihren eigenen Dörfern und Städten überdauert hatten, litten Not. Selbst zu noch so hohen Preisen gab es kaum Lebensmittel zu kaufen. Die Läden waren verwüstet oder verlassen. Die Menschen erschienen in fremdartiger Kleidung auf der Straße; alles, was man erwerben konnte, wurde dankbar einer Verwendung zugeführt. Paßform oder Stil waren ohne Bedeutung.

Frauen trugen dankbar Männerkleidung. Kinder trugen alles. Jeder war hungrig oder krank.

Ich blieb lange Zeit bei Felice. Sie hatte mich in dem Augenblick, als ich in ihrem Heim eintraf, ins Bett gesteckt, und es vergingen Wochen, bis ich wieder aufstehen konnte. Der Aufenthalt in den Lagern hatte bei mir einen Herzschaden und hohen Blutdruck hinterlassen. Kopf- und Rückenschmerzen von den Schlägen dauerten fort, und ich konnte nur mit Mühe gehen.

Ich verbrachte die Tage mit dem Studium des Wortes Gottes und mit Beten. Das Leben war so schwierig für mich. Am Tage war ich nie ohne Schmerzen. In der Nacht wachte ich oft schluchzend über einen Schrekkenstraum auf. Doch ich hatte meine Schwester und ihre Familie. Ich hatte ein Bett und Ruhe und teilte mit ihnen, was an Nahrungsmitteln da war. Vor allem aber hatte ich den Herrn Jesus und sein Wort.

Doch wie stand es um jene Tausende, die nichts mehr hatten? Sie waren mein Volk und brauchten Gott mehr denn je. In den Lagern überlebten Gefangene durch ihre Hoffnung, Hoffnung, daß sie den Krieg überstehen und einen geliebten Vater oder ein Kind oder einen Gatten oder eine Mutter oder Frau wiederfinden würden. Doch die Befreiung bedeutete für die meisten das Ende der Gründe für ein Weiterleben. Die geliebte Person, für die man alles ertragen konnte, war umgekommen.

Was machten diese Menschen in den finsteren Nächten, wenn sie allein aus ihren Alpträumen erwachten? Wer war bei ihnen, um ihnen Trost und Sinn zu schenken? Wie konnten sie ihr Leiden und ihre Erinnerungen ohne Gott ertragen? Ich wurde immer ruheloser. Ich mußte Felice und ihre Familie verlassen. Ich mußte in die Stadt gehen und meinem Volk Gottes Wort sagen.

Felice war bestürzt. Die Straßen waren überfüllt mit russischen Soldaten, die gewalttätig und gesetzlos waren; niemand war sicher. Selbst alte Frauen wurden vergewaltigt und manchmal sogar getötet. Jeder kannte den russischen Satz: „Davay Chasiy“, der bedeutet: „Gib mir deine Uhr!“ Die Russen nahmen alles, und es gab kein unbeschädigtes Haus, das nicht Soldaten beherbergen mußte. Nirgendwo gab es Betten. Für eine Frau allein in der Stadt war es unmöglich, sicher zu sein.

Und meine Gesundheit! Welche Torheit. Selbst wenn ich ein Bett fände, wie sollte ich durchkommen? Allein die Nahrungssuche würde meine ganze Zeit in Anspruch nehmen. Und wie hätte ich die Kraft, mir Essen zu kochen? Selbst das Geld, das ich in der Jüdischen Vereinigung in Prag erhalten hatte, bedeutete fast nichts. Die Bauern würden keine Lebensmittel verkaufen. Man konnte sie nur im Austausch gegen Waren bekommen. Die Russen würden mir alles nehmen, was ich hatte, und ich würde krank und ohne Lebensmittel und Geld zurückbleiben. Felice weinte und flehte mich an. Warum mußte ich immer so verrückt sein? Selbst die Lager hatten mich nicht gewandelt!

Doch ich fühlte, daß ich gehen mußte. Wir besaßen einen alten Rucksack; ich füllte ihn mit Gemüse und schnallte ihn auf meinen Rücken. Der Herr hatte mich nicht in den Lagern bewahrt, damit ich bei meiner Schwester im Bett liegenbliebe.

8. Wanderung durch die Wüste

Bei meiner Ankunft in Preßburg erkannte ich sofort, daß die grimmige Beschreibung von Felice nicht übertrieben war. Überall waren grobschlächtige russische Soldaten, und die Leute in der Stadt waren ängstlich und unfreundlich. Da ich nur einen Platz in der Stadt kannte – die Baptisten-Kirche –, machte ich mich dorthin auf den Weg. Als die Pfarrersfrau mich sah, geriet sie in Verlegenheit. „Rose, Sie hätten niemals in die Stadt kommen sollen! Die Soldaten haben alles weggenommen. Es ist unmöglich, ein Bett zu finden. Was wollen Sie tun?“

Das war kein sehr begeisterter Empfang. Ich versuchte, mir ein Herz zu fassen, und erzählte ihr, daß es nicht meine eigene Idee war, sondern daß der Herr mich gerufen habe. Ich sollte Zeugnis ablegen und Gottes Wort den Juden bezeugen, die in den Lagern überlebt hatten. Es stimmte, daß ich keinen bleibenden Platz hatte: Ich hatte auch keine Bibeln zum Verteilen, doch das lag in Gottes Hand.

Langsam erfüllte ein Lächeln das Gesicht der Pfarrersfrau. Sie schaute mich einige Augenblicke lang an, dann führte sie mich in das Kellergeschoß der Kirche. Ich sehe sie noch vor mir, wie sie mich beobachtete und lächelte, als sie mir sagte, ich soll einen großen Karton öffnen, der dort eingelagert war. Er war gefüllt mit hebräischen Neuen Testamenten, kleinen blauen Büchern, die in Amerika von der Million Testament Campaign gedruckt worden waren. Sie waren von Mr. und Mrs. George Davis von der Million Testament Campaign in der Kirche zurückgelassen worden. Ich hatte in Budapest von diesem Paar gehört. In der Mission hatten wir oft für sie gebetet. Und hier war nun ihre große Lieferung von hebräischen Neuen Testamenten, die darauf warteten, verteilt zu werden. Ich wußte, daß die Schriften eine Bestätigung vom Herrn waren. Freude durchflutete mich.

In den ersten Tagen in Preßburg blieb ich wechselnd bei Mitgliedern der Kirche in ihrer Wohnung. Eine Schneiderin ließ mich einige Nächte in ihrem Bett schlafen. Dann bot mir jemand eine Couch oder eine Bettstelle in einem Winkel, „bis sich irgend etwas tat"; auf diese Weise sorgte der Herr für mich. Tatsache war, daß ich seltsam aussah.

Der einzige Mantel, den ich besaß, war ein altes Kleidungsstück von Felice. Sie hatte ihn erhalten, als sie kurz vor der Geburt ihrer Zwillinge stand, da ihr eigener Mantel sich nicht mehr zuknöpfen ließ und die Kälte nicht abhielt. Der Mantel war riesig und paßte sicher gut für Felice in ihrem damaligen Zustand. Um mich ging er jedoch dreimal herum!

Ich hatte noch immer keine Haare und hielt deshalb den Kopf bedeckt. Ich fand einen alten Filzhut, den ich Tag und Nacht trug. Die Leute konnten nicht erkennen, ob ich ein Mann oder eine Frau war. In diesem Zustand nahm ich meine Arbeit für den Herrn auf.

Bald stellte ich fest, daß zwar Mr. und Mrs. Miller und Karl gezwungen worden waren, Ungarn zu verlassen, doch hatten sie Europa keineswegs vergessen, noch hatten sie mich vergessen. In jenen schrecklichen Kriegsjahren hatte Mr. Miller viele Menschen in Amerika aufgerufen, für mich zu beten. Immer wieder erzählte er auf seinen Versammlungen die Geschichte von der Jüdin Rose, die Jesus liebte und von der er sicher annahm, daß sie in ein Lager gebracht worden war. Die Millers wußten nicht, ob ich am Leben war, doch sie beteten für mich, Karl betete und viele andere Menschen, die ich überhaupt nicht kannte.

In späteren Jahren besuchten mich viele dieser Amerikaner und erzählten mir, daß sie oft gedacht hatten, es sei nutzlos, noch länger zu beten. Die Vernunft sagte ihnen, daß ich sicher umgekommen sei wie so viele tausend andere auch, doch der Heilige Geist habe sie gedrängt, weiterzubeten, und so geschah es dann auch.

Ich schrieb den Millers nach Amerika, und bald bekam ich Briefe und kleine Geldgeschenke. Ich war tief gerührt von dieser wundervollen Ermutigung und staunte über den Weg, auf dem der Herr mir Hilfe zukommen ließ.

Ich schrieb, um der Familie Davis mitzuteilen, daß ich ihre Schriften benutze. Schneller als es möglich schien, traf ein Lebensmittelpaket ein. Meine Brüder in Amerika, Louis und Herman, schickten mir Lebensmittel. Karl sandte ständig Pakete mit getragenen Kleidern. Ich hatte nicht nur genügend zu essen in dieser hungernden Stadt, sondern ich hatte Lebensmittel und Kleidung zum Austeilen. In jenen Tagen war das eine ungewöhnliche Sache.

Ich verbrachte viel Zeit damit, englische Traktate zu übersetzen. Es gab nichts in irgendeiner europäischen Sprache, und die Nachfrage nach christlicher Literatur war sehr groß. Die Menschen waren begierig zu lesen. Sie wollten Antworten für ihr zerstörtes Leben finden, doch niemand gab sie ihnen. Mit den kleinen Geldspenden druckte ich Traktate und verschenkte sie. Ich brachte es sogar fertig, einige Neue Testamente in europäischen Sprachen in London zu bestellen, und die Familie Davis schickte Sonderaufträge für mich an die Bibelschule in Beatenberg – Pakete mit Neuen Testamenten, Traktaten und Broschüren.

Viele Menschen der Baptistengemeinde unterstützten mich mit ihrem Gebet und der Bereitschaft zu helfen. Die Tschechoslowakei war ausgeblutet. Nichts von Wert war zurückgeblieben. Zuerst war sie von den Deutschen geplündert worden. Dann hatte die russische Befreiungsarmee alles mitgenommen, was nicht niet- und nagelfest war. Die Menschen mußten hilflos zusehen. Wenn russische Soldaten in ein Haus kamen und Brennmaterial zum Kochen von Teewasser verlangten, dann machte es ihnen nichts aus, eine Schublade herauszuziehen und sie zu Brennholz kleinzuhacken. Nur so eben für eine Tasse Tee! Das Elend stand auf jedem Gesicht geschrieben.

Doch hier war ich, in der Gnade Gottes, Überlebende aus den Lagern mit nichts, und schenkte Lebensmittel und Kleider weg, errichtete eine kleine Druckerei, kaufte Papier und Umschläge und Briefmarken und was ich brauchte, so wie der Herr mir die Mittel zukommen ließ. Es war wunderbar, und die Leute staunten, was der Herr zu tun vermochte.

Ich wußte, daß ich einen Platz zum Wohnen brauchte. Noch immer ging ich von Haus zu Haus, was für jeden viel Unbequemlichkeit mit sich brachte. Ich vertraute Gott meine Sorgen an, wie die Schrift es befiehlt. Ich konnte mich nicht nach einem Zimmer zum Mieten umsehen. Selbst wenn eines aufzutreiben gewesen wäre, dann wäre es für eine einzige Person ein unmöglicher Luxus gewesen, einen ganzen Raum zu haben.

Eines Tages kam der Pfarrer der Baptistengemeinde in aller Eile bei mir vorbei. Seine Augen leuchteten. Er hatte eine Bekannte, einen weiblichen Offizier der Heilsarmee, die lange Zeit in Preßburg gearbeitet hatte. Sie wurde nach Brünn auf einen höheren Posten innerhalb der Heilsarmee versetzt und brauchte jemand, dem man vertrauen konnte, der auf ihre Wohnung in Preßburg achtgab. Es war noch ein junger Mann da, ein Invalide, der in der Wohnung bleiben mußte und zu betreuen war.

Die Wohnung hatte zwei Zimmer und eine große Küche mit einer Speisekammer. In der Küche war ein Wasserhahn, der einzige in der Wohnung. Ich drehte ihn oft an und beobachtete, wie das Wasser herauslief. Es gab eine Zeit, da stritt ich mit Hunderten von Menschen um einen Tropfen Wasser aus einem Hahn, und hier besaß ich nun einen Wasserhahn ganz für mich allein.

Einige Tage, nachdem ich in die Wohnung eingezogen war, stand ich in einer Warteschlange vor der Jüdischen Vereinigung in Preßburg. Hinter mir stand eine junge Frau, die mir über die Schulter blickte, um zu sehen, ob ich ein Mann oder eine Frau sei. Wir kamen ins Gespräch. Sie hieß Irene und war die einzige Überlebende ihrer ganzen Familie. Alle Angehörigen waren nach Ravensbrück gebracht worden in das Lager, in dem meine Mutter getötet worden war. Irene war entkommen, weil sie aus einem Fenster ihrer Baracke sprang, als die Frauen ihres Blockes in die Gaskammern befohlen wurden. Ich lud sie ein, das Bett mit mir zu teilen, das ich in dem großen Zimmer der Wohnung hatte. Sie wohnte zwei Jahre bei mir, ehe sie sich Christus übergab. Ich vergoß um sie viele bittere Tränen, denn sie pflegte allem zuzustimmen und so zu tun, als glaube sie, fuhr jedoch fort, nach ihrem eigenen Willen zu leben. Doch schließlich kam sie dazu, Jesus als ihren Erlöser anzunehmen.

In den folgenden Wochen und Monaten kamen viele Juden und Christen, um in der Wohnung zu schlafen. Oft besuchten Menschen den baptistischen Gottesdienst, und wenn sie den Pfarrer fragten, wo sie Unterkunft finden könnten, wo es ein Hotel gebe (es gab in

Preßburg keine Hotels mehr), dann lächelte der Pfarrer und schickte sie in das „Hotel Warmer".

Oft mußten sie auf Decken auf dem Küchenboden schlafen, doch wir schafften es. So konnte ich dem Herrn schlicht dadurch dienen, daß ich Menschen unterbrachte, die sonst nirgendwo eine Bleibe hatten. Manchmal waren die Gäste Juden, welche die Lager lebend überstanden hatten und mir ihre Geschichte erzählten. Alle hatten schreckliche Geschichten hinter sich. Jeder Jude, der am Leben geblieben war, mußte als Wunder angesehen werden, und alle waren begierig, über ihr Schicksal zu berichten.

Ich erfuhr, daß manche Leute Juden gegen Geld versteckten. Ich lernte eine reizende Jüdin mit Namen Stephanie kennen, die elf Jahre älter war als ich. Obwohl Menschen manchmal unglaubliche Preise dafür verlangten, muß man doch sagen, daß sie ihr eigenes Leben dabei aufs Spiel setzten. Stephanie wurde von einer Frau versteckt, die ihr ihre ganze Habe abverlangte. Bei ihr waren noch andere Juden untergetaucht. Während des Tages verbarg die Frau die Juden unter Bergen von Bettzeug. Sie mußten den ganzen Tag absolut still daliegen. Doch nachts ließ sie sie hart arbeiten, obwohl sie ein Vermögen für ihren Aufenthalt bezahlt hatten.

Stephanies Mann war getötet worden, und sie war verzweifelt und sehnte sich nach einem Sinn für ein Weiterleben. Das, was eine lebenslange Freundschaft werden sollte, bestand erst einen Monat, als Stephanie ihr Leben in die Hände des Herrn legte.

Es gab viele Überlebende des Infernos. Wie aber konnte ich sie finden? Ich war nur eine einzelne Frau mit einer einzigen Stimme. Zwar konnte diese Stimme in vielen Sprachen sprechen, das war von großem Nutzen.

Doch Europa erbebte unter Massenbewegungen von Menschen. Überall suchten Menschen nach ihren verlorenen Angehörigen, nach ihrem Heim. Da die Nazis ganze Bevölkerungen aus ihrer Heimat herausgerissen hatten, mischten sich in den Straßen Flüchtlinge aus vielerlei Sprachen. Ich entdeckte, daß ich fast alle ansprechen konnte. Deutsch hatte ich von meinem Vater gelernt, Ungarisch kannte ich von Kind auf, das gehaßte Tschechisch aus meiner Schulzeit, französischen Unterricht hatte ich von Mademoiselle erhalten, Englisch hatte ich während meiner Flucht von Louis gelernt, Russisch während meiner Missionsarbeit, ehe ich ins Lager kam.

Aber das alles war nur eine Stimme! Es mußte einen Weg geben, diesen tapferen Juden zu sagen, daß es noch einen Sinn für ihr Leben gab. Sie mußten erfahren, daß die alten Weissagungen in Erfüllung gegangen waren und Jesus der Messias ist. Ich betete. Eines Tages hörte ich zufällig, daß die Namen aller Juden, die in die Slowakei zurückgekehrt waren, in drei dicken Büchern enthalten waren, die den Umfang eines Telefonbuches hatten.

Ich war wie elektrisiert! Es war möglich, sich die Namen aufzuschreiben, die Adressen zu erhalten. Schriften konnten über das ganze Land an diese Menschen verschickt werden, die so viel erduldet hatten. Wußte ich nicht selbst am besten, wie sie gelitten hatten? Teilte ich nicht ihre Erinnerungen, ihre Alpträume, die Geräusche und Visionen ihrer Wachstunden? Ich konnte ihnen das Wort Gottes bringen. Ich konnte durch die Schriften zu allen sprechen. Ich konnte ihnen ein Neues Testament schicken.

Es war nicht leicht, den Menschen meiner Umgebung meine Pläne mitzuteilen. Alle waren arm. Alle Arbeit, die geleistet wurde, wurde mit großem Opfer getan. Die

Leute hatten nicht einmal Schuhbänder. Doch die Christen in der Baptistengemeinde waren bereit zu beten. Karl und die Millers beteten. Selbst Menschen in Kanada, die durch die Millers von mir gehört hatten, beteten für mein Zeugnis an die überlebenden Juden in der Slowakei.

Wir brauchten Geld für Briefmarken. Neue Testamente und Literatur in vielen europäischen Sprachen mußten gekauft werden. Umschläge zur Beförderung der kostbaren Botschaft wurden benötigt. Die Aufgabe schien riesig.

Inzwischen ereignete sich etwas Wunderbares. Meine geliebte Mary aus Amerika kehrte zurück! Sobald die Grenzen geöffnet wurden, war sie eine der ersten Missionarinnen, die zurückkam, frisch und strahlend wie immer und überglücklich, mich noch am Leben zu finden. Sie kam nach Preßburg, weil ihr Waisenhaus in Rußland lag und die Türen zu diesem Land nun dicht verschlossen waren.

Mary war unverzagt. Sie wollte in Preßburg ein Waisenhaus eröffnen. Womit? Mary lächelte nur. Wo immer sie ging, was immer sie plante, – die Dinge kamen rasch in Bewegung. Sie wußte, wie man das Herz der Menschen für Kinder rührt, doch vor allem wußte sie durch Gebet und Fürbitte, wie man das Herz Gottes bewegt.

Der Aufbau von Marys Waisenhaus war ein weiteres Wunder, weil die Menschen selbst fast nichts mehr besaßen. Doch ehe viel Zeit vergangen war, hatte Mary genügend Decken und Kleider und Geschirr zusammengesammelt, um ein Waisenhaus für Kriegswaisen aufzumachen, die niemand haben wollte. Oft, wenn sie in der Stadt war, besuchte sie unsere Wohnung mit einer kleinen Gruppe ihrer Kinder.

Die Wohnung wurde immer mehr zu einem Hotel, die Menschen kamen und gingen. Der junge Invalide war wieder genesen und zog fort. Eines Tages schickte der Herr eine Missionarin der Child Evangelism aus Kanada, und sie blieb. Irene war noch immer bei mir, und Margaret, die kanadische Missionarin, machte unsere Wohnung zum Ausgangspunkt für ihre Arbeit. Sie brachte Anschauungsmaterial für die Kinder mit. Diese Dinge waren so neu, daß auch junge Menschen und Erwachsene davon fasziniert und ihre Versammlungen gut besucht waren. Von Margaret lernte ich, Anschauungsmaterial zu verwenden.

Irgendwie gab es immer Platz für jeden, den der Herr mir ins Haus schickte, und immer war genügend zu essen für eine Person da. Oft blieben die Leute nur eine Nacht und zogen dann weiter. Manchmal kamen sie und blieben länger, so wie Margaret.

Zu ihnen gehörte eine andere Kanadierin, eine Mrs. Gordon. Sie war eine sehr selbständige Frau, die Sekretärin eines Parlamentsabgeordneten gewesen war. In ihrer Freizeit hatte sie in jüdischen Heimen in Toronto Schriften verteilt. Der Herr hatte ihr Herz für die Tschechoslowakei erwärmt, so packte sie ihre Sachen und kam. Da es ihr nicht möglich war, in Preßburg einen Platz zum Wohnen zu finden, sagte ihr der Baptistenpfarrer: „Mrs. Gordon, gehen Sie zu Rose Warmer. Sie braucht Sie."

Mrs. Gordon wollte nicht mit mir arbeiten, sie wollte unabhängig sein, doch schließlich kam sie. Sie blieb fast zwei Jahre und war eine außerordentliche Hilfe. Das war im Frühjahr 1947.

Der Herr erhörte unsere Gebete. Wir erhielten eine größere Anzahl Bibeln in ungarisch, tschechisch und deutsch. Ich verbrachte viele Stunden damit, zum Postamt und wieder zurück zu pilgern, um die Bibeln und viele Traktate in einem alten Kinderwagen abzuholen, den jemand mir geschenkt hatte.

Eines Morgens machten Mrs. Gordon, Irene, Margaret und ich uns in unserer kleinen Wohnung fertig für den Tag. In den Straßen war großer Lärm, und wir schauten aus dem Fenster auf den Hof hinunter, um zu erfahren, was los war.

„Die Kommunisten haben die Macht übernommen!" schrie es zu uns herauf, und in den Straßen drängte sich Militär. Wir meinten, es könne nicht noch mehr zu erleiden geben, doch das war ein Irrtum. Es kann noch mehr Leid kommen, und es kam für uns! Einzelhändler, die eben begonnen hatten, ihr Geschäft wieder aufzubauen, Fabrikbesitzer und Geschäftsleute, die verzweifelt hart gearbeitet hatten, um von neuem zu beginnen, verloren sofort alles. Die Regierung enteignete sie rücksichtslos, und sie standen ohne Geld und ohne Heim auf der Straße. Vor der kommunistischen Machtübernahme mußten wir uns auch in den Läden nach Lebensmitteln anstellen, jetzt aber waren sie noch schwerer zu bekommen und von so schlechter Qualität, daß sie nahezu ungenießbar waren. Es herrschte allgemeine Panik, genau wie damals, als die Nazis die Macht übernahmen.

Einige Tage nach der kommunistischen Machtübernahme war in unserem Hof die Hölle los. Aufgeregte Soldaten befahlen allen Bewohnern, ihren Besitz, Möbel, einfach alles in den Hof herunterzuwerfen. Wir mußten alle umziehen. In jede Wohnung sollten drei Familien gelegt werden.

Drei Familien! Die arme Mrs. Gordon war wie vom Donner gerührt. Sie war eine anmutige Frau, und da einer der Soldaten englisch konnte, versuchte sie, ihn von diesem Vorhaben abzubringen. Ich erklärte hitzig, daß dies nicht unsere Wohnung sei, sondern daß ich sie für eine andere Frau verwalte und deshalb nicht heraus könne.

Die Soldaten hatten einen Lastwagen bereitgestellt, um uns und zwei andere Familien wegzubringen. Wir wurden alle in eine einzige Wohnung gebracht, in der wir zusammen wohnen sollten. Ich rannte zu der Behörde, deren Büro etwas weiter unten in der Straße lag, doch dort sagte man mir nur: „Sie müssen gehorchen!" Da die Soldaten bei uns Frauen den geringsten Widerstand fanden und da wir zwei Jüdinnen und zwei Ausländerinnen waren, zwangen sie uns auf den Lastwagen und fuhren los, während die anderen Familien sich noch weigerten zu gehorchen.

Wir wurden zu einem neuen Bestimmungsort gebracht, und unser Küchentisch, die Matratzen und unsere übrigen Habseligkeiten wurden in die neue Bleibe hineingepoltert. Dann fuhren die Soldaten weg. Die Wohnung, aus der wir ausquartiert worden waren, hatte zwei Zimmer und eine primitive Küche. Wir hätten den Baderaum mit mehreren anderen Familien in einer Toilette draußen im Hof teilen müssen. Es gab einen einzigen Wasserhahn.

Die neue Wohnung aber, die wir so überraschend zugewiesen bekamen, besaß ein eigenes Badezimmer mit Badewanne. Die Küche hatte einen großen Herd, der mit Holz beheizt wurde, und eine richtige Spüle. Es gab eingebaute Schränke und drei Zimmer. Die Fenster der Wohnung gingen auf einen abgeschlossenen Hof.

Das Leben weist eine Fülle heiliger Scherze auf. Weil die anderen Familien sich geweigert hatten auszuziehen, lenkte es der Herr, daß wir in dieser Situation eine schönere Wohnung bekamen, die wir ganz für uns hatten.

Wir führten unser Werk nun unter bedeutend besseren Bedingungen weiter, arbeiteten stundenlang täglich und verschickten Literatur. Alle sechs oder acht Wochen, wie der Herr uns Mittel für Briefmarken und Umschläge sowie für den Druck neuer Schriften zukommen ließ, lud ich den Kinderwagen voll und machte mich auf den langen Weg zum Postamt. Es gab keine Straßenbahn, und ein Fahrrad besaßen wir nicht. So bildete der Kinderwagen für uns ein wesentliches Stück unserer Missionsausrüstung. Er war ohnehin kein sehr kooperatives Stück. Manchmal fielen die Räder ab und rollten auf die Straße, oft gerade im dichtesten Verkehr. Und während die Karre mit ihrer kostbaren Fracht absurd auf dem Gehsteig lehnte, angelte ich, den Autos ausweichend, nach den Rädern.

Viele jüdische Menschen hier konnten nur ungarisch lesen, so daß es für uns wesentlich wurde, Gottes Wort in dieser Sprache zu haben. Jedes Traktat, das wir verschickten, enthielt das Zeugnis eines jüdischen Mannes oder einer jüdischen Frau, manchmal auch eines Rabbis, die Jesus als ihren Erlöser angenommen hatten. Immer lag das Angebot für ein Neues Testament bei. Unsere Freude wuchs, als die Post von Juden zunahm, die um ein Neues Testament baten.

Es gab so viel zu tun, und wir arbeiteten mit aller uns zur Verfügung stehenden Kraft, um das Evangelium von Jesus Christus zu verbreiten. Oft war es schwer, denn unsere Lebensmittelversorgung war armselig und wurde noch schlimmer nach der kommunistischen Machtübernahme in der Tschechoslowakei. Meine eigene Gesundheit ließ zu wünschen übrig. Mrs. Gordon mußte um Mehl nach Kanada schreiben. Sie verlor Gewicht und Energie und konnte das Brot nicht vertragen, um das wir uns anstellen mußten. Manchmal gaben wir den Versuch auf, Brot zu bekommen. Es nahm so viele Stunden in Anspruch, seine Ration zu erhalten, daß wir uns fragten, ob sie es überhaupt wert sei. Auch Seife wurde uns aus dem Ausland geschickt; auf diese Weise, mit kleinen Paketen an Margaret oder Mrs. Gordon oder mich, teilten wir alles und lebten von Tag zu Tag.

Obwohl wir aus der Wohnung der Frau von der Heilsarmee ausquartiert worden waren, bedeutete dies nicht, daß das „Hotel Warmer" seine Pforten geschlossen hatte. Der Pfarrer schickte die Leute einfach an unsere neue Adresse. Es erschien ein Missionsehepaar aus Nordamerika, die mich baten, als Dolmetscherin mit ihnen zu reisen. Sie konnten Russisch, aber keine andere Sprache. Auf diese Weise war es mir möglich, im Lande umherzureisen und einige der Juden, die uns geschrieben hatten, persönlich zu besuchen.

Auch Margaret reiste von Zeit zu Zeit. Sie brachte das Evangelium in abgelegene Gegenden und benutzte das Anschauungsmaterial, um das Interesse von Jungen und Mädchen, aber auch vieler Erwachsener zu wecken. Sie ermunterte mich, Anschauungsmaterial zu verwenden, das ich wunderbar hilfreich fand, vor allem in meinem geschwächten Zustand.

Wir reisten mit einem Holzkarren mit hölzernen Rädern. Das arme Pferd zog uns über holperige Straßen, auf denen wir wie Erbsen im Topf herumgeschüttelt wurden. Manchmal mußte ich im stillen den Herrn um Erbarmen anrufen, wenn Schmerzen mir den Kopf zu zerbersten drohten durch die heftigen Stöße im Wagen. Doch wir lachten über die Mühsale, und ich vertraute auf den großen Arzt als Helfer. Im ganzen Land waren keine Arzneimittel oder Vitaminpräparate zu haben.

Wenn wir in Städten oder Dörfern Versammlungen abhielten, lauschten die Menschen in atemloser Stille. So wurden wir für alle Unbequemlichkeiten der Reise reich belohnt. Das Herz der Menschen war weit geöffnet für das Evangelium, und ihre Dankbarkeit war rührend.

Nicht lange nach der kommunistischen Machtergreifung begann die Geheimpolizei sich für mich zu interessieren. Die viele Post, die ich erhielt – was hatte das zu bedeuten? So viele Briefe aus Amerika! So viele Pakete an die eine Anschrift!

Eines Tages, als ich zu Hause war, klopfte ein Angehöriger der Geheimpolizei an unsere Tür. Er verlangte von mir zu erfahren, ob ich Literatur in ungarischer Sprache habe und ob ich ungarische Bibeln besitze. Nach kommunistischem Gesetz sei Bibelliteratur „antisowjetisch" und müsse als Verbrechen angesprochen werden, vor allem, wenn sie aus dem Ausland komme. Ich war im Besitz solcher Literatur, konnte es ihm aber nicht sagen. Ich hätte damit die ganze Kette von Christen mit hineingezogen, die mir halfen.

Ich betete still. Schweigend standen wir uns gegenüber. Dann ging ich zu dem Schrank, in dem Bibeln aufbewahrt wurden, und riß die Tür auf. „Hier!" sagte ich nur. Er starrte hinein. In einem überdachten Teil des Hofes stand ein Vorratsschrank, in dem weitere Literatur untergebracht war.

„Kommen Sie bitte mit!" wies ich ihn an und eilte rasch aus der Wohnung in den Garten zu dem anderen Schrank. Als wir ihn erreicht hatten, öffnete ich seine Türen weit. Die ganze Zeit betete ich dabei zum Herrn um Hilfe. Beide Schränke waren vollgepackt mit Neuen Testamenten.

Der Polizist blickte mit ausdruckslosem Gesicht auch

dort hinein. Plötzlich drehte er sich um und schritt durch das Tor auf die Straße hinaus. Meine Knie zitterten, als ich in die Wohnung zurückging. Ich war mir der Gegenwart des Herrn so sehr bewußt. Er mußte die Augen dieses Polizisten geblendet haben. Nie wieder wurde ich über meine Literatur befragt.

Aber ich wurde auf andere Weise belästigt. Wenn ich unterwegs war, merkte ich, daß meine Reisen von der Polizei beobachtet wurden. Einmal war ich nah der polnischen Grenze der Slowakei, um Zeugnis abzulegen. Mitten in der Nacht, als ich in einer kleinen Wirtschaft schlief, wurde ich geweckt und meine ganzen Habseligkeiten durchsucht. Sie beschuldigten mich, Waren über die Grenze zu schmuggeln.

Die Polizei war auch mißtrauisch, weil in unserer Wohnung ständig so viele Menschen aus und ein gingen. Es war wie in einem Bienenhaus. Mrs. Gordon war sehr flink in der Zubereitung von kleinen Mahlzeiten für alle, die zu allen Stunden des Tages und der Nacht zu uns kamen.

Obwohl wir nur selten Zeit hatten, uns nach Lebensmitteln anzustellen, sorgte der Herr für uns. Manche saßen die ganze Nacht über auf dem Gehsteig und warteten, bis die Läden aufmachten. Die Schlangen waren entsetzlich lang – hoffnungslos für uns. Wir hätten dann keine Zeit mehr gehabt für das Werk des Herrn. So gaben wir es auf, uns um die wenigen Nahrungsmittel zu bemühen, die uns durch die wöchentlichen Lebensmittelmarken zustanden. Barmherzigerweise kamen Pakete für uns aus Nordamerika, und wir erhielten auch Pakete aus Armeeüberschüssen. Mein Schwager Alexander arbeitete in einer Mühle und konnte uns manchmal etwas Mehl zukommen lassen. Wir gaben ihm dafür

Lebensmittelkonserven für meine kleinen Neffen. Manchmal konnten wir auch Schweineschmalz bekommen, das war dann ein besonderer Anlaß zum Feiern.

Die Vereinten Nationen stellten eine Art Käse in Dosen zur Verfügung. Das slowakische Volk aber war nicht an Lebensmittelkonserven gewöhnt und kaufte sie nicht gerne. Oft legten wir unsere Abschnitte der Lebensmittelkarten zusammen, um diesen Käse zu kaufen, der eine ausgezeichnete Ergänzung des Essens war. So schlugen wir uns in diesen schwierigen Zeiten durch und konnten noch mit denen teilen, die zu uns kamen, so getreu sorgte der Herr für uns.

Am 1. Mai 1947 fand in Preßburg eine große Parade statt, um die kommunistische Machtübernahme zu „feiern". Wir Christen feierten nicht, doch viele andere nahmen daran teil, die sich einen Vorteil davon versprachen, wenn sie begeistert mittaten. Der Marschtritt der Truppen, das Rollen der Geschütze waren auf unheimliche Weise vertraut. Mußte ich nun alles von neuem erleben? An diesem Tage erkrankte ich heftig und mußte ins Krankenhaus gebracht werden.

Es war ein jüdisches Krankenhaus. Die meisten Patienten dort litten wie ich an den Folgen der Mißhandlung in den Konzentrationslagern. Sechs Tage lang blieb ich im Krankenhaus, umgeben von meinen eigenen Leuten. Hier brauchte ich keine Briefmarken und Umschläge und lange Adressenlisten. Kein Gesicht gab es, das nicht den Terror geschaut hätte, und kein Tropfen Blut floß in diesen Menschen, das nicht jüdisches Blut war.

Ohne mich einen Zoll zu bewegen, konnte ich mit den Schwestern und Ärzten sprechen. Tag um Tag mühten sie sich um die Nachwirkungen des nationalsozialistischen Mordens. Ihre Patienten litten nicht an Krankheiten, die sie während ihrer medizinischen Ausbildung studiert hatten. Ihre Patienten waren der Bodensatz der Krematorien – die wenigen Tausend, die nicht von den Öfen verschlungen worden waren. Sie waren nicht entkommen, sie hatten wie ich überlebt.

In diesem Krankenhaus erzählte ich von der Liebe Gottes und wie getreu er zu mir gewesen war. Ich las aus den Psalmen und den Propheten und erzählte, wie Jesus die Erfüllung all der alten und unwandelbaren Verheißungen ist. Der Hunger nach einem Sinn des Lebens, den ich auf unseren Versammlungen in den Dörfern erlebt hatte, und der in der brieflichen Reaktion auf die Versendung unserer Traktate zum Ausdruck kam, war auch hier überall spürbar. Es war eine gesegnete Zeit, trotz meiner Schmerzen und der Anstrengungen beim Sprechen.

Und in allen Stationen, in den Hallen hörte ich ein neues Gesprächsthema. Es kam von den Lippen der jungen Mädchen, die uns Patienten die Essenstabletts brachten. Die Putzfrauen in den Zimmern sprachen miteinander darüber. Patienten, die sich in der Rekonvaleszenz befanden, versammelten sich in kleinen Gruppen und redeten mit erregten Stimmen. Das Thema war Palästina! Unsere Heimat!

Eine Welle der Erregung ergriff mich. Es war so wunderbar, in diesem Krankenhaus zu sein, umgeben von Menschen meines Volkes, denen ich ohne lange, erschöpfende Suche nach Überlebenden dienen konnte. Wie würde es erst sein, in Palästina zu leben, wo ich alle Tage mitten unter Tausenden von Juden wäre.

Doch ein anderes Thema wurde zugleich in ängstlichem Ton diskutiert: die Briten. Die Briten weigerten sich. Die Briten verhinderten es. Es gab das Weiße Papier.

Ich wußte von dem Weißen Papier. Jeder Jude in Europa wußte davon. Im Jahre 1920 hatten die Briten, die im Ersten Weltkrieg im Mittleren Osten siegreich gewesen waren, Palästina vom Völkerbund als Mandat übertragen erhalten. Es bestand dann der Plan, Palästina zur jüdischen Nationalheimat zu machen.

Vielleicht schien das zu Beginn einfach – vielleicht war es auch niemals einfach gewesen, doch im Laufe der Jahre entstand im Nahen Osten ein enormes Spannungsfeld. In den dreißiger Jahren gab es einen dreifachen Kampf zwischen Arabern, Juden und Briten darüber, wie dieser jüdische Nationalstaat zustande kommen könnte. Die mächtigen arabischen Staaten bestanden darauf, die jüdische Einwanderung zu stoppen; die Briten beschlossen, sie drastisch zu beschränken.

Man kann es nur schwer verstehen, doch im Jahre 1939, dem gleichen Jahr, in dem Hitler den Krieg begann, erklärten die Engländer, die so mutig bei der Bekämpfung Hitlers waren, den Juden auf ihre Weise einen schrecklichen Krieg. Sie erließen ein Weißes Papier, in dem sie die Absicht Großbritanniens ankündigten, im Nahen Osten einen einzigen unabhängigen Staat zu schaffen (keinen Staat, der in arabische und jüdische Zonen geteilt wäre); dieser Staat sollte vorwiegend arabisch sein. Die jüdische Einwanderung nach Palästina wurde auf 1500 Personen monatlich beschränkt, und dieses winzige Rinnsal sollte enden, sobald die jüdische Bevölkerung die Zahl von 500000 erreicht hatte, und zwar für immer. Dieses Kontingent war 1944 festgelegt worden.

Dagegen erhoben sich im Krankenhaus zornige Stimmen. Was sollte man von der britischen Blockade gegen jene Schiffe halten, die überladen mit Juden ihren Kurs nach Palästina nahmen? Die Juden, die in Europa überlebt hatten und in ihre neue Heimat wollten, erwünschten sich heiß die Einreise. Das Weiße Papier konnte doch nicht länger in Kraft sein, nicht nach allem, was geschehen war.

Doch das Weiße Papier war noch in Kraft, und was mit diesen tragischen Schiffsladungen von Juden geschah, war dem Grauen in den Lagern Hitlers vergleichbar. Zionisten in Palästina widersetzten sich den Briten und unternahmen heroische Anstrengungen, sie zur Landeerlaubnis für die Schiffe zu zwingen. Gerüchte, daß in den Schiffen Gewehre versteckt seien, daß die Juden in Palästina sich bewaffneten, um den Juden in Europa bei ihrem Exodus zu helfen, jagten mir Schauer des Stolzes durch den schmerzenden Kopf. Es hieß, in Palästina herrsche das Kriegsrecht.

Obwohl die britische Armee die Häfen und Küsten Palästinas kontrollierte, kamen jüdische Schiffe durch. Ein Arzt berichtete von Halbwüchsigen in Palästina, Jungen und Mädchen, die in diesem Land frei geboren waren, wie sie ihr Leben aufs Spiel setzten, zu den winzigen Nußschalen hinausschwammen, die mit Überlebenden von den Schiffen befrachtet waren, die in keinem Hafen ankern durften. Jüdische Mädchen und Jungen trugen auf ihren Armen oder ihrem Rücken durchs Wasser gebrechliche alte Leute, Säuglinge, Kinder, selbst Männer auf den Boden ihres Heimatlandes, und das unter den Gewehren der Briten.

Die Ärzte meinten, es werde Krieg geben. Wir Juden würden gewinnen. Palästina würde bald für alle Juden auf der Welt offen sein, die kommen wollen. Ich bat die Schwester um einen kalten Umschlag auf meinen Kopf und ein Glas Wasser. Ich zitterte vor Erregung. Biblische Weissagungen kamen mir ins Gedächtnis.

Denn es wird die Zeit kommen, daß die Wächter auf dem Gebirge Ephraim rufen: Wohlan, laßt uns hinaufziehen nach Zion zum Herrn unserem Gott! Denn so spricht der Herr: Jubelt über Jakob mit Freuden und jauchzet über das Haupt unter den Völkern. Ruft laut, rühmt und sprecht: Der Herr hat seinem Volk geholfen, dem Rest Israels! Siehe, ich will sie aus dem Lande des Nordens bringen und will sie sammeln von den Enden der Erde, auch Blinde und Lahme, Schwangere und junge Mütter, daß sie als große Gemeinde wieder hierherkommen sollen. Sie werden weinend kommen, aber ich will sie trösten und leiten. Ich will sie zu Wasserbächen führen auf ebenem Wege, daß sie nicht zu Fall kommen.

Mit meinem ganzen Herzen wünschte ich mir, zu helfen. Das einunddreißigste Kapitel des Buches Jeremia und viele andere Stellen faszinierten mich. Ich fühlte förmlich, wie mein Geist auf dem trockenen Sand Palästinas tanzte.

Nach sechs Tagen wurde ich entlassen. Es ging mir zwar nur wenig besser, doch ich hatte viel nachzudenken und viel Arbeit zu erledigen. Ich hatte nun das Empfinden einer noch viel größeren Dringlichkeit, daß unsere jüdischen Menschen die Heilige Schrift brauchten. Wenn sie in ihre Vorkriegsheime und Dörfer zurückkehrten, wenn sie für sich ein neues Leben aufbauten, wenn sie vor allem, trotz der Unsicherheiten, nach Palästina gingen, dann brauchten sie Gottes Wort.

Doch meine Gesundheit blieb weiterhin schlecht. Soweit ich konnte, ignorierte ich meinen Körper und setzte die Arbeit fort. Aber nur ein Jahr später wurde ich wieder in dasselbe Krankenhaus gebracht – am 3. Mai 1948–, diesmal für vierzig Tage. Mein Blutzucker war hoch, und ich hatte abwechselnd hohes Fieber und entsetzliches Frieren. Die Ärzte versuchten alle möglichen Behandlungen, die anstrengend und wirkungslos waren. Ich wußte, daß ich sehr krank war.

So geschah es, daß ich am 14. Mai 1948, dem Tag, an dem im fernen Palästina die Gründung des Staates Israel proklamiert wurde, auf einer dünnen Krankenhausmatratze im Herzen des kommunistisch beherrschten tschechoslowakischen Staates im Schüttelfrost lag. Als die Nachricht im Rundfunk über Kurzwelle im Krankenhaus eintraf, gab es einen solchen Jubel, daß selbst ich vor Freude weinte, obwohl ich dabei die Hände an beide Seiten meines Kopfes preßte, der nun von dünnem braunem Haar bedeckt war. Es waren keine Stoppeln mehr. Meine Ohren, in die so oft die Flüche der Nazis gedröhnt hatten, hörten tatsächlich, wie Juden die Gründung des Staates Israel verkündeten, die Errichtung einer ganzen Nation aus dem Volk, dessen brennende Knochen die Himmel Europas verdunkelt hatten.

Ich war zu schwach, um mich bewegen zu können, doch ich versuchte zu jubeln. Ich zitterte aus Krankheit und jubelnder Erregung. Ich hielt meine kostbare Bibel in den Händen und wünschte, ich hätte die Kraft, aus dem Bett zu springen und zu rufen: „Die Herrlichkeit des Herrn wird offenbar! Und alles Fleisch wird sie sehen." Doch alles, was ich konnte, war lachen und weinen zugleich.

Im Krankenhaus wurde von nichts anderem gesprochen als von dem Krieg in Palästina. Jeder wollte hin. Wir wußten, daß jüdische Schiffe von den Briten unter

Beschuß genommen und aufgebracht wurden. Wir wußten von den britischen Internierungslagern für Juden auf Zypern und anderswo. Wir wußten, daß die Juden Palästinas sich nun mit den Arabern im Krieg befanden.

Für uns aber war es ein unaussprechlicher Triumph. Es war, als ob endlich jeder von uns persönlich Hitler und unseren Nazihäschern die Stirn bieten würde. Die Juden würden leben! Die Juden würden triumphieren! O welche Herrlichkeit!

Doch wir befanden uns in einem kommunistischen Land. Nachrichten waren nur schwer zu erhalten. Alles wurde zensiert. Unsere beste Informationsquelle waren Palästina-Agenten, die in die Tschechoslowakei kamen, um die jungen Menschen anzufeuern, für die Befreiung unseres Landes zu kämpfen.

Es stimmte, daß diese israelischen Agenten nicht alle Nachrichten berichteten, – nur die guten. Wir hörten nichts über den entsetzlichen Mangel und die Probleme der Einwanderer in jenen ersten Tagen. Für uns war Palästina das Gelobte Land. Wir wußten, daß viele Tausende europäischer Juden auswanderten. Doch unsere eigenen Grenzen waren geschlossen. Die Kommunisten gestatteten keine Auswanderung in ein neues „Heimatland".

Nachdem ich das Krankenhaus verlassen durfte, kehrte ich in unsere Wohnung zu Mrs. Gordon, Margaret und Irene zurück. Oft war ich so schwach und elend, daß ich Mühe hatte, das Bett zu verlassen, doch der Herr gab mir auf wunderbare Weise Kraft, meine Arbeit weiterzuführen.

Die Belästigungen durch die Polizei machten uns das Leben sehr schwer. Wir erhielten weiterhin Pakete mit Lebensmitteln und mit Kleidung. Die Beamten im Postamt versuchten zu verhindern, daß ich die Pakete ausgehändigt bekam. Ich erkannte, daß auch sie Menschen mit Bedürfnissen für sich und ihre Familien waren. Ich konnte sehen, wie schlecht ihre Hemden und Pullover waren, und gab ihnen gern von den Kleidungsstücken in den Paketen. Sie waren keine Christen, nicht einmal Juden, nur Menschen in Not, aber sie wurden freundlicher und milder.

In jener Zeit begann die Polizei, mich zu zwingen, genaue Listen aller Pakete aufzustellen, die ich erhielt, und von jedem darin enthaltenen Kleidungsstück. Außerdem mußte ich festhalten, an wen die Kleidungsstücke gegeben wurden. Dies war schwierig und zeitraubend und machte die Arbeit recht mühselig.

Irene verließ uns, und Mrs. Gordon empfand die unmöglichen Zustände als ein Zeichen des Herrn für sie, nach Kanada zurückzukehren. Unser Abschied war schwer. Sie war eine wunderbare Frau und mir eine Freundin fast zwei Jahre lang gewesen. Wir hatten viel zusammen durchgemacht. Nach ihrer Abreise verlobte sich Margaret, die immer noch umherreiste, mit einem ungarischen Christen; beide heirateten, und so blieb ich allein.

Der Herr schickte mir weiterhin freiwillige Helfer aus der Baptistengemeinde und der Brüderversammlung in Preßburg; unser Werk konnte weitergehen, obwohl sich die Bedingungen verschlechterten. Jeder tschechische Jude träumte davon, nach Palästina auszuwandern. Gerüchte wollten davon wissen, daß die kommunistische Regierung der Tschechoslowakei schließlich die legale Auswanderung gestatten werde. Ein palästinensisches Büro wurde in unserer Stadt eröffnet, und selbst Juden aus Ungarn (denen die Ausreise verwehrt wurde) eilten zu diesem Büro, um sich um die Ausreise in das Land Israel zu bewerben.

In Prag wurde ein Israelisches Konsulat eröffnet. Hunderte von Familien nahmen die Reise von Preßburg nach Prag auf sich, die eine ganze Nacht und einen halben Tag dauerte, um die Auswanderungspapiere zu erhalten.

Viele Menschen, bei denen ich in den Dörfern Zeugnis abgelegt hatte, packten und machten sich fertig zur Reise. Als ich sah, wie sie sich aufmachten, folgte ihnen mein Herz, wie es den lieben jüdischen Familien aus Beregovo gefolgt war, bei denen ich mitansehen mußte, wie sie zu der Ziegelei gebracht wurden. Wie anders war dies nun! Jene gingen der Vernichtung entgegen, diese aber, um ein neues Leben zu beginnen. Ich sehnte mich danach, mit ihnen zu ziehen. Diese Menschen waren mein Missionsfeld, – und wenn mein Missionsfeld wegzog, dann mußte auch ich mitziehen. Ich betete viel darum.

Ich hatte meine Lektion im Krankenhaus von Bergen-Belsen gelernt, als ich plante, zu „meiner Familie nach Amerika zu gehen". Wie dankbar war ich, daß der Herr mich diesen schrecklichen Fehler nicht hatte machen lassen. Er wußte, daß Mama und meine Brüder umgekommen waren. Dieses Mal wollte ich nicht dem Herrn voraus auf einen falschen Weg laufen. Doch mein ganzes Sein schrie nach Palästina, und mich verlangte, seine Küsten zu schauen. Ich fing an, diesbezüglich um Gottes Führung zu beten. Felice und ihre Familie schmiedeten Pläne, nach Amerika zu gehen. Nach dem Kriege waren meine Brüder jeden Tag zum Hauptquartier des Roten Kreuzes gegangen, um Informationen über mich zu erhalten. Herman wie Louis taten alles Erdenkliche, um es uns zu ermöglichen, nach Amerika zu kommen. Sie hatten eidesstattliche Erklärungen ausgestellt und eine Arbeitsstelle für den Mann von Felice gefunden. Eine Wohnung wurde in den USA besorgt, und für jeden hatten sie Schiffskarten. Inmitten dieser Vorbereitungen wurde die seelische Belastung für Louis zu groß; er starb ganz plötzlich an einem Gehirnschlag. Er war erst fünfundvierzig Jahre alt und hinterließ eine junge Frau und eine zwölfjährige Tochter.

Felice und ihr Mann wurden plötzlich unsicher. Der Tod von Louis schien ihre Hoffnungen in gewisser Weise zu erschüttern, obwohl Herman ihnen versicherte, daß alles in Ordnung sei. Sie sorgten sich, sie könnten für Herman eine Belastung sein, der seine eigene Familie hatte und nun auch für die von Louis sorgen mußte. In all dieser Unsicherheit erklärten meine beiden Neffen, die nun vierzehn waren, sie würden nach Palästina auswandern. Sie wollten nicht in die Vereinigten Staaten gehen. Viele, viele ihrer Freunde gingen auch nach Palästina.

Ich war tief gerührt über die Tapferkeit meiner jungen Neffen. Es war so, daß alle jungen Leute, die nach Palästina gingen, unter dem Schutz einer Emigrationsgruppe mit Namen „Youth Aliyah“ reisten.

Felice und ihr Mann waren entsetzt. Der Gedanke, sich von ihren Kindern trennen zu müssen, war schrecklich. Doch die Jungen waren entschlossen zu gehen. Felice und Alexander beschlossen deshalb, ihnen sobald wie möglich nach Palästina zu folgen.

Es war eine traurige Szene auf dem Bahnhof von Preßburg. Sogar Mary kam aus ihrem Waisenhaus, um den Jungen Lebewohl zu sagen und ihnen Gottes Segen zu wünschen. Wir standen alle winkend und weinend da, als der Zug abfuhr, voll mit jungen Juden. Sie waren im wahrsten Sinn unser Lebensblut, und sie fuhren in ein vom Krieg zerrissenes Land, wo das Leben ungewiß und schwierig werden würde. Sie waren ein so kostbarer Schatz.

Um so mehr sehnten sich Felice und ihr Mann ebenso wie ich danach, nach Palästina zu kommen. Meine Schwester beantragte sofort die Auswanderung. Wir waren entsetzt über die Antwort des Rabbiners. „Sie sind Christen, gehören zu einer Baptistengemeinde und können deshalb nicht nach Palästina auswandern."

Meine geliebte, sensible Felice sah plötzlich wild aus. Ihr Gesicht verlor jede Farbe. Ich war zu bestürzt, um zu sprechen. Aber als sie sprach, hatte ihre Stimme nur die Spur eines Zitterns. „Und was ist mit Ruth, Rabbi? Wenn Sie sagen, daß ich keine Jüdin sei, dann war sicherlich auch Ruth keine Jüdin. Sie war eine Moabiterin. Doch sie sagte: ‚Dein Volk ist mein Volk und dein Gott ist mein Gott', und sie wohnte beim Volk Israel!"

Der Rabbi blickte über seine schmalen Brillengläser und bewegte die direkte Frage, die Felice ihm gestellt hatte. Ihr Blick war fest und respektvoll, als sie dem seinen begegnete. Schließlich zuckte der Rabbi die Schultern und schrieb ihren Namen auf seine Liste und den Namen ihres Mannes dazu. Auf der Straße jubelten wir vor Freude.

Felice und ihr Mann mußten ihr Haus den Behörden der Tschechoslowakei überschreiben und sich verpflichten, es niemals zurückzufordern. Jahre später lachten sie über das, was sie damals mit sich nahmen. Niemand wußte, was sie erwartete. Der Mann von Felice nahm Werkzeuge und sogar etwas Holz zur Errichtung eines Hauses und schwere Eisenbeschläge mit. Sie reisten mit einer großen Auswanderergruppe mit dem Schiff nach Palästina. Dann stellte ich in Preßburg meinen eigenen Antrag auf Auswanderung.

Doch ich wurde abgewiesen. Ich war keine Jüdin, ich war Christin. Und nicht nur das, ich war Missionarin. In Palästina war für mich kein Platz. Ich war tief bestürzt. Ich sollte nicht nach Palästina gehen dürfen? Aber alle Juden gingen dorthin, alle meine Leute, selbst meine Familie. Ich konnte deshalb nicht in Europa bleiben. Ich war Jüdin! War ich nicht in Auschwitz gewesen? Und in den Lagern für Sklavenarbeiter? Und in Bergen-Belsen?

Aber nichts änderte den Sinn der Beamten. Ich fuhr von einer israelischen Stelle zur anderen. Ich reiste bis nach Prag, doch auch dort wurde ich abgewiesen. Ich wußte nicht, was ich tun sollte. Tag um Tag flehte ich zum Herrn, mir zu helfen.

Die Glaubensgeschwister sahen meine Verzweiflung. Ich wurde von meinem eigenen Volk zurückgestoßen. Sie begannen mich zu ermuntern, in die Vereinigten Staaten zu gehen. Mein Bruder Herman war dort. Auch unter den Juden in den Vereinigten Staaten gab es Arbeit zu leisten.

Wie Felice wollte ich keine Last für meinen Bruder sein. Er war kein Christ, und ich nahm an, daß er schon genug Sorge mit seiner eigenen Familie hatte. Doch viele Leute in Amerika hatten jahrelang für mich gebetet, und viele hatten nach dem Krieg Geld und Pakete für meine Arbeit geschickt. Vielleicht war Amerika wirklich mein Weg. Doch als jemand eine Bürgschaft für mich leisten sollte, fand sich keiner.

Wer wollte eine heimatlose Tschecho-Ungarin, die Jüdin und Christin zugleich war und das Inferno mit all seinen Schrecken überlebt hatte, deren Gesundheit schlecht und die verrückt genug war, einen Kinderwagen voller Bibeln durch die kommunistischen Straßen von Preßburg zu schieben? Niemand!

Wie konnten amerikanische Nichtjuden das Verlangen meines Herzens, meinem eigenen Volk gegenüber Zeugnis von Christus zu geben, verstehen? Wie konnten sie den Würgegriff der kommunistischen Polizei begreifen? Wie konnten sie sich die Einsamkeit eines Menschen vorstellen, der als einziger einer großen Familie lebend in Europa übriggeblieben war? Es gibt einen Satz im Buch Hiob: „Ich bin als einziger übrig." Genau so empfand ich für mich.

In der Tschechoslowakei hatten die Kommunisten bereits damit begonnen, Geistliche und Missionare zu verhaften. Die Feindseligkeit gegenüber dem Westen, vor allem gegenüber den USA, nahm zu. Ich wußte, daß meine eigene Verhaftung bevorstand. Jeder Schritt, den ich unternahm, wurde überwacht. Ich gewöhnte mich daran, daß ich beschattet wurde. Eine grimmige Ironie lag darin: zuerst als Jüdin verhaftet zu werden und dann als Christin.

Mary kam aus dem Waisenhaus und versuchte, mir auf jede erdenkliche Weise zu helfen. Als Amerikanerin glaubte sie in der Lage zu sein, für mich die Einwanderung in die USA zu erreichen. Auch sie befürchtete, daß meine Verhaftung unmittelbar bevorstand.

Da traf ein wundervoller Brief aus einem Ort namens Altoona, Pennsylvanien, ein. Er kam von einem Ehepaar, das für mich gebetet und mit mir korrespondiert hatte. Der Mann war Eigentümer einer kleinen Rundfunkstation; wir hatten Traktate per Post ausgetauscht.

Sie ermutigten mich, ein Touristenvisum nach Amerika zu beantragen. Mary war aufgeregt und sagte, ich solle das in die Wege leiten. „Wenn du je aus diesem Lande hinauskommst, Rose", sagte sie mit zärtlichem Blick, „dann küsse den Boden, auf den du kommst!"

Das war ihre Weise, mir zu sagen, daß sie den entsetzlichen Druck verstand, der auf mir lastete. Ich glaube auch, daß sie erkannte, ich würde eine weitere Gefangenschaft nicht überleben.

Als ich den Brief zu den Behörden brachte, war ich von Hoffnung erfüllt. Sicherlich würde mir nun erlaubt, die Tschechoslowakei zu verlassen. Doch die Behörden waren anderer Meinung. Ich bewarb mich als tschechoslowakische Bürgerin um ein Ausreisevisum in die Vereinigten Staaten. Das war unmöglich! Ich war keine Tschechoslowakin. Meine Staatsbürgerschaft, die mir nach dem Verlassen des Lagers erteilt worden war, hatten die Kommunisten für ungültig erklärt. Ich war staatenlos! Alle Grenzen waren nun für mich geschlossen. Mir wurde auch die Ausreise nach Ungarn, wo ich mich um die Staatsbürgerschaft meiner Geburt bewerben sollte, verweigert. Als staatenlose Person gab es nichts, was ich unternehmen konnte. Immer wieder ging ich zu den jüdischen Behörden, um Hilfe zu bekommen. Doch ich war ein „falscher Fünfziger". Sie waren gegen mich, weil ich mich „gegen mein eigenes Volk gewandt" hätte, indem ich Christin wurde. Ich war in ihren Augen keine Jüdin mehr.

Ich war tief verstört. Mein ganzes Leben hatte ich meinem Volk gewidmet, es war alles für mich. Nichts wünschte ich mehr in der Welt, als bei den Juden zu sein, ihnen zu helfen, ihnen das Evangelium zu bezeugen. Doch die jüdischen Behörden wollten mir nicht helfen. Es war schrecklich. Ein Tropfen jüdisches Blut reichte aus für den Vernichtungswillen Hitlers. Doch eine reinrassige Jüdin, die an Jesus glaubte, war keine Jüdin in den Augen der Rabbis.

Ich hatte niemand, an den ich mich wenden konnte. Die kommunistische Polizei wartete auf ihre Gelegenheit, mich zu verhaften, weil ich Christin war. Die Juden lehnten mich ab, weil ich Christin war. Ein Netz zog sich um mich zusammen. Ich verbrachte meine Zeit mit Fasten und Beten.

Die Christen unterstützten mich mit Gebet und taten alles, was sie konnten, um mir ihre Liebe und Besorgnis zu zeigen. Eines Tages nahm ein Bruder in der Kirche seine goldenen Ringe ab und sagte: „Schwester, nehmen Sie diese Ringe. Wenn sie Ihnen helfen, über die Grenze zu kommen, dann verkaufen Sie sie und gehen." Doch das wäre nutzlos gewesen. Selbst wenn ich es geschafft hätte, nach Ungarn zu flüchten, was hätte ich dort tun sollen? Ich hätte noch immer keinen Paß gehabt und kein Geld. Und ich hätte niemanden gekannt. So fuhr ich fort, zu beten und zum Herrn zu flehen.

Da kam die Stunde, an der ich mich dem Herrn völlig unterwarf: „Herr, es ist mir alles recht. Was immer dein Wille ist ... dein Wille soll mit mir geschehen ... Wenn du eine Tür für mich öffnen willst, dann werde ich es dankbar annehmen und dich preisen. Herr, ich weiß, wenn ich durch Feuer ... oder durch Wasser gehe ... wenn ich sterben muß ... ich weiß, daß ich dann bei dir bin, Herr." Ich lobte Gott und er schenkte mir wunderbaren Frieden.

Es gab eine Frau, die Gattin eines Pfarrers, die ich gelegentlich hoch oben in den Bergen besuchte. Diese Frau kannte meine Situation und betete für mich. Sie kannte auch einen einflußreichen Agenten der Geheimpolizei und suchte ihn meinetwegen auf. Es war an dem Tag, als ich mich dem Herrn völlig unterwarf. Ich wußte nichts davon, aber ich erhielt einen offiziellen Brief, in dem ich ersucht wurde, im Büro der Geheimpolizei zu erscheinen. Meine Freunde waren zutiefst beunruhigt. Selbst Mary war ängstlich, als wir zusammen darüber beteten.

Ich wurde gründlich ausgefragt; dann sagte man mir, ich solle in einigen Tagen wiederkommen, um ein Papier in Empfang zu nehmen. Es war verwirrend, doch ich vertraute dem Herrn. Gehorsam kehrte ich an dem Tag, den man mir genannt hatte, in das Büro zurück. Ich war zutiefst überzeugt, daß alles, was unser himmlischer Vater tut, gut ist und daß sein Wille es am besten mit uns meint.

Der Beamte händigte mir grimmig ein Dokument aus.

Es war ein Paß! Kein regulärer, sondern ein Paß für Staatenlose. Aber dennoch – es war ein Paß!

Ich dankte Gott auf dem ganzen Weg zum amerikanischen Konsulat. Die Konsulatsbeamtin dort war eine sehr nette Dame, und ich nahm an, sie werde entzückt sein, aber als sie meinen Paß sah, wurde ihr Gesicht ernst.

„Dieser Paß nützt Ihnen nichts! Sie haben ein Besuchervisum für Amerika, das für sechs Monate gilt. Aber ich kann es nicht in einen Paß für Staatenlose stempeln, denn Sie müssen ein Land haben, in das Sie zurückkehren können!"

Nun, ich hatte keines – nur mein ewiges Land im Himmel.

Inzwischen war Mrs. Gordon in Kanada nicht untätig gewesen. Sie hatte früher für ein Mitglied des Parlaments gearbeitet und bat den Mann, mir herauszuhelfen. Er wußte, wie schwierig es war, aus einem kommunistischen Land auszuwandern, und schickte mir ein Besuchervisum für Kanada, das für sechs Wochen galt.

Mary ging mit mir, und wir brachten das kanadische Visum hoffnungsvoll den langen Weg zur kanadischen Botschaft in Prag. Doch auch dort sagte man uns das gleiche: „Sie müssen ein Land haben, in das Sie zurückkehren!" Man zeigte sich sehr mitfühlend, doch es gab nichts, was man für mich tun konnte.

Prag ist eine der schönsten Städte Europas, doch ich war erschöpft und entmutigt. Wir trotteten die hügeligen Straßen auf und ab. Ich kümmerte mich kaum darum, wohin wir gingen. Dieses Mal freute ich mich nicht über die Lieblichkeit des alten Teils von Prag; ich richtete meine Blicke nicht auf die Burg Hradschin, die hoch oben auf einem Hügel die ganze riesige Stadt überragt. Mary als Amerikanerin war von der Stadt begeistert – der gotische Turm von

St. Veit neben der Burg und am Hügel der Burg die kunstvolle Mala Strana (Unterstadt) von Prag.

In Prag gibt es dreizehn Brücken, und ich bekam langsam das Gefühl, daß Mary mich über jede schleppte. Sie war entschlossen, das israelische Konsulat in der Stadt zu finden.

Ich erinnere mich daran, daß ich dann vor einer Beamtin stand. Mein Kopf und meine Beine schmerzten von dem langen Marsch, während Mary den Konsul anflehte: „Schauen Sie, diese Frau ist eine Jüdin. Sie hat in einem Konzentrationslager gelitten. Fast ihre ganze Familie wurde ausgerottet, weil sie Juden waren. Sie litten und starben wegen ihres jüdischen Blutes, und nur weil diese Jüdin eine Baptistin ist, verweigert man ihr das Visum nach Palästina. Helfen Sie ihr!"

Mary hatte eine besondere Art, mit Leuten umzugehen, daß dieser israelische Konsul tatsächlich versprach, ich würde ein Visum für Palästina erhalten. Wir waren verblüfft über Marys anscheinenden Erfolg. Es gab für uns nichts weiter zu tun, als zu warten und zu hoffen. Etwas benommen kehrten wir nach Preßburg zurück.

Doch unsere Rabbis in Preßburg sahen die Zusage ungern, die mir in Prag gegeben worden war. Sie beeilten sich keineswegs, kooperativ zu sein. Wieder begann die mühselige Reiserei hin und her zwischen dem amerikanischen Konsulat in Preßburg und den kanadischen und israelischen Konsulaten in Prag.

Das normale Leben war gestört; ich war wie in einem Netz von Schlangen eingefangen. Überall das gleiche in den Konsulaten, wo ich meine Tage zubrachte. Ich erklärte, daß ich von Prag die Zusage für ein Visum nach Palästina hätte. Der amerikanische Beamte lächelte skeptisch. Man kann keinen Stempel auf eine Zusage setzen!

Das gleiche spielte sich in Prag beim kanadischen Konsulat ab. Kanada würde sich freuen, mir das Betreten als Besucherin zu erlauben, aber ein Paß für Staatenlose bedeute nichts.

Mary bestand darauf, daß ich immer wieder nach Prag zurückkehrte. Sie weigerte sich, eine Niederlage hinzunehmen. Als wir durch die düsteren Straßen von Preßburg eilten, beobachtete sie die uniformierte Polizei mit gemessenem Blick. Ich müsse meine Bemühungen fortsetzen, bis der Herr auf seine Weise den Erfolg herbeiführe.

Diese Stunden in den Konsulaten waren nicht vergeudet. Es gab dort viele andere Juden, die in gleicher Weise die Runden durch die Konsulate machten. Ich konnte mein Zeugnis von Christus sagen und Schriften verteilen und so selbst dort meine Arbeit fortsetzen.

Im kanadischen Konsulat waren die Angestellten sehr mitfühlend und versuchten auf vielerlei Weise, mir zur Ausreise zu verhelfen. Aber auch sie stießen ständig auf Schwierigkeiten. Doch Mary bestand darauf, daß der israelische Konsul versprochen habe, mir ein Visum nach Palästina zu geben, trotz der Äußerungen der Rabbis in Preßburg. Endlich entschloß sich der kanadische Konsul, im israelischen Büro anzurufen und selbst mit den Beamten zu sprechen.

Ich war froh, mich hinsetzen zu können. Mein Gesundheitszustand blieb schlecht, mein Kopf schmerzte, meine Augen waren vor Müdigkeit geschwollen, während ich das Gesicht des Beamten beim Telefonieren beobachtete.

Plötzlich hellte es sich auf. Er gab mir mit aufgerissenen Augen ein Zeichen. Noch immer sprechend, nickte er mit dem Kopf, um zu zeigen, daß es eine Übereinstimmung gab. Ich starrte ihn an und wagte kaum die Botschaft zu glauben, die er übermittelt bekam. Als der Beamte eingehängt hatte, kam er um den Schreibtisch herum und schüttelte mir die Hand: „Der israelische Konsul hat zugesagt, Ihr Visum für Palästina nach Kanada zu schicken, sobald Sie dort angekommen sind. Ich kann Ihnen das Visum für Kanada erteilen!“

Es war ein Wunder! Ich konnte gehen.

Dann gab es noch so viel zu tun. Ich wollte alle alten Plätze, alle meine Freunde noch einmal besuchen. Meine Gefühle liefen voraus zu all den Gesichtern, die ich ein letztes Mal sehen wollte. Ich wußte, ich würde niemals zurückkehren. Immer wieder wurde ich von dem irrationalen Drang erfaßt, Mama, Joseph, Eugene oder meine verlorenen Tanten und Onkel in Budapest oder Wien zu sehen.

Ein letztes Mal ging ich zu Marys Waisenhaus, um Lebewohl zu sagen. Mary hatte ein bemerkenswertes Werk aufgebaut mit ihrem eigenen Geld und dem Geld von Freunden aus Amerika, und es war wirklich schön. Es war ein wunderbar friedlicher Platz in jenen Tagen der Spannung und Not, an denen die Liebe für den Herrn Jesus und die Liebe zu Mary vor allem den Vorrang hatten.

Später erfuhr ich zu meiner Bestürzung, daß nur zwei Tage, nachdem ich die Stadt verlassen hatte, Mary plötzlich beschuldigt wurde, eine amerikanische Spionin zu sein; sie wurde aus der Tschechoslowakei ausgewiesen. Ihr Waisenhaus war begehrt. Was es sie gekostet haben mag, von ihren geliebten Kindern weggerissen zu werden und mitansehen zu müssen, wie die Kommunisten mit ihren riesigen Lenin- und Stalinbildern einzogen, das kann ich mir gut vorstellen.

Es sah Mary ähnlich, nicht in die Vereinigten Staaten zurückzukehren. Sie ging nach Deutschland und verbrachte dort zwei Jahre in Lagern mit Heimatlosen und half den Flüchtlingen aus Rußland. Sie gab alles weg, was sie hatte, sogar ihre Gesundheit, bis sie schließlich so mittellos war wie die Flüchtlinge selbst.

An Bord des Schiffes, das mich in eine neue Welt brachte, wurde mir eine gewisse Ironie bewußt. Felice und ihr Mann wollten mit ihrem ganzen Sehnen in die Vereinigten Staaten auswandern, um bei Herman zu sein. Doch sie waren auf dem Weg nach Palästina. Ich hatte mich danach gesehnt, dort zu sein, an dem großen Auszug nach Israel teilzunehmen. Doch ich setzte meine Füße auf ein Schiff, das zum St. Lorenzstrom und zu den Küsten Kanadas fuhr! Nur eine flüchtige telephonische Zusage hielt einen schwachen Hoffnungsfaden aufrecht, daß es mir möglich sein könnte, das Land zu betreten. Ich hatte dem Herrn in so vielerlei Situationen vertraut: Ich durfte jetzt nicht schwankend werden, auch nicht angesichts der langen, einsamen Reise, die vor mir lag.

9. Einzug in das verheißene Land

Wenige Augenblicke später, als ich mich auf den Weg zu meiner Kabine machte, wurde ich überrascht. Aus der kleinen Tür, über der die Nummer meiner „Doppel"-Kabine stand, trat eine Frau, die ich kannte. Sie war mit Mary und mir den ganzen Weg von Preßburg nach Prag gefahren, um für sich ein Visum nach Kanada zu bekommen. Welche Hoffnungen hatten wir miteinander auf jener langen, mühsamen Reise in dem Abteil des holpernden Zuges geteilt!

Nun sollten sie und ich in derselben Kabine den ganzen Weg über den Ozean nach Kanada zusammen fahren. Man schrieb den 2. Juli 1949. Ich hatte in meiner Bibel gelesen, und der Herr hatte mir den Vers gegeben: „Die Schritte eines guten Menschen werden vom Herrn befohlen." Schon die Gegenwart eines bekannten Gesichtes erhob mein Herz und bestätigte mir, was der Herr gesprochen hatte.

Meine Begleiterin war keine Christin, und zwei Wochen ohne christliche Gemeinschaft schienen mir eine lange Zeit. Das Teuerste auf der Welt war für mich, mit denen, die den Erlöser so kannten wie ich, die Schrift zu lesen, zu beten und zu singen.

Nach einigen Tagen auf See vernahm ich über Lautsprecher die Ankündigung, daß ein Gottesdienst abgehalten werden solle. Ich stürzte aus meiner Kabine auf Deck. Da waren hundert Mennoniten, die aus Lagern für Heimatlose in Deutschland nach Kanada auswanderten. Ich stellte mich ihnen voller Freude vor und fragte mit einiger Aufregung, wer der Redner sein werde.

Auch sie waren glücklich, und lächelnd packten sie

mich fest an der Hand und zogen mich zu dem Platz, wo sie sich versammelten. „Sie!“ hieß es von allen Seiten. „Sie sind Missionarin! Sie können Deutsch!“

An diesem Tag und an allen anderen Tagen unserer Reise konnte ich zu ihnen über das Wort Gottes sprechen – eine herrliche Gemeinschaft am Evangelium. Es wurde eine schöne Reise.

Wir waren alle schrecklich aufgeregt, als das Schiff den mächtigen St. Lorenzstrom hinaufdampfte und in den Hafen von Quebec einlief. Ich hatte französische Schriften aus Paris mitgenommen und hielt sie bereit, falls mir der Herr Gelegenheit dazu gab, Zeugnis beim Verlassen des Schiffes abzulegen.

Als das Schiff, umgeben von einer kleinen Flotte von Schleppern, die es in den Hafen geleiteten, anlegte, überblickte ich den Landeplatz und empfing die ersten Eindrücke von Kanada. Zu meinem größten Erstaunen entdeckte ich mitten in diesem Durcheinander aufgeregter Menschen meine Mrs. Gordon; sie winkte so heftig, wie es ihre guten Manieren erlaubten. Sie war die ganze Strecke von Montreal angereist, um mich am Schiff abzuholen.

Die Sommerhitze an der Anlegestelle war belastend. Alles war verwirrend, das schroffe kanadische Englisch hörte sich seltsam an, vermischt mit dem eigenartig klingenden Kanadisch-Französisch. Ich lachte, weil sich alles Englisch anhörte wie Margaret und Mrs. Gordon. Mrs. Gordon machte alles für mich. Sie fand ein Hotel, damit ich ausruhen konnte, und nach einigen Tagen, als ich gekräftigt war, bestiegen wir den herrlichsten Zug, den ich je gesehen hatte, um nach Toronto zu fahren. Es war die großartigste Reise, die ich je unternommen hatte, und ich genoß jede Minute in vollen Zügen. Der geräumige

Zug war imponierend und fleckenlos sauber. Wir hatten Eiswasser und Eiskrem und Sitze wie Klubsessel mit weißen Decken auf der Kopfstütze.

Als die zerklüftete kanadische Wildnis an unseren Fenstern vorbeihuschte, fühlte ich mich wie im Traum. Zum erstenmal schienen all die Sorgen und Leiden und Schmerzen der Kriegsjahre fern. Nur die leisen Kopfschmerzen waren Beweis, daß all die Qualen nicht nur die Einbildung eines nächtlichen Alptraumes waren.

Doch trotz allem blieb meine Stimmung gedämpft. Dieses Land war schön, doch für mich war es nicht das verheißene Land. Jenes ferne Land rief nach mir, selbst über die singende Landschaft Kanadas hinweg. Ich vernahm die Geburtswehen einer neuen Nation, vom Kriege zerrissen wie einst mein Ungarn – schlachtenmüde, krank, von den Heimatlosen der ganzen Welt überflutet. Mein Volk! Freudig hätte ich die dichten Wälder Ontarios gegen die Felsen und den brennenden Sand Palästinas getauscht.

Mrs. Gordon hegte keine derartigen Gedanken. Sie war eifrig bemüht, mich zu all den Menschen zu bringen, die für meine Ausreise aus der Tschechoslowakei gebetet hatten. Viele hatte Briefe geschickt. Sie wollten gerne diese „Rose Warmer“ treffen. Mrs. Gordon hatte ihnen von meinem Entkommen aus der kommunistischen Tschechoslowakei erzählt, ihnen berichtet, wie ich in den Lagern überlebt hatte, was für ein Werk ich in Europa getan hatte und daß ich eine hebräische Christin sei.

Einmal wurde ich von einem Reporter interviewt; es erschien dann eine ganze Seite mit meinem Bild in einer Zeitung, ein Erlebnis, das ich unangenehm und unerfreulich fand. Doch es tröstete mich, daß auch Juden es lesen und so erfahren würden, daß auch Juden an Jesus glauben können. Es war nicht einfach, bei dem Journalisten geduldig zu bleiben; er schien kein Gefühl für das zu haben, was die Menschen in Europa alles durchgemacht hatten. Natürlich wußte er es in seinem Kopf. Doch sein glattes Gesicht und seine neugierigen Augen konnten die Wirklichkeit dessen, was ich sagte, nicht aufnehmen. Trotzdem war mir bewußt, daß der Herr seine Gründe hatte für diese Zeitungsgeschichte. Die sechs Wochen meines Aufenthaltes in Kanada vergingen wie im Fluge. Noch immer war vom palästinensischen Konsulat in Prag kein Dokument eingegangen. Ich hoffte, ein Visum für die Vereinigten Staaten zu bekommen, um meinen Bruder besuchen zu können, aber es kam nicht. Eines Morgens stellte ich fest, daß ich nur noch acht Tage zur Verfügung hatte.

Dann wurde ich auf eine kleine Farm außerhalb von Toronto eingeladen. Es war ein bescheidener Ort, der in der Augusthitze träge wirkte. In den Obstgärten hingen Pfirsiche und Äpfel in Hülle und Fülle, fast reif zum Pflücken.

Der Besitzer der Farm, ein entschiedener Christ, sorgte sich sehr über meine Situation. Schon vorher in der Kirche, wo ich ihn und seine Familie traf, hatte er mich eingehend über meine Pläne für die nächsten Tage befragt. Ich lächelte über seinen unabhängigen und offenen Geist. „Da muß etwas unternommen werden!" erklärte er. „Ich werde mich mit meinem Parlamentsabgeordneten in Verbindung setzen!"

Es schien mir fast wie in den Zeiten in England zu sein. Dort sprachen die Leute ständig davon, Briefe an die Regierung oder die Zeitung zu schreiben, in denen sie verlangten, daß die Dinge in Ordnung gebracht würden. Auf dem europäischen Festland hatten wir wenig Illusionen über solche Initiativen von seiten kleiner Leute. Doch in Großbritannien und nun in Kanada herrschte die Vorstellung, daß etwas geschehen werde, wenn man sich mit „seinem Abgeordneten“ in Verbindung setzte.

An diesem heißen Sommertag nahmen wir teil an einem großartigen Farmfest. Ich wunderte mich über die Berge von Essen, die auf dem Tisch dampften. Es gab eine Platte mit jungem Mais, Schüsseln mit Kartoffelbrei, Scheiben von Rindfleisch, Soßen, selbstgebackenes Brot und selbstgemachte Marmelade. Alles war köstlich und für mich höchst erstaunlich. In Europa gab es noch immer lange Schlangen, die nach Lebensmitteln anstanden.

Wir beteten um Gottes Segen für die Speisen, und als wir gerade den Kopf hoben, läutete das Telefon. Der Gastgeber verließ den Tisch und war einen Augenblick später wieder zurück. Der Anrufer war sein Parlamentsabgeordneter gewesen. Der Farmer strahlte vor Stolz. „Er las Ihre Geschichte in der Zeitung, Rose, und möchte, daß wir gleich rüberkommen und ihn besuchen. Ist das nicht fein?“

Das ganze Essen blieb stehen. Wir stürzten zum Auto und erreichten nach kurzer Fahrt das großartige Haus dieses Regierungsvertreters. Er war ein sehr freundlicher Mann, fast europäisch in seiner Höflichkeit, und stellte mir viele Fragen. Er werde versuchen, mein Visum verlängert zu bekommen. Doch dann wollte er wissen, was ich in Kanada am meisten schätzte.

Ich brauchte keinen Augenblick zu überlegen. „Freiheit!“ Ich versuchte ihm zu verdeutlichen, was es für Menschen bedeutete, in einem Konzentrationslager eingesperrt zu sein, sich in einem kommunistischen Land in Haft zu befinden. Doch in Kanada war ich frei, auch wenn ich hier nur Gast war.

Auf seinem Schreibtisch stand ein Telefonapparat. Mit einer eleganten Bewegung wählte er eine Nummer. „Ottawa", sagte er, als erkläre das alles. Während ich dasaß, hatte er innerhalb weniger Minuten erreicht, daß mein Visum für Kanada um weitere sechs Wochen verlängert wurde.

„Vielleicht reicht diese Zeit aus, daß Sie von Prag oder aus den Vereinigten Staaten etwas hören", meinte er, als wir uns verabschiedeten. Wir schwebten geradezu aus seinem Haus! Wie herrlich und wie einfach hatte der Herr alles geordnet.

Mrs. Gordon nutzte die zusätzliche Zeit, indem sie meine Rückkehr nach Montreal arrangierte. Es gab dort viele Menschen und einige Gemeinden, die für mich gebetet hatten. Sie hatte nicht gewußt, ob mir genügend Zeit bliebe, alle diese Leute zu treffen, aber nun mußten wir uns daranmachen.

Oftmals hätte ich lieber ausgeruht. Meine Gesundheit war zerbrechlich. Häufig schmerzte mein ganzer Körper unerträglich, und ich mußte mich niederlegen. Aber wir fuhren nach Montreal, und der Herr gab mir viele Gelegenheiten, zu predigen und Zeugnis abzulegen und all das mitzuteilen, was er für mich getan hatte.

Es war während unseres Aufenthaltes in Montreal, daß überraschend mein Visum für Palästina eintraf. Es kam aus Preßburg und war tatsächlich vom dortigen Rabbinat unterzeichnet. Später erfuhr ich, daß sie von dort sogar an den Oberrabbiner in Palästina geschrieben und ihm erklärt hatten, obwohl ich Missionarin sei, so sei ich dennoch Jüdin und wolle emigrieren.

Das Eintreffen des Visums war ein wunderbarer Augenblick. Es schien zu schön, um wahr zu sein. Wir weinten und lachten zugleich. Wir priesen Gott. Immer wieder las ich den Brief, bis Mrs. Gordon meinte, ich würde blind werden oder die Seite abnützen.

Plötzlich dachte ich an Herman. Der Herr wußte, wie sehr mich danach verlangte, meinen Bruder zu sehen, der Europa vor so langer Zeit verlassen hatte. Wie wunderbar, das sollte ich schon bald noch mehr erkennen.

Ein weiterer Brief traf ein. Er enthielt mein Visum für die Vereinigten Staaten. Alle sagten mir, wie nutzbringend es sei, daß ich nach Amerika reisen könne. Ich konnte mit weiteren Menschen zusammentreffen, die für mich gebetet hatten. Ich konnte die Millers besuchen. Ich konnte an vielen Orten sprechen.

Ich stand nicht unter Zeitdruck. Das Visum galt für sechs Monate. Doch alles, woran ich denken konnte, war Herman.

Es war ein großartiges Widersehen nach so vielen Jahren. Seine Gesichtszüge, seine starken Hände und sein Rücken, seine gute Gesundheit, von all meinen Brüdern war er als einziger übriggeblieben. Wie teuer war er mir. Ich konnte ihm das nicht sagen, die Worte fehlten. Ich war so dankbar, daß er noch lebte, daß er lebendig, sichtbar, spürbar war, nach allem, was mit unserer Familie geschehen war.

So gewährte mir der Herr diese große Freude. Viele Stunden lang konnte ich Herman davon berichten, daß Felice und ich an Jesus als unseren Heiland und Erlöser glaubten. Herman war nie zuvor einem entschiedenen Christen begegnet, ehe er mich, seine eigene Schwester, traf. Es war seltsam und schwierig für ihn. Er begann zu verstehen, bis eines Tages auf einer Versammlung ein Prediger meinen Bruder bedrängte, er müsse als Sünder Christus als seinen Erlöser annehmen. Mein Bruder war tief verletzt und verschloß seinen Geist zu meinem Kummer vollständig. Er blieb weiterhin freundlich zu mir, und meine christlichen Freunde waren in seinem Hause stets willkommen, aber er wollte nicht das Evangelium hören.

In den Monaten in Amerika traf ich mit den Millers und mit Karl zusammen, der nun Pfarrer war (und noch immer getreu an alle Gläubigen, die er kannte, Pakete nach Europa schickte), und ich traf viele Menschen, die die ganze Zeit während des Krieges meinen Weg mit Gebet begleitet hatten.

Was in Europa eine entsetzliche Prüfung war – die Ablehnung der direkten Emigration nach Palästina –, erwies sich als Segen des Herrn auf meinem weiteren Lebensweg. Ich habe viele Male erfahren, daß unüberwindlich scheinende Tragödien sich oft als größter Segen erweisen. Zuerst in Kanada und dann in Amerika traf ich Hunderte von Menschen, die für mich weiter beten und die wissen wollten, wie ich mein Werk in Palästina fortzusetzen gedenke. Viele waren sehr gespannt, weil ich in den neuen Staat Israel gehen wollte, um dort christliche Missionarin zu sein. Einige, mit denen ich zusammenkam, hatten jahrelang für mein geistliches Wachstum und meine Sicherheit in Europa während der Kriegsjahre gebetet. Als ich in die Lager gebracht wurde, beteten sie die ganze Zeit hindurch, daß ich all die Schrecken überstehen möge. Und nun stand ich ihnen von Angesicht zu Angesicht gegenüber. Ich war tief bewegt. Oft erzählte ich von den tatsächlichen Wundern, die ich in den Lagern erfahren habe, weil ich überzeugt war, sie seien auf die Gebete dieser Leute zurückzuführen.

Aber es geschah etwas Seltsames. Brief um Brief von Felice warnte mich davor, in den neuen Staat Israel zu kommen. Zuerst drückte sie Zweifel aus. Die Dinge waren sehr schwierig in Israel. Tausende und Abertausende strömten Tag um Tag ins Land. Sie lebten in primitiven Zelten. Es gab keine Arbeitsplätze, und die Lebensmittel waren knapp. Selbst das Wasser war rar, und es gab viel Not.

Felice hatte während des Krieges eine Ausbildung als Krankenschwester erhalten, und mit ihrer Erfahrung als Therapeutin, als sie die Ärzte in Piestany unterstützt hatte, war es ihr möglich, eine Stelle als Krankenschwester in Israel zu bekommen. Doch es war ein sehr hartes Leben.

Als ich ihr darauf schrieb, daß der Herr mich in Israel haben wolle, bat mich Felice noch einmal, nicht zu kommen. Ich hätte bereits genug gelitten, hätte eine angeschlagene Gesundheit und könnte kein Hebräisch. Es wären keine Ärzte und Krankenhäuser da, die mich versorgen könnten. Unzählige waren krank. Es sei unerträglich heiß und feucht.

Zu gleicher Zeit, als Felice mich mit Bitten bombardierte, nicht zu kommen, drängten mich viele Menschen, in Nordamerika zu bleiben. Es gab jüdische Missionen, die wünschten, daß ich bliebe. Die Leute erboten sich, mir behilflich zu sein, die kanadische oder amerikanische Staatsbürgerschaft zu erwerben.

In jenen geschäftigen Tagen in Amerika mußte ich mich oftmals zurückziehen, fasten und anhaltend beten. Ich wußte, es war sein Wille für mich, zurückzukehren. Doch ich war bedrückt durch die Dringlichkeit in den klugen Briefen von Felice und durch die Logik der Amerikaner, die wünschten, daß ich blieb.

Felice sparte nicht mit Einzelheiten über ihr Leben in einem kleinen Zimmer, viele Kilometer vom Krankenhaus entfernt, in dem sie arbeitete. Nach einem langen

Arbeitstag mußte sie den ganzen Weg zu Fuß gehen; sie kam stets völlig erschöpft heim. In der schrecklichen Sommerhitze hatte sie ein winziges Zimmer mit einem kleinen heißen Ölofen. Sie beschrieb, wie sie auf diesem Ofen kochte, während ihre hungrigen halbwüchsigen Söhne und ihr Mann warteten und die brennende Sonne durch die Fenster schien.

Ich begann zu verzweifeln. Schließlich ging ich zu einem Pfarrer und fragte ihn, was ich seiner Meinung nach tun solle. Ich werde nie seinen Rat vergessen: „Hören Sie nie auf das, was die Leute sagen! Hören Sie auf den Herrn, immer nur auf das, was er sagt!" Ich war so dankbar, denn das war genau das, was ich immer hatte tun wollen.

Mein Entschluß war gefallen: Ich werde nach Israel gehen!

Am 1. August 1950 stieg ich in New York an Bord eines Flugzeuges, um den sechsunddreißig Stunden dauernden Flug nach Tel Aviv zurückzulegen. Es war meine erste Erfahrung im Fliegen. Mein Geist war ungemein bewegt bei der Vorstellung, daß ich in das Land meines Herrn, das Heilige Land, in das Land meines Volkes ging. Das Fieber der Ungeduld hatte mich erfaßt. Es konnte doch nicht wahr sein? Es konnte doch nicht geschehen, daß ich, gerade ich nach allem persönlichen Anteil haben sollte an der so oft prophezeiten Rückkehr meines Volkes. Das Verlangen unseres jüdischen Volkes nach einem eigenen Staat war in den 1578 Jahren zwischen der Zerstörung des Tempels in Jerusalem und der Wiedererstehung des Staates Israel nie erloschen. Jahrhundertelang hatten Millionen von Juden darum gebetet, daß ihnen Jerusalem wieder zurückgegeben werde. Jahrhundertelang waren jüdische Pilger aus Europa zum

Sterben dorthin gekommen, um am Tage der Auferstehung dem Heiligen Tempel nahe zu sein. Wenn sie ankamen und die Verwüstung der Heiligen Stadt sahen, sprachen sie traditionell die Worte: „Zion ist eine Wüste geworden, Jerusalem eine Wildnis“, indem sie zugleich auf ihren Mantel oder Hemd einen Riß von Fingers Länge rissen.

Während jener langen, für unser Volk so unfruchtbaren und oft qualvollen Jahrhunderte mochte es scheinen, daß Palästina nie etwas anderes sein werde als ein primitives Land, das nur als jüdische Beerdigungsstätte diente. Doch mit Beginn des zwanzigsten Jahrhunderts entstand unter den russischen Juden zaghaft tastend der Impuls nach Befreiung. Viele Juden flohen aus Rußland – nicht nach Palästina, sondern nach Amerika. Einige Juden mit glühender, leidenschaftlicher Rhetorik gründeten eine landwirtschaftliche Bewegung „Zurück nach Zion“. Sie wurde BILU genannt nach den hebräischen Anfangsbuchstaben des biblischen Satzes „Haus Jakob, komm, laß uns gehen!“

So begann die allererste „Aliyah“ – hebräisch „Aufstieg“ –, die erste wahre Heimkehr. Russische „Freunde Zions“ gingen in Jaffa an Land; sie bestachen türkische Beamte, damit sie das Verbot für Juden übersahen, das Land zu betreten. Die Araber nannten diese heldenhaften Menschen „Awlad al Mout“ – „Kinder des Todes“ – wegen des tragischen Zolls an Leben, das von dem glühendheißen Klima, der Malaria und den mörderischen Überfällen der Einheimischen von ihnen gefordert wurde. Aber ein Anfang war gemacht. Juden kehrten heim in ihr Land.

Unser Flugzeug dröhnte durch den endlosen Himmel, der uns von Israel trennte. Die Menschen an Bord waren ruhig, in ihre eigenen privaten Hoffnungen und Ängste versponnen. Eine starke Spannung erfaßte sie, durchdrungen von plötzlichen Blitzen der Erregung, die kamen und verschwanden wie die Blitze, die wir manchmal von den Fenstern des Flugzeuges aus sahen.

Die Sinne, Gedanken, Augen aller waren auf eine einzige Stelle gerichtet: die Landebahn von Tel Aviv, wo wir zuerst den Boden des neuen Staates berühren würden.

Meine Gedanken wandten sich zu meinem berühmten Landsmann Theodor Herzl, einem in Budapest geborenen Rechtsanwalt, der gepackt wurde von dem Gedanken an ein jüdisches Heimatland irgendwo auf der Welt. Am Ende des neunzehnten Jahrhunderts war die Idee geboren, in Palästina eine neue Heimat der Juden zu gründen. Ein Jüdischer Nationalfonds wurde eingerichtet, um in Palästina Land zu kaufen als Eigentum für das ganze jüdische Volk.

Ich konnte mir nicht helfen, ich mußte lächeln über die Naivität eines solchen Gedankens damals. Doch von 1904 ab bis zum Beginn des Ersten Weltkrieges gingen Tausende von Juden nach Palästina als Antwort auf den zionistischen Aufruf und um den erneuten Verfolgungen und Massakern in Rußland zu entgehen. Dies war die zweite Aliyah. Jeder Jude wußte, daß unter diesen engagierten Pionieren ein junger polnischer Jude namens David Ben-Gurion war. Er schrieb einmal: „Der Geist meiner Kindheit und meiner Träume hatte triumphiert und jubelte! Ich war im Land Israel, in einem jüdischen Dorf ... Das Heulen der Schakale in den Weingärten ... das Brüllen der Esel in den Ställen ... das Murmeln des fernen Meeres ... die dunkler werdenden Schatten der Haine ... der Zauber der Sterne in dem tiefen Blau ... die fernen Himmel, matt erhellt – all dies berauschte mich."

Eine Welle der Erregung brach in mir auf, als ich daran dachte, wie der junge Ben-Gurion danach ins Land kam. Er war nun Ministerpräsident des Staates Israel. Keiner im Flugzeug, der in meiner Nähe saß, störte sich an den Tränen, die mir plötzlich über das Gesicht liefen. Bald würde ich selbst das Brüllen der Esel hören und die Olivenhaine Israels sehen. Was kümmerte mich da, wie Felice den Schmutz der Zeltlager und die windigen Hütten und den Mißklang der Sprachen beschrieb. Was kümmerte es mich, daß Lebensmittel und Wasser knapp waren und daß Juden aus dem Iran und der Türkei, aus China und Osteuropa zu vielen Tausenden miteinander auskommen mußten. Der Himmel Israels würde über mir und die Erde Israels unter meinen Füßen sein. Mein Geist frohlockte im Herrn, wie er mich so weit und durch so viel Leid hindurch in das Land gebracht hatte. Mein eigenes Land!

Das war nicht ohne Opfer abgegangen. Als David Ben-Gurion am 14. Mai 1948 die Bildung des Staates Israel verkündete, wurde jeder taugliche Jude im Land Soldat. Ich hatte Bilder von kleinen Jungen in den Dörfern gesehen, die ihre Häuser mit Gewehren verteidigten, die wie Kanonen in ihren Händen wirkten. Die Leute kämpften mit allem, was ihnen in die Hand kam. Einige gingen mit Steinen gegen arabische Panzer vor. Das jüdische Volk hatte keine Armee mehr gehabt, seit Bar-Kochba im Jahre 135 n. Chr. sie zum letzten Aufstand gegen Rom geführt hatte. Doch in unserem Unabhängigkeitskrieg marschierten nach all den Jahrhunderten wieder Juden unter jüdischen Offizieren, die ihre Befehle auf hebräisch riefen. Sie kämpften gegen die Armeen von fünf arabischen Nationen – Ägypten, Transjordanien, Irak, Syrien und Libanon. Sie kämpften gegen Armeen, die geschworen hatten, Israel auszuradieren. Und die übrige Welt stimmte wieder einmal klagend ein wegen eines zu erwartenden tragischen Ausgangs: ach, die armen Juden, schon wieder die Juden! Doch der Staat Israel triumphierte. Der Terror der Krematorien saß noch zu lebendig im Gedächtnis, die schrecklichen Lager in Zypern, die Schiffe, die vor den Küsten Palästinas aufgebracht worden waren; es gab keine Frage einer Niederlage. Sechs Millionen Juden waren auf der blutigen Erde gemordet worden. Die 700000 aber, die nun in Israel lebten, würden nicht verloren sein.

Israel! Unsere Heimat! Nie wieder!

Das Flugzeug ging plötzlich hinunter und setzte zur Landung an. Ein heftige Welle der Erregung ging durch die Kabine. Jeder drückte sich an ein Fenster, einer dicht auf den anderen gedrängt, um einen ersten Blick von der Küste Israels zu ergattern. Die Menschen begannen zu weinen und zu beten, auf jiddisch und vielen anderen Sprachen durcheinander. Alle weinten und umarmten sich.

Das Blut pochte mir im Kopf. „Gesegnet sei der Herr, der Gott Israels, der uns sicher in das Land gebracht hat! Gesegnet sei der Herr unser Gott. Heilig ist sein Name. Höre, Israel, der Herr dein Gott ist ein einiger Gott!“

Es war frühmorgens an einem heißen Sommertag, als ich das Flugzeug verließ, über die schwankende Metalltreppe auf die Rollbahn hinabstieg. Ich schwamm in einem Meer der Verwirrung und inneren Bewegung. Trotz des Lärms der Begrüßung, des Lachens und Weinens rund um mich, erinnerte ich mich an Marys klare, süße Stimme: „Wenn du je aus diesem Land herauskommst, dann küsse den Boden des Landes, in das du kommst.“

Mein Fuß berührte das Pflaster. Ich war automatisch Staatsbürgerin. Hitler hatte nicht gesiegt. Ich lebte als Beweis, daß Gott seinem Volke treu bleibt. Tränen des Glückes strömten über mein Gesicht. In einem blauen Nebel sah ich über mir den Davidstern stolz am Morgenhimmel wehen. Ich war Teil der Verheißung. Ich war zurückgekehrt.

Aus gequälter Erinnerung vernahm ich den Gesang derer, die in die Gaskammern von Auschwitz getrieben wurden. „Ani ma'amin be'emuna shlema beviat ha-Mashiah (ich glaube in vollkommenem Glauben an das Kommen des Messias)." Ich war zurückgekehrt, doch die Besten unter uns kehrten nicht heim.

Ich werde ihr Andenken nie vergessen und vor allem nicht den Einen, der vor so vielen hundert Jahren sein eigenes Auschwitz am Kreuz erlebt hatte – für mein Volk, für alle Welt, für mich. Meine Hand schloß sich fest um die kleine Bibel, die ich trug. Ich hatte viel Arbeit vor mir.

Nachwort

In den ersten Tagen des Staates Israel entdeckte Rose, daß die Bezeichnung „Das verheißene Land" fast ein Hohn war. Für Abertausende von neuen Einwanderern türmten sich die Mühsale. Die Wohnungsnot war kritisch. Sengende Sommerhitze und die beißend kalten, nassen Winter mußten in primitiven überfüllten Unterkünften durchgestanden werden. Lebensmittel waren knapp und eintönig. Eine babylonische Sprachenfülle schwirrte durcheinander.

Doch das neue Israel harrte aus, gedieh und triumphierte. Mühsam wurde das staubige, zerrüttete Land mit Kilometern von Bewässerungsanlagen überzogen, die erst zögernde, dann robuste Ernten hervorbrachten. Bäume schlugen Wurzeln. Das Land und seine Menschen, die nach dem fernen Gesang eines alten Schwures wieder auflebten, wurden stark. Obwohl von Feinden umgeben, die Wachsamkeit als täglichen Preis forderten, lebte Israel und gedieh.

Doch vom Fenster des Schlafzimmers einer überfüllten Mission auf dem Berge Karmel war der erste Blick von Rose über das Land der eines überquellenden Einwanderungslagers, das sich unter den alten Ölbäumen hinstreckte. Sofort beschloß sie, daß Teile der Schrift beschafft werden müßten, um sie unter den Familien zu verteilen, von denen viele wie sie selbst aus Osteuropa stammten. Sie machte sich daran, Briefe zu schreiben und sich an Christen in Nordamerika um Hilfe zu wenden.

In den Monaten danach ließ sich Rose in einem vorgefertigten Haus nieder, das Freunde aus Amerika geschickt hatten (ein Haus, das zu ihrem Hauptwohnsitz wurde und in dem sich häufig Gäste drängten). Einige Leute, mit denen sie in Nordamerika und Kanada zusammengetroffen war, schickten Geld- und Lebensmittelspenden. Ob sie nun Geld hatte oder nicht, – Rose setzte ihr Werk in den Lagern und neuen Siedlungen fort, korrespondierte mit Bibelgesellschaften und Missionen und bat um Bibelteile in allen Sprachen der Einwanderer.

Von Organisationen wie der Million Testament Campaign, der Bible Literature International, der Bible Meditation League, der Pocket Testament League und nationalen Bibelgesellschaften wurden Tausende von Schriften geliefert, von der israelischen Regierung für den Import genehmigt und verteilt.

Die Hebrew Christian Fellowship in Philadelphia erfuhr von ihren Bemühungen und leistete bereits ab 1954 Hilfe. 1958 wurde Rose Missionarin dieser Organisation, obwohl sie noch immer die Ermutigung, die Gebete und die Unterstützung vieler anderer Christen und Organisationen erfuhr, Kontakte hatte nicht nur in Nordamerika, sondern auch in Großbritannien, Schweden und anderen Ländern, in denen sie gereist war.

Ihre Vision reichte weit über den Berg Karmel und ihre Stadt Haifa hinaus. Ganz Israel müßte bedeckt werden mit dem Wort Gottes. Zuerst fuhr Rose einen kleinen Motorroller, der mit Säcken von Schriften beladen war; sie durchquerte das Land hin und her, gab Literatur an die neuen Schulen, die Kibbuzim, Fabriken und Apartmentblocks, die überall im Lande emporschossen.

Dann wurde ein Auto zur Verfügung gestellt, und manchmal stellten sich Helfer ein, die sie bei ihrer Arbeit unterstützten. Ihr Wagen selbst wurde zu einer mobilen Kapelle, ständig gefüllt mit Anhaltern, die hörten, was sie zu sagen hatte, und Gottes Wort in Empfang nahmen.

Krankheit wurde ignoriert, ebenso der Mangel an Geldmitteln und Material, Erschöpfung, gelegentliche Kränkungen und Zurückweisung.

„Wo waren Sie, als meine Leute in die Öfen kamen?" schrie einer, als Rose ihm eine Bibel reichte.

Erinnerungen würgten fast die Antwort ab: „Ich war dort!"

Mehr gab es nicht zu sagen.

Rose lebte einige Jahre in einem bequemen Pflegeheim in Haifa. Ihre Gesundheit, die seit der Zeit der Lager geschwächt war, erlaubte ihr die anstrengenden Missionsreisen in ihrem Land nicht länger. Sie führte ihr Werk mit Ermutigung, Bibelstudium, Gebeten fort – und natürlich weiter mit der Austeilung von Gottes Wort, soweit ihre Hand noch reichte.

Rose Warmer ist inzwischen heimgegangen. Sie hatte eine lange Reise hinter sich, eine Reise voller Abenteuer, Schrecken, Mühsale und Freuden. Und sie ist nun sicher ganz daheim.

Myrna Grant

Anhang

„Das Allerwertvollste und Wichtigste“

Interview mit der Bibelmissionarin Rose Warmer

(Das folgende Interview führte Roland Velten anläßlich eines Deutschlandbesuches von Rose Warmer. Wir fügen es als Ergänzung und Zeitdokument an. Es erschien im Februarheft 1984 der Zeitschrift "Bibelreport", herausgegeben von der Deutschen Bibelgesellschaft in Stuttgart.
Wir bedanken uns für die freundlicherweise erteilte Abdruckgenehmigung.)

Sie gehört sicher zu den Ausnahmegestalten unter den heute lebenden Bibelverbreitern in der Welt. Seit 1950 ist die jetzt 75jährige Rose Warmer aus Haifa als Bibelmissionarin in Israel tätig. In fast 30 Sprachen verteilt sie mit ihren freiwilligen Mitarbeitern Bibeln und Neue Testamente an Privatleute in Kibbuzim oder an örtliche Büchereien.

1944 war Rose Warmer, die aus Budapest stammt, freiwillig jüdischen Landsleuten in die Vernichtungslager von Auschwitz und Bergen-Belsen gefolgt. Seit mehreren Jahren besucht Frau Warmer regelmäßig die Bundesrepublik Deutschland und berichtet auf Vortragsveranstaltungen aus ihrem Leben und über ihre jetzige Arbeit.

Im Sommer 1983 hielt sich Frau Warmer in der Nähe von Stuttgart auf. Die Redaktion von Bibelreport bat bei dieser Gelegenheit um ein Interview, das wir hier in Auszügen wiedergeben.

Weshalb sind Sie in Israel Bibelmissionarin? Und warum haben Sie gerade diese Arbeit in den Mittelpunkt gestellt, obwohl Sie ja auch schon über die Ruhestandsgrenze hinaus sind?

Ich mach nur das weiter, was ich in meinen früheren Jahren in Europa angefangen habe. Und weil ich es sehr wichtig finde, daß die Bibel als Gottes Wort gelesen wird, darum habe ich es mir als Lebensziel genommen, die Bibel und auch das Neue Testament zu verbreiten. Durch das Lesen der Bibel bin ich zu meinem Heiland gekommen, und deshalb ist es mir wichtig, daß möglichst jeder die Heilige Schrift liest.

Seit wann sind Sie in Israel tätig?

Seit 1950. Ich habe damals aber noch nicht so viel Geld gehabt, um ganze Bibeln zu kaufen. Heute verteilen wir Bibeln und Neue Testamente in 28 Sprachen, darunter auch im klassischen Hebräisch und in der modernen Ivrith-Übersetzung. Im Jahr 1959 konnte ich noch alle staatlichen Schulen besuchen und dort ganze Bibeln verschenken, als Altes und Neues Testament. Ich habe systematisch alle Schulen besucht, von der Grundschule bis zur Universität. Damals haben wir durchschnittlich mindestens 1000 Bibeln im Monat verbreitet. Alles wurde verschenkt. Aber nach einigen Jahren hat das Kultusministerium angeordnet, daß die Schulen Bücher und überhaupt Geschenke nur durch das Ministerium erhalten dürfen. Aber natürlich können wir unsere Arbeit in den Kibbuzim, Bibliotheken, Seminaren nach wie vor weiter tun.

Und daneben geben Sie auch Bibeln und Neue Testamente, die sie überwiegend von der Israelischen Bibelgesellschaft beziehen, an Privatpersonen ab?

Ja, sehr viele. Und wir kommen dabei fast immer ins

Gespräch. Meine Mitarbeiter nehmen gern Anhalter mit, wenn sie im Land herumfahren. Das ist bei uns so Sitte und war bis jetzt auch noch niemals gefährlich. Soldaten und Kibbuz-Leute und auch andere fahren meistens per Anhalter über Land. Ich selbst habe das auch jahrelang getan. Nur habe ich nach einem Herzinfarkt aufgehört, die schweren Pakete zu schleppen und selbst Auto zu fahren. Aber meine Mitarbeiter tun es. Es ist keiner von den Anhaltern länger als 5 Minuten im Auto, bis man auf Glaubensfragen zu sprechen kommt. Auf die Frage „Glauben Sie, daß Gott existiert?“ kann man in alle Richtungen weitersprechen. Viele zeigen sich so interessiert, daß sie gerne das Neue Testament als Geschenk annehmen. Und wenn sie kein Altes Testament besitzen, dann nehmen sie gerne die ganze Bibel.

Wieviele Mitarbeiter haben Sie eigentlich, und sind sie ehrenamtlich tätig?

Ja, sie machen das ehrenamtlich, denn ich könnte sie nicht so unterstützen. Zur Zeit habe ich drei Mitarbeiter, darunter ein Ehepaar. Sie müssen natürlich Hebräisch, aber auch andere Sprache beherrschen. Aber am wichtigsten ist es, daß sie Anknüpfungspunkte finden, wenn sie zu den Leuten kommen, wo sie Bibeln und Neue Testamente anbieten.

In Israel ist es sicher nicht schwer, von der Bibel aus ins Gespräch zu kommen.

Ich arbeite schon 44 Jahre unter meinen jüdischen Landsleuten, erst in Europa und jetzt bereits 33 Jahre in Israel selbst. Es gibt in jedem Volk hungrige Seelen, man findet sie auch in Israel. Ich will nicht sagen, daß jeder sehr weit offen ist für die Gute Botschaft. Ich und meine Mitarbeiter wollen uns nicht beklagen.

Wie stellen sich Ihre Mitarbeiter vor, wenn sie von Haus

zu Haus gehen – als Organisation oder als Christen, die das Wort Gottes verbreiten?

Wenn sie kommen und sagen würden: „Ich bin ein Christ und ich verbreite das Neue Testament", dann würden die Leute sagen: „Guten Tag und Adieu." Deshalb weisen sie auch bei ihren Besuchen darauf hin, daß sie das größte und wertvollste Geschenk bringen. Sie sagen, was ihnen die Bibel bedeutet und daß sie auch das größte und wertvollste Stück Literatur ist. Also, wir sind keine Organisation. Wir sind eine Handvoll Gläubige, die die Bibelverbreitung als ihr Herzproblem betrachten. Wir wollen dem Herrn dienen und das tun, was ihm gefällt.

Vor Ihrer Arbeit in Israel waren Sie bereits als Bibelmissionarin in Osteuropa tätig. Als solche haben Sie auch die schweren Erlebnisse während der Jahre der Judenverfolgungen durchgemacht. Sie haben Landsleute in das Konzentrationslager Auschwitz begleitet und waren später, bei Kriegsende, auch im Vernichtungslager Bergen-Belsen. Welche Rolle spielte für Sie die Bibel, als Sie durch diese Art von Hölle hindurchgehen mußten?

Die Bibel war mir das Allerwertvollste und Wichtigste, auch im KZ. Und am Allerschrecklichsten in dieser Hölle auf Erden war, als mir die Bibel weggenommen wurde. Später bekam ich sie wieder und konnte meinen Leidensgenossen Gottes Wort öffnen und Gottes Wahrheiten und Verheißungen zeigen.

Wie kam es, daß sie eine Zeitlang keine Bibel oder kein Neues Testament besaßen?

Für mehrere Monate wurde mir die Bibel in Auschwitz abgenommen. Ich habe dann zu Gott gefleht, sein Wort wieder besitzen zu dürfen. Lieber wollte ich mein Leben aufgeben, als auf die Bibel zu verzichten. Und Gott hat den SS-Mann, der mich am meisten geschlagen und verflucht hat, dazu benützt, mir die Heilige Schrift zu beschaffen. Obwohl ich niemals ein gutes Wort von ihm gehört habe, sondern meistens nur Peitschenhiebe und Gewehrkolbenschläge, ging er ein hohes Risiko ein, damit ich wieder zu einer Bibel käme. In der Zeit ohne Bibelbuch habe ich bei der Zwangsarbeit einmal Papierstreifen gefunden. Auf dieses Papier habe ich mit einem Bleistift die Bibelstellen aufgeschrieben, an die ich mich erinnern konnte. Sie dienten mir dann als Arbeitsmittel im Zeugnis gegenüber anderen Lagerinsassen.

Ich wäre sicher nicht am Leben geblieben, wenn ich nicht diese Kraft von Gott bekommen hätte. Es war die Gnade Gottes, daß wir zwei Wochen vor Kriegsende in Bergen-Belsen befreit wurden. In dem Lager herrschte eine Art Pestilenz, und wir hätten auch nicht einen Tag länger aushalten können. Als man uns dann die verpestete Kleidung auszog, nahm man mir auch die Bibel wieder ab. Ich habe dann noch bei unserer ersten ärztlichen Untersuchung von einer englischen Krankenschwester wieder eine Bibel verlangt und sie kurz darauf auch bekommen.

Wie steht es in den Ländern, die Sie besuchen, und auch in Israel, mit dem Hunger nach Gottes Wort?

Momentan ist leider dieser Hunger nicht in der Weise vorhanden, daß die Menschen sozusagen von Meer zu Meer wandern, um das Wort Gottes zu suchen. Es gibt einige, die das tun und die sehr glücklich sind, wenn sie die Bibel erhalten. Wir haben auch in Israel Fälle, daß Leute die Bibel an ihr Herz drücken und sagen: „Endlich kann ich dieses Buch auch in meiner eigenen Sprache lesen." Ich bete immer darum, daß Gott diesen Hunger noch vermehren möchte, auch in Israel. Im Augenblick habe ich den Eindruck, daß die Menschen gesättigt sind. Sie fühlen diesen Hunger noch nicht und sie wissen noch nicht, daß sie das brauchen.

Wie kann man sich Ihrer Meinung nach die Botschaft der Bibel aneignen? Wie kann man das Alte Testament und das Neue Testament richtig lesen?

Bevor ich gläubig wurde, habe ich die Bibel manchmal in der Hand gehabt und habe nichts von der Wahrheit gewußt. Sie war mir ein menschliches Buch, ein Stück klassische Literatur. Aber als ich sie dann als Gottes Wort gelesen habe, wurde sie mir mehr und mehr geöffnet. Ich denke, daß es gut wäre, wenn junge Menschen glauben könnten, daß die Bibel Gottes Wort ist. Natürlich muß das erst durch die biblischen Wahrheiten geschehen, durch den Heiligen Geist. Wenn man jedoch mit einem hungrigen Herzen, mit Hunger und Durst, zu diesem Buch kommt, das einem verschlossen und schwer erscheint, dann wird man auch gesättigt. Dann wird Gott einen durch seinen Heiligen Geist leiten, die Wahrheit zu finden.

Was würden Sie einem Menschen raten, der sich die Bibel zugänglich machen möchte?

Wenn ich in Israel jemand in der Bibel unterrichte, der keine Ahnung hat von den biblischen Wahrheiten, dann lese ich zuerst einmal ein Evangelium mit ihm. Aber parallel dazu greife ich auf den Anfang der Bibel zurück. Zum Beispiel ist der Sündenfall sehr wichtig; denn man kann nicht verstehen, wozu man einen Erlöser braucht, wenn man nichts vom Sündenfall weiß und davon, daß jeder Mensch ein Sünder ist. Außerdem würde ich empfehlen, daß sich ein Bibelinteressierter einer guten Gemeinschaft anschließt, in der die Bibel geehrt wird und biblische Wahrheiten nicht verfälscht werden. Das stärkt. Es war auch zu Zeiten der Apostel so, daß man Gemeinschaft hatte und in der Gemeinschaft Stärkung fand. Ich finde, das ist auch heute normal und gesund.